社会工作丛书·第二辑

社区社会工作

（第二版）

COMMUNITY SOCIAL WORK
(SECOND EDITION)

周 沛　易艳阳　著

社会科学文献出版社
SOCIAL SCIENCES ACADEMIC PRESS (CHINA)

再版序言

改革开放 40 年来，我国社会学与社会工作的学科恢复重建工作取得了重大进展。在我国社会工作发展初期，高校开设社会工作专业课程与实际部门培训学习普遍缺乏本土教材参考。为了改变这种局面，社会科学文献出版社支持我组织出版"社会工作丛书"。在大家的共同努力下，2001 年《个案社会工作》和《团体社会工作》率先出版，此后《社区社会工作》和《社会工作行政》等相继面市，成为我国大陆第一套教师自己编写的教材。这套丛书的特点是，结合实际阐述社会工作理论与实务，具有鲜明的本土创新性，得到了使用方的普遍好评。

这套丛书自出版以来，每年开学季都会重印，发行量平均在万册以上，有的教材销量超过 6 万册。为什么会取得这样好的市场反响？我想主要在于以下两点：第一，当时正值我国社会工作学科兴起与大发展时期，社会上对学习社会工作专业知识也热情高涨，但缺乏本土社会工作教材，因此这套丛书实现了供求及时对接。第二，得益于参与写作的老师与出版社的共同努力。当时，参与教材编写的作者大多是开设社会工作专业课程的大学老师，在怎么使自编的讲稿成为公开出版的教材方面还没有经验。书稿交到出版社以后，编辑根据出版要求提出不少修改意见和建议。这样，每本书经作者和编辑反复修改才出版，从而保证了书稿的质量。实践表明，这套丛书对社会工作教学、研究与实践都发挥了推动和引领作用。

现在，社会科学文献出版社决定再版这套丛书。再版教材的作者与读者，应认清我国社会工作发展的阶段性特征：社会工作教育从数量扩张转向质量提升，社会工作政策从基本框架形成转向体系化完善，社会工作专业服务从行业标准化向管理制度化转变，社会工作实务在蓬勃发展的同时迎来了社会工作理论的创新繁荣，社会工作专业化进入高质量发展的新阶段。

  我国即将全面建成小康社会，开启基本实现现代化的新征程。人民美好生活需要日益广泛，不仅对物质文化生活提出了更高的要求，在民主、法治、公平、正义、安全、环境等方面的要求也日益增长。提供与此相适应的社会工作与管理，就必须实现创新发展，使社会工作成为社会建设、社会治理现代化的重要组成部分。在专业化、社会化、信息化、智能化过程中，推进社会工作理论、方法、政策与实务的高质量发展。立学为民，治学报国。无论是社会工作领域的研究者还是教学工作者，都必须"多到实地调查研究，了解百姓生活状况"，"着眼群众需要"。通过对中国特色社会工作实践进行总结及案例分析，提炼符合中国社会工作实际的新概念、新观点、新理论。运用大数据与人工智能，为服务对象挖掘数据中蕴藏的价值，实现社会工作的集成式和高效化发展，促进社会工作在更大的场域发挥实时性作用，走出一条具有中国特色的现代社会工作发展之路。

  作为这套丛书的主编，我期待再版的每一本教材都能更加全面地总结我国社会工作的本土实践与模式创新的经验，也关注与借鉴国外社会工作方法与实务的进展；期待今后这套丛书在推进我国社会工作创新发展、在社会工作教学与实践中发挥更大的作用。

宋林飞

中国社会学会原会长、南京大学教授

2019 年 3 月 11 日

目　录

第一章 社区概述

1962 年，美国的社会工作教育课程委员会正式承认社区工作为社会工作的基本方法之一（甘炳光、梁祖彬等，1998：1）。这样，社区社会工作就和个案社会工作、团体社会工作一起，成为社会工作理论和实践以及社会工作教育领域的三大基本工作方法。

相较于个案社会工作和团体社会工作，社区社会工作较迟被确认为社会工作专业介入方法。这是因为随着工业化、城市化和现代化的快速发展，社区越来越成为人们生活、工作、学习、休闲等活动的社会实体，成为现代社会的基本区域，社区工作、社区建设、社区发展、社区治理、社区研究越来越成为人们所关注和实践的热点，以至于社区社会工作最终成为社会工作的一种方法，成为一门独立学科。

社区是社区社会工作的载体、场域与对象，在研究社区社会工作之前，我们有必要对社区的概念、要素、特征与功能等进行分析。

第一节 社区的概念与要素

社区既是客观存在的社会实体，又是市民参与过程中交往与互动的区域和活动场所，也是研究者对这一实体和交往区域的实证分析、理论概括和经验总结。对社区进行理论界定，是讨论和研究社区社会工作的前提。

一 "社区"概念的由来

"社区"是一个大家既熟知又陌生的概念。所谓熟知，是指"社区""社区服务""社区建设"等说法在各种媒体、会议及实际工作中经常可见，甚至基层工作者言必称"社区"、行必为"社区服务"；所谓陌生，是指人们对"社区"及"社区服务"、"社区建设"等概念在理论上的分析尚不够深入，缺乏全面的认识。这种情况必将在很大程度上影响社区研究和社区治理的开展，影响社区社会工作的推进。

社区作为人类生活共同体，其作为实体的存在远远早于"社区"概念的形成。种植业的发展给人们带来聚集定居的物质条件，先民们逐渐摆脱"逐水草而居"的居无定所状态，在一定地域范围与地理环境下聚居，本质上构成了社区这一类人类生活的共同体形态。

一般认为，"社区"这一概念由德国社会学家滕尼斯（Ferdinand Tonnies，1855~1936）于1887年在其著作 *Gemeinschaft und Gesellschaft*（英文译为 *Community and Society*）中首先提出。在滕尼斯看来，社区与社会（Gemeinschaft und Gesellschaft）是两类不同性质与特征的人类生活的共同体形态。"社区"兼有公社、团体、公众以及共同体、共同性等多种含义，社区主要存在于传统乡村社会，基于血缘、亲情、情感、道德、伦理等纽带，人与人形成了亲密无间、守望相助、相互信任、相互关怀的良好互动关系。以情感为基础，社区内构筑形成了一类"熟人关系网络"。而社会是现代化、工业化与城市化发展的产物，是基于利益关系、理性契约与法律规范所形成的社会共同体形态。相较于社区，社会中个体缺乏相互关怀与彼此信任，甚而具有原子化、冷漠化倾向。滕尼斯认为，社区和社会都不是以其纯粹的形式而存在，二者相互渗透，只能说有时这一个占优势，有时另一个占优势。"社区"和"社会"又可被称为"礼俗社会"与"法理社会"。他认为，在文化发展过程中有两个对立的时代——社会和社区时代，而后者必将为前者所取代，从社区向社会发展已经是必然趋势。

"社区"概念是经由美国传到中国的。滕尼斯的 Gemeinschaft und Gesellschaft 概念被美国社会学者译为英文"Community and Society"。以帕克为代表的美国芝加哥学派以 Community 为基础，开展了大量以"社区"为分析单位的社会学研究。中文"社区"一词的来源主要归功于我国社会学大师费孝通先生。20世纪30年代初，燕京大学社会学系的学生根据滕尼斯的原意对 Community 进行研究。费孝通先生回忆说："当初，Community 这个字介绍到中国来的时候，那时的译法是'地方社会'，而不是'社区'。当我们翻译滕尼斯的 Community 和 Society 两个不同概念时，感到 Community 不是 Society，成了互相矛盾的不解之辞，因此，我们感到'地方社会'一词的不恰当。那时，我还在燕京大学读书，大家谈到如何找一个确切的概念。

偶然间，我就想起了'社区'这么两个字样，最后大家援用了，慢慢流行。这就是'社区'一词的来由。"（费孝通，1948）

二　对"社区"概念的不同理解

"社区"概念普遍应用于社会学、政治学、宗教学以及哲学等学科，正是这种广泛的使用，致使社区没有一个共同而清晰的定义。早在 1955 年时，就有学者指出"社区"共有 95 个定义，许多学者往往把其局限在地域性的层面上来理解，而其中之唯一共同点，就是都把人列入了组成社区的元素（甘炳光、梁祖彬等，1998：26）。

社区是一个具体的"地方社会"，是整个大社会的一部分。如果说整个社会是一个完整系统，那么社区就是其中的子系统。社区代表了一个社会集体，这个集体是居住、生活甚至工作在同一地域内，有着共同的生活方式、信仰、背景、利益及功能的一群居民。在现实生活中，社区的空间界限并不十分确定，可以是某一个很小的区域，比如一个街道，亦可以是很大的区域，比如农村、城市；有些学者甚至认为，推而广之，可以将整个社会、国家乃至全世界看成一个社区（甘炳光、梁祖彬等，1998：26）。

从社会学角度看，社区意指聚集居住在一定地域中人们生活的共同体。在这个共同体中，地域是社区的首要因素，如一个街道、一个居民小区、一所高校、一个居委会、一个村委会、一个村庄、一个小城镇等都可以构成具体的社区，离开这些地域条件，社区也就无从谈起。但是，仅仅具备地域条件还不足以构成社区，其他诸如具有相对稳定的社会关系和生活方式的人群，相对稳定的生活环境和生活设施，具有本地特征的文化氛围，居住人群对居住地在情感上的沟通、心理上的认同等因素，都是社区得以确立的必要条件。

实际上，滕尼斯的 Gemeinschaft 和英文的 Community 以及中文的"社区"在原文上并不尽一致。在滕尼斯看来，社区中社会关系的基础是某种自然意愿，包括情感、传统和人们之间的共同联系，这种自然意愿存在于家庭或生活、工作于同一地方的人群中间，社区群体具有共同的价值取向，彼此亲密无间，个体具有强烈的归属感。这样的社区群体产生于对亲属联结的依赖以及血缘关系的延伸，是超乎人们选择的，是自然形成的。英文的 Community 具有团体、公社、共同体的含义，指由目的、利益不同的个人或团体用契约形式联结起来的共同体，它和关系亲密、归属感以及地区等并没有多大关系。至于中文的"社区"，因为与区域相联系，所以就有了地域含义，这是社区的前提，同时考虑到社区成员间的交往、沟通及社区综合发展等因素，社区也就具有其特定的含义。

中外学者对社区所下的定义很多，众说纷纭。这一方面说明"社区"概念与社会群体，与社会生产和社会生活的关系密切，使人们力图从各不相同的方面去界定它；另一方面说明各地自然、人文环境差异较大，无法统一其定义。

美国芝加哥大学的帕克（Robert E. Park，1864～1944）是最早对社区下定义的社会学家之一。"社区"能成为美国社会学的中心概念，以帕克等为首的芝加哥学派起了重要的作用。帕克指出，社区的基本特征是有一群按地域组织起来的人群，这些人群程度不同地扎根在他们所生息的那块土地上，社区中的每一个人都生活在一种相互依赖的关系之中。他强调的是地域和人群的汇集以及人群之间的互动。

另两名美国社会学家罗吉斯和伯德格在其《农村社会变迁》一书中指出：社区是一个群体，它由彼此联系，具有共同利益或纽带，具有共同地域的一群人所组成，社区是一种简单群体，其成员之间的关系建立在地域的基础之上。他们所强调的是共同利益、共同地域和简单群体三个要素。

菲利普在《概念到应用》中指出：社区是居住在某一特定区域的、共同实现多元目标的人所构成的群体，在社区中，每个成员可以过着完整的社会生活。他强调的是特定地域、共同实现的多元目标、群体三个要素。

根据美国匹兹堡大学社会学系已故杨庆堃教授的研究，从众多的社区定义之出发点来看，可以有两大类观点：一类是功能主义观点，认为社区是由有共同目标和共同利害关系的人组成的社会团体；另一类是地域性的观点，认为社区是在一定地域内共同生活的有组织的人群（王刚义等，1990：25）。前者强调的是社会团体，后者强调的是在地域性基础之上的群体互动。本书认为，社会团体容易和社会组织（比如某单位）相混淆，因此，在一定地域基础上的群体互动之观点是较为恰当的。

费孝通先生曾就社区及社区研究问题指出："以全盘社会结构的格式作为研究对象，这对象并不能是概然性的，必须是具体的社区，因为联系着各个社会制度的是人们的生活，人们的生活有时空的坐落，这就是社区。每一个社区有它一套社会结构，各制度配合的方式。因之，现代社会学的一个趋势就是社区研究，也称作社区分析。"（费孝通，1985：94）在他看来，社会学研究可以分为两个部分：一是从抽象的角度去研究各种社会制度之间的相互关系，这就是"纯粹社会学理论"；二是把这种关系放到一定的时空中去探讨，这就是社区研究。社会学研究对象包括从微观到宏观层次的个人、群体、社区和社会，而社区研究则处于中间层次。不难看出，费孝通先生也是从一定的区域（时空）和人们的互动关系（社会制度）来界定社区和社区研究的。

三　"社区"的概念界定与要素分析

参照已有研究成果，结合我国具体情况，本书对社区的定义是：所谓社区，是以一定地域为基础，由具有相互联系、共同交往、共同利益的社会人群与组织所构成的社会实体。地域、人口、社会心理、社区组织与公共设施构成了社区的基本要素。

1. 地域要素

社区是一个小社会，但与总体上的社会不同，它有一定的空间范围，是地域性的社会，即区域社区，而且这个区域或地域不是很大。尽管我们无法也无必要用一个量（比如多少平方公里）来对之加以框定，但在现实生活中，我们的社区工作或社区服务一般不会超越一座城市或一个县区的地域空间。如费孝通先生在 20 世纪 30 年代对江南的调查中就认为，集镇社区大概是以集镇为中心的 25 华里半径范围内（他引用当地居民的话把其称作"乡脚"）。就目前我们的社区治理来说，城市大多把街道、居委会、住宅小区、较大的厂矿企业居民区作为社区划分；而农村大多把集镇、自然村或行政村作为社区来看待。当然，社区的具体地域范围究竟多大，要由该社区的经济、社会功能，由该社区的特点来确定。社区地域并没有严格的限制，但从社区发展和社区社会工作的角度来看，范围不宜过大，否则社区和社会就没有什么区别，同时也不利于社区社会工作的具体开展。

2. 人口要素

人口是社区活动的主体，没有一定数量的人口就不可能构成社区。社区人口主要涉及四个方面：人口的数量、质量、构成和分布。"数量"指社区内人口的多少；"质量"特指社区人口的综合素质；"构成"指社区内不同类型人口的特点；"分布"则指社区人口及其活动在社区范围内的空间位置。在市场经济条件下，随着社会流动的加大和加快，社区人口的数量、质量、构成和分布等都有很大的变化，尤其在城市社区，人口的异质性大，构成复杂，分布较为广泛，流动性也大。就社区社会工作而言，人口结构的变化会导致社区社会工作任务中心的变化。例如，在老龄人口化深度推进的背景下，社区居民中老年人口的占比增大，社区老年服务成为社区社会工作的重点。社区为老年人服务的医疗保障机构和文化福利设施也要相应增加。

3. 社会心理要素

社会心理是一种较低层次的社会意识，它直接与日常社会生活相联系，是一种不系统、不定型、自发的反映形式，表现为感情、风俗、习惯、成见、自发的倾向和信念等。社会心理交织着感性因素和理性因素，但以感性因素为主。由于社会意识主体的不同，社会心理又区分为个人心理和群体心理。在社区内，社会心理要素还有一个很重要的方面，就是社会成员对本社区的归属感和认同感。任何一个社区成员都会有"我是某地居民"的意识，这种心理既有对自己社区身份的确认，也带有个体的感情色彩，包括对社区的关注、对社区活动的参与等。如果在一个地域范围内，人们没有这种归属感和认同感，也就构不成社区。比如车站码头、广场等场所，对于逗留于此的人群来说，这些地方就谈不上是社区。

4. 社区组织要素

组织是各类要素按照一定方式相互联系起来的有机系统，是为实现一定目标，相互沟通与协作而结合成的团体。在现代社区，其成员除短期流动者之外，每个人都必然属于一定的组织，通过所属的组织与社区相互沟通并参与社区活动。社区组织是维系社区成员关系、促进社区居民互动、开展社区活动、推进社区服务的重要载体。社区组织从性质来看包括正式组织和非正式组织；从功能来看，包括经济、文化、政治、福利等机构；从参与或者服务对象来看，包括老年组织、青少年组织、残疾人组织等。此外，还有一些松散型的组织，如业主委员会组织等。

5. 公共设施要素

现代社区不同于一般组织或工作单位，它往往集生产、生活、工作、休闲、福利等功能于一身，因此必须具备一套完整、完善的生活服务设施与其他公共设施，如商业消费、娱乐休闲、医疗卫生、教育文化、体育保健、公共交通、福利服务等设施亦是现代社区的必备要素。而且，时代越是发展，社会越是进步，公共设施就越齐全，生活水平也就越高，社区居民的需求也就越强烈。在现代，无论是城市还是农村，如果一个地区缺乏公共设施，只有地域与人口等要素，充其量只能说是一个居民住宅区或者人口聚集区，还称不上是一个社区。

第二节　社区特征与分类

根据社区的定义和要素，我们可以看到，社区具有明显的特征。根据其特征，我们又可以从不同角度进行分类，对其进行类型化分析。社区的特征规定了社区是一个相对完整的社会实体，它包括了社会有机体的最基本内容，是宏观社会的缩影；社区还是一个相对完整的社会功能整体，具有生产和消费功能，能够满足人们的基本生活需要。随着社会经济的不断发展，社区的功能和作用也不断得到提升。

一　社区的特征

1. 区域性

社区的区域性特征与社区的地域要素是密切关联的，具体表现为社区可划定在一定的地域范围内并以相应的地理位置与环境资源为依托。既然社区是以一定的地域为基础的人类生活共同体，因而社区内的生产、生活、服务等各项活动就往往限制在一定的区域范围内部开展，社区服务以居住于本社区的居民为优先对象。社区是具体的、可以划定范围的地域共同体。社区的区域性特征使社区工作、社区发展与社区治理有了具体的标的与依托，凸显了社会发展的多样性与层次性。

2. 共生性

一个社区是一个相对独立完整的生活共同体，因为社区内各种社会组织、各个机关团体、各类社会群体互相联系、互相影响、互相制约在同一区域的社会交往当中，从而形成相互依赖的共生性。在一个城市社区，不管任何一个组织的性质如何，不管任何一个个体的状况怎样，在社区内必然会遇到共同的问题，形成有机联系。如社区的服务系统、交通系统、居住系统、文化娱乐系统、能源供给系统等，这是任何单位和个人都要涉及的；再如在一个农村社区，集镇的建设和发展、乡镇企业等非农产业的崛起、乡村公共设施的建设和完善，都与社区成员有着密切的关系。社区是社区成员生活的共同体，也是区域发展的共同体。

3. 聚集性

流动社区是游牧活动聚集的产物，半永久的社区是原始农业活动聚集的产物，从现代社会发展来看，人口的聚集、生产的集中是一个趋势。因为随着社会经济活动的发展，必然伴随人口的聚居、住宅的集中、组织的合作、服务的整合、设施的统一，即人力、物力、财力、权力等方面的集中，信息、资源、服务、设施等多方面的汇聚。而社区则成为各类资源聚集的载体，这便为社会工作和社区发展提供了实践依托与实践基础。

4. 多样性

社区各有特点，由于社区的历史渊源、外部环境与内在条件不同，其具体的社区发展与社区建设的内容和侧重点也各不相同，从而形成了社区现状与发展的多样性特征。在城市中，我们基本找不到两个完全相同的社区，在农村，各村社之间也各有差异。不同社区的外在风貌、功能性质、人口构成、地理环境、社区组织、贫富程度、发展模式、设施分布、福利供给、服务人员、习俗规范等均各有不同，这是矛盾特殊性的体现。

二　社区的分类

正是由于社区具有多样性，因此有必要根据不同标准和不同研究角度，将社区划分为不同的类型，以便对社区进行深入研究，同时也是社区工作具体开展的重要依据。

按照社区结构及特点，可分为农村社区和城市社区，这主要是从生产方式及生活方式之差异做出的分类。无论是在传统的农业社会，还是在近现代的工业社会，这两类社区都普遍存在于各国和各民族之中。即便社会现代化程度越来越高，但作为人类社会的基本生存、生活和生产区域，农村社区和城市社区将是永远存在的。

按照社区功能，可分为工业社区、农业社区、商业社区、文化社区、旅游社区等。在现代社会，由于市场经济和商品交换的发达，分工进一步细化，具有自身功能特征的社区越来越普遍，已成为现代社区的一个特色。

从空间位置来看，可以有行政社区，如城市的行政区、街道、居委会，农村的乡镇、村组等。上面我们已谈到，从社区发展和社区研究的角度来看，社区的空间地域范围不宜过大，因此，我们认为，行政社区不应是整个城市，不应是整个县。从居住点来划分，可以分为居民小区、自然村落等。随着生产规模的不断扩大、居住的不断集中，无论在农村还是在城市，这类社区均较为常见。

根据社区经济发达程度和富裕程度，可以分为发达社区、不发达社区，贫民社区、中产者社区、富人社区等。随着市场经济充分发展与收入差距的不断扩大，由于发展的不平衡性和消费水平的差距，富裕地区和富裕者逐渐凸显，出现了相同层次居民集中化、社区化的趋势，这是社区研究的重要课题。

其他还可以从社区历史发展、风俗习惯、宗教传统、地理环境等多方面来对社区进行分类。这一方面说明社区的丰富内涵与现实生活的多样性，另一方面也说明人们可以从不同的方面、不同的角度对社区做深入系统的研究。

三　社区与社会工作

伴随时代的发展和社会的进步，社区发展中也出现了许多新问题和新情况，如果仍囿于传统的思路和工作方法，则明显不能适应新的形势。随着社会工作在社区发展中的逐步介入，其作用与功能也正在越来越为人们所认识。

如果我们从社会工作去理解"社区"，"社区"可具有三层意义。[①]

第一，社区是一个工作环境。当前，社区面临许多以前所没有遇到的问题和困难，如"银发浪潮"的冲击、失业人员的增加、流动人口的涌入等，这些问题的解决需要社会工作的介入。社会工作需要了解工作对象的生活环境、面临的问题、具备的资源以及文化背景等，这样，社区就是社会工作须臾不可离开的工作环境。

第二，社区是一个互相照顾的网络。社区是一个可以满足社区成员生理需要（例如老年人、残疾人的生活起居照顾等）及心理需求的场域与实体；社会工作者通过努力工作，加强社区成员间的互动关系、归属感及自助能力，以解决社区成员所面临的各种问题。

第三，社区是影响社会政策的基地。社区社会工作是一种争取与保障集体共同利益的手法，其重点在于发展社区成员与政府的沟通；成立协调组织，使成员可以透过集体行动，表达需要及向有关部门施加压力；通过工作，争取到一些集体利益；影响社会政策和资源的分配；等等。

---

① 此处思路得益于梁祖彬（1998：30）。

由此看来，社区为社会工作"规定"了内容，社会工作又从一个特定的角度"界定"了社区，使社区成为具有共同利益或要求的社会群体互相帮助、互相支持的一个网络区域。

第三节 社区功能

作为人类生活的共同体，社区内的各个系统和组织都具有与社会生活相关联的各种社会功能。一个完整的社区，对于社区成员的社会生活来说，其基本的功能主要表现在经济生活、社会化、社会控制、社会参与、社会福利等多个方面。

一 经济生活功能

经济生活功能包括生产、分配、交换、消费等方面，这是社区的首要功能，这方面的功能是与经济要素的活动相对应的，表现为社区通过生产或购进，为其成员提供衣食住行等基本的生活必需品和服务。担负这一功能的主体主要是社区内的各个经济组织，如城市社区中的工厂、商店、公司等生产服务性经济组织，农村社区中的农场、家庭生产经营单位以及各项生产生活服务设施等。这些经济组织在社区内进行经济经营活动，发挥着其经济功能，保证了社区的正常运行和发展。

二 社会化功能

社会化是社会学的一个基本概念。作为群体中的一员，一个人并非生来就能适应其周围的环境，而必须有一个过程，这个过程就是社会化。所谓社会化，就是个体通过习得群体文化，学习承当社会角色，将自己一体化到群体中去的基本过程。社会化必须靠社会整合的作用，使社会成员产生向心力，互相关心，拧成一股绳，共同为有意义的目标而努力奋斗。为了达到社会化的目的，社会必须要有某些措施和过程，这就是社会化的过程。社会化的基本媒介可包括家庭、学校、同辈群体、社区与大众传媒。

社区作为社会化的重要媒介，对个体的成长与发展影响重大。任何个体社会化的过程实际上总是在具体社区中或者通过社区来进行的。人们正是通过所在社区社会化的多种渠道来接触更高层次的社会文化。一方面，其他社会化媒介通过社区对社区成员起社会化作用，比如社区里各个家庭、邻里、学校等正式或非正式组织，还有来自社区之外的社会大众传播媒介如广播、电视、报刊等。所有这些构成了社区社会化的软件和硬件系统，同时还与整个社会的社会化教育联系在一起，构成一个较为完整的网络。另一方面，社区社会化功能的最大特点就是能密切协调各种组织的活动，使社区的社会化活动形成一个有机联系的整体，从而在功能上达到最大的效果。例如，对青少年进行学校、家庭、社会三结合的教育，只有通过具体的社区组织和活动才可以加以安排和落实，缺乏社区组织与活动，社区成员的社会化就无法得到实现。

三　社会控制功能

社区的社会控制功能使社会稳定的目标得到具体落实和实现。作为具体的社会实体，社区对其成员的社会控制过程是全面而深刻的。传统社区主要通过各类约定俗成的风土人情、传统习俗、人际规范等对社区成员进行控制；对于未遵循社区规范的个体，甚至可能会受到社区集体力量的惩罚。在现代社会，社区一方面通过社会化的过程来实现对其成员的内在控制，使社区习俗与规范内化为社区成员的自发的行为准则；另一方面通过各类社区组织及其规章制度来约束社区成员的行动，实现其对成员的外在控制。其中，地方基层政府和各种群团组织起到了十分重要的作用。

四　社会参与功能

社会是人们交互作用的产物，人们在相互交往中就必须要参与各类社会事务与活动。社会越是现代化和都市化，人们的组织化程度就越高，其社会参与的意识也就越强。社区是居民生活和交往的场所，也是他们直接进行人际互动、参与社会事务、开展各项活动的载体。人们通过参与社区事务来参与更宏观层面的社会事务，这就是社区的社会参与功能之所在。当然，由于不同的社区之交往结构、组织模式与互动方式不同，其为社区成员提供的社会参与机会也就不一样。

五　社会福利功能

从广义上说，社会福利包括社会保险、社会救助、社会服务、公共福利等。社区社会福利的特点就在于它所提供的是就地、直接、及时的帮助。在农业社会以及工业社会初期，社区内居民的帮助主要表现为建筑在血缘和地缘关系基础上的亲戚、邻里之间的互帮互助。而在现代社会，社区对居民的救助功能主要由有组织的社会福利机构和团体来承担，如政府的民政部门、卫生医疗机构、工青妇残群团组织、宗教团体、慈善机构、街道、居委会、社区服务组织等。

社会福利与社会救助等最终要通过社区社会工作来加以落实，具体来说就是通过多种社会服务，发动和组织本社区的力量，为社区成员解决困难和提供各项福利。随着社会的发展，无论是城市社区还是农村社区都面临许多新的问题，如"银发浪潮"冲击下的老年人问题、失业问题、流动儿童问题、失地农民问题、贫困问题、残疾人问题、各种应急救助等，这就对社区服务提出了新的要求，从客观上提升了社区的福利功能的重要性。

第四节　社区研究

所谓社区研究，是指运用社会学理论与方法对社区所进行的实地调查与理论分析工作，社区研究是社会学研究方法的具体运用，是一种能够比较充分地体现社会学学科特点和方法的社会研究形式。

一　社区研究的意义和基本原则

社区是社会的空间地域，是社会人文经济最为基本的组成部分，研究社区是认识社会的必要过程，具有极为重要的意义。

从宏观上看，社区研究是认识整个社会的重要环节。社会是由一个个或大或小的社区所组成的，因为社会是一个复杂的系统，各种类型各个层次的社区则是其不可缺少的构成要素。从另一个角度说，任何一个社区就是一个规模不等的具体的小社会，是整体社会的不同程度的缩影。事实上，社会既是具体的，又是抽象的。按马克思主义的观点，社会是人们交互作用的产物，在生产劳动当中，人们相互发生联系，形成了社会，任何人都不能离开社会而孤立地存在，这就是整体上的社会。同时人们又是置身于具体的社会之中，总是在一定地域和特定的他人进行着"交互"活动，从事着特定的工作，处理着特定的事务。也就是说，人们是在一定的社区内从事着社会实践。同宏观上抽象的整体社会相比，社区则显得更加微观、具体和易于把握。人们的认识过程总是从个别上升到一般，我们可以通过典型调查、解剖麻雀的社区研究方法来分析整体宏观社会。社会上普遍存在的现象必然会在具体的社区当中反映出来，因此，研究社区现象就是研究社会现象的具体化。人们通过社区研究而认识整个社会，研究和探讨社会发展的普遍规律及同类社区的共同特点。因此可以说，社区研究是认识社会的起点。

从微观而言，对具体社区问题的研究，有助于发现和解决更为广泛的社会问题。当前我们面临的老年人问题、部分居民的贫困问题、社区冲突、交通拥挤、住房困难等问题都存在于具体的社区之内。通过调查研究，提出解决的方法，使社区能够依靠自己的力量有效地解决问题以促使社区健康有序发展，最终推动社会发展，这就是社区研究的现实意义。

社区研究受指导思想和基本原则的影响。西方学者在这个问题上一直存在各种不同的观点，其分歧主要表现为实证主义同人文主义的对立。在社区发展问题上，实证主义强调社区现象和过程的有序性和规律性；人文主义则强调社区现象和过程的独特性和非重复性，一些学者甚至认为社区现象根本没有规律可循。在如何认识社区现象上，实证主义者主张从客观的角度对社区进行整体研究，研究结果必须通过经验事实的反复验证才能确定真伪；人文主义者则主张从微观的角度进行个体研究，结论的真伪，只能依靠主观判断。在如何分析和解释社区现象问题上，实证主义者主张对社区现象进行客观解释，强调要采用静态分析和数量分析的方法来展开研究；人文主义则主张通过主观理解法来进行解释，即研究者要设身处地地体验调查研究对象的处境，由此理解社会现象为什么此是彼非（罗萍，1995：263）。

事实上，实证主义和人文主义两种方法都有其优势与局限，社区发展与运行有其客观性与规律性，对其认识与研究当然也不可避免地会受到研究者主观因素的影响。任何社会现象都是多样化、多层次的，我们应该从多种角度加以研究。所以，在实际研究过程中，这两种方法往往可以相互补充。

可以看到，社区研究并没有形成统一的方法，研究者可以在各种方法和方法论之间进行选择，因为这个过程不仅取决于研究者的思想方法和理论观点，还取决于研究的课题和目的。但无论选择何种方法论和具体方法，研究结论都必须经受科学和实践的检验。因此，社区研究必须遵循其基本原则。

1. 尊重社区客观实际

对社区研究要求研究者对客观社区必须采取实事求是的态度，不得随意歪曲或虚构事实。这是任何科学研究都必须遵循的原则。和自然现象一样，社会现象是客观存在的，不以任何人的意志为转移。对象的客观性决定了研究者只有在严格尊重事实的前提下，才有可能揭示现象的内在本质及其相互联系的规律。但是，由于社会工作大多是和人打交道，难以像自然科学研究一样有整齐划一的量化标准，因而往往容易受到研究者主观因素的影响。这就更要求我们要坚持客观性原则，排除主观因素的影响，实事求是地做好社区研究工作。

2. 坚持研究的科学性

坚持社区研究的科学性，主要是指研究中要坚持科学的理论和方法，它要求我们在从事社区研究的时候，要尽可能以全面的、具有内在逻辑联系的事实为依据，通过严密、正确的逻辑推理得出结论。对于这些来自实践的结论，不仅要用明确的方式表述出来，还要用经验事实反复加以验证，以求可靠。

3. 掌握研究中的系统性方法

系统由相互联系的要素按照一定的结构组成一个有机整体。从系统论的观点看，系统的结构如何，直接决定系统功能的发挥。社区也是复杂的系统，在社区研究中，我们要坚持系统性原则，一方面从总体上把握社区现象；另一方面又要研究社区中的各种结构，把握多种现象之间的关系，处理好整体与局部、共性与个性、普遍和特殊、宏观与微观的关系，以使社区的相关功能得到最大限度发挥。

4. 坚持理论与实践相结合

理论来自实践又指导实践，实践是检验真理的唯一标准。社区研究的根本目的是解剖社区，解决社区存在的问题以更好地建设和发展社区。社区研究要有理论和方法以突出专业性与分析问题的透彻性，但是理论分析不是单单为了所谓的"学术性"，也应契合指导社区发展和建设的实践需要。同样，社区研究的实践也要上升到理论的高度并检验理论。在社区研究中，必须坚持理论与实践相结合的原则，以使社区研究工作既能解决问题，又能得到理论的升华。

5. 立足国情社情，坚持借鉴与创新相结合

社区研究在西方发达国家以及我国的港台地区已有很长历史，发展出一套较为成熟的理论观点和实施方法。由于种种原因，我国的社区研究历史不长且经验不足，还没有形成一套成熟的本土化社区研究理论与方法，这种状况无疑影响和制约社会工作的开展，影响社区建设和社区发展。针对这种情况，我们一方面要借鉴西方的社区研究理论，汲取其中符合我国社区发展的有益成分为我所用；另一方面，我们要紧密结合中国实际，根据我国社区发展的实际情况，从社区实践中总结、抽象出符合我国社区研究实际的社区理论。一方面要挖掘西方社区理论；另一方面也要防止"言必称希腊"，以西方社区理论为"学术标尺"的倾向，做到立足国情社情，借鉴与创新相结合。

二　社区研究的发展

社区是社会学的重要研究领域之一，社区研究也是社会学研究的重要内容之一。对社区的研究最早源于德国社会学家 F. 滕尼斯，以其在 1887 年发表的著作《社区与社会》为主要标志。在该书中，滕尼斯分析了传统的农业社区，他认为，社区成员对社区具有强烈的认同意识，他们重传统、重感情，强调彼此的相互了解，这是社区的主要特征。滕尼斯认为，社区和社会都是人群的组合，所不同的是，社区是通过血缘、邻里和朋友关系建立起来的，它的手段和目的是统一的，是基于志向、习惯、回忆等"本质意志"建立的有机整体。而社会是靠人的理性权衡即"选择意志"建立起来的，它的手段与目的是相互分离的，因而是一种机械的合成体。可以看到，滕尼斯的社区研究实际上还是停留在对社区的概念上的探讨。

20 世纪以来，社会学发展的中心从欧洲大陆转移到了美国，社区研究在美国得到了发展。此时的社区研究已不仅仅是概念上的探讨，而是着重于实证研究。随着资本主义工业的发展，美国的城市化水平也越来越高，与此同时，也出现了一系列如贫穷、失业、犯罪、污染等城市问题。一个研究城市问题的学派——芝加哥学派应运而生。20 世纪 20～30 年代，芝加哥学派研究了美国大城市芝加哥的城市化进程，分析了美国城市的结构和动态，特别是在不同层次上研究了城市的社区。他们不但把整个芝加哥作为研究对象，还把芝加哥市内的犹太人聚居区、波兰移民区、上层阶级邻里、贫民窟等单个社区作为研究对象，更加细化和深化了社区研究。

芝加哥学派的主要代表人物帕克把研究兴趣放在城市社区上，他从新闻媒介、商业活动、行政管理三个方面为城市下定义，认为城市是人类文明的一种形式。帕克对城市的研究主要从人口、邻里关系和职业三个方面加以展开，认为这三个方面都是伴随资本主义工业发展的都市化而来的。

在以帕克为首的一派学者用人文区位学观点对大城市进行社区研究的同一时期，美国学者 R. 林德与 H. 林德夫妇在社区研究中又开创了以小市镇为对象的全貌研究。所谓全貌研究，就是描述社区的各个不同部分并解释这些不同部分的相互关系。林德夫妇研究了当时美国印第安纳州的一个大约有 3.5 万名居民的小市镇。开始，他们只是研究该镇的宗教信仰和宗教活动方面的情况而不是社区，但他们很快就认识到，宗教生活不是孤立的社会现象。要认识宗教现象，就必须揭示宗教与社区中其他社会现象之间的关系。由此，他们不仅描述和解释了这个社区中居民的宗教生活，同时也描述和解释了居民的谋生、安家、利用闲暇等活动。这样，林德夫妇就把社区研究具体化到社区成员的日常生活之中，把社区研究和居民的活动紧密地联系在一起。

20 世纪 50 年代以后，美国的社区研究又发展了关于社区权力的研究，其目的是要了解社区里的权力分配状况，并据以辨认出哪些人是真正左右社区决策的领导人物。1953 年，美国社会学家 F. 韩特通过对亚特兰大市的研究，发表了《社区权力结构》。他认为，如果能分辨出社区内的"真正"领导人物，同他们进行恰当的沟通或对他们施加压力，就可能促进当地社区的重大社会变迁。继他之后，许多社会学者对社区权力进行了研究，使之成为社区研究中的一个重要内容。

在我国，随着社会学的传入，不少学者也开始把社区研究作为认识社会的一个途径。吴文藻（1901～1985）是最早进行中国社区研究的学者。他提倡社区研究和社会学中国化，为社区研究奠定了理论和方法的基础。他以英国功能主义学派的理论和方法，通过对不同地区的实地考察并对考察的材料进行分析比较，把其研究成果和方法用来帮助解决各种社会和文化问题。吴文藻提倡用同一区位的或文化的观点和方法来研究各种地域不同的社区，在他看来，社会学就是社区的比较研究、文化的比较研究或制度的比较研究，因而他所倡导的社区研究实质上是社会学中国化的一项重要工作。

在社区研究上做出最大成就的当数费孝通先生。他的《江村经济》被其导师马林诺夫斯基誉为"人类学实地调查和理论工作发展中的一个里程碑"，展示了"现代中国社会学的方法论基础是多么坚实可靠"（费孝通，1986：1，4）。

江村是江苏省吴江县一个叫作开弦弓村的学名，当时大约有 360 户人家。费孝通先生为了认识中国农民的生活及其变化，了解中国农村的特点，探索中国农村社会发展的道路，对江村这个乡村社区进行了微观的解剖。经过深入的调查研究，得出中国农村人多地少，必须工农相辅，只有发展农村工业才是提高农民生活水平必由之路的结论。费孝通先生认为"社区研究的最终目的是改造中国"，因而反对"为研究而研究"、"为理论而理论"和"为定量而定量"，主张社区研究应当是"一个综合的、实地的，对于中国的文化现象的认同"，强调研究者必须亲自与事实接触，获得第一手资料，进行"综合的实地研究"。正是通过综合研究的方法，《江村经济》被公认为是将人类学、经济学、社会学融于一体的传世之作。

20 世纪 80 年代初期，结合我国刚刚起步的城乡经济体制改革，费孝通先生又亲自指导和带动了江苏南部继而全国的小城镇研究以及乡镇企业研究。大量的实地调查研究的结果表明，以兴办乡镇企业为其基本动力的小城镇的发展，是一条具有中国特色的农村非农化、工业化、城镇化、现代化的道路。费孝通先生对社区的关注与研究促进和推动了我国学界和政界对社区与社会发展的研究。

三　社区研究方法

社区研究不同于一般的了解社情民意的社会调查，它必须在科学理论的指导下，以科学的方法进行实证研究和理论分析，客观地描述社区的一般状况、过程和特点，把握社区发展的规律，准确预测社区发展的未来趋势，构建科学的社区理论。同时，社区研究还必须能够直接为社区发展服务，为有关部门制定正确的社区发展战略、采取有效措施解决社区问题提供可靠的依据。此外，在社区研究过程中，还可以不断检验和发展社区理论，检查各项政策、措施的落实情况和实施效果，以便对之修正与完善。社区研究的最终目的是建立社区理论以指导社区实践，而科学社区理论的建立，掌握科学的方法是十分重要的。

（一）社区研究方法体系

作为一种科学活动，社区研究方法不是单一、笼统的，而是由三部分层次的方法所组成，即方法论、一般方法和具体方法。这三者之间相互联系，形成了社区研究的方法体系（罗萍，1995：226）。

社区研究方法论处于研究方法体系的最高层次。从哲学上说，方法论就是受世界观决定和影响的根本方法；从社区研究角度上说，方法论就是社区研究的指导思想和基本原则，由科学方法论、社会科学方法论和社区研究方法论所构成。

社区研究的一般方法亦称社区研究的基本方式，处于社区研究的中间层次，它是贯穿于社区研究全过程的程序、步骤和操作方式，是研究的具体途径，可以清楚地揭示并说明研究者是怎样得出结论的。社区研究的一般方法由社区调查法和文献分析法构成，其中社区调查法最为常用，社区调查法又表现为统计调查与实地研究两种形式。

社区研究的具体方法处于社区研究的最低层次，是研究过程中某一研究阶段上使用的具体方法和技术，主要包括问卷法、访谈法、观察法、实验法以及资料审核、整理与分析的方法等。

（二）社区研究的一般方法

1. 文献分析法

文献分析法也称历史文献法，是一种通过对文献资料的检索、搜集和阅读来积累材料，进而对研究对象开展深入的历史考察和分析的方法。文献是人们专门建立起来储存与传递信息的载体，是人们从事各种社会活动的记录。载体与社会现象是文献的基本要求，载体是文献的外在形式，一定的社会现象是文献的内容。文献是社会调查研究中不可缺少的信息源。

文献分析法在社会研究中得到广泛的使用。当年马克思为写作《资本论》，在40年中共阅读与研究了1500多种书刊。恩格斯在其《英国工人阶级状况》一书中，也应用了当时大量的所谓"官方资料"来揭露资本主义的雇佣劳动制度。列宁在写《俄国资本主义的发展》一书中，引用了400多种文献资料；为写作《帝国主义是资本主义的最高阶段》一书，列宁摘录了146本外文书籍以及232篇国外文章。在许多社会问题研究中，已有的文献记载可以给研究者提供充分的资料，文献分析法具有很重要的作用。

文献法具有不完全性，并难于排除非真实成分（宋林飞，1991b：307～308）。对于某一特定的社区研究来说，某类或某些文献并不是一种完全的资料，因为文献的作者并不是都按照同一个主题与要求记录社会现象，不可能与研究者的要求完全相吻合。而且，某些文献还可能有某些个人偏见与虚假成分，特别需要研究者去伪存真、去粗取精。

2. 统计调查法

所谓统计调查法，是一种借助于定量化的调查方式，是通过对大规模样本进行调查，收集资料并对资料展开统计分析的研究方法。

统计调查的作用主要有三个方面：一是可以广泛地了解和概括事物的一般状况；二是可以帮助人们客观、精确地解释社会现象；三是可以较为准确地了解人们的意见、态度和观念，因为要真实、准确地了解大众的一般态度，仅靠对少数个案进行调查还不行，必须通过大样本的统计调查才可能反映客观舆论。

3. 实地研究法

实地研究法是一种通过深入调查现场，利用观察、访问、座谈等方法收集特定对象的资料，对调查对象进行深入解剖的方法。其主要特点有如下四个方面（罗萍，1995：273）。

一是只调查少数个案，大量乃至全局的个案无法实地调查；二是对每一个个案的各种特征和各个方面都进行深入细致的调查；三是主要依靠无结构的、非标准化观察记录和访问记录收集资料，资料难以统计汇总；四是依靠定性分析得出结论。实地研究的这些特点，与统计调查的特点恰好相反，所以也称之为定性研究。实地研究主要采取归纳法，研究者一般不带假设进入调查现场，而是从实际生活中发现问题、收集资料。

（三）社区研究的具体方法

所谓社区研究的具体方法，是指社区研究者运用一些具体的手段或形式，对社区和社区成员进行较为详尽和细致的调查研究方法。

1. 问卷法

问卷法是运用统一的表现为问题表格形式的资料搜集工具向各个被调查对象了解情况与意见的一种方法。这一统一的表现为问题表格形式的资料搜集工具就是问卷。在现代社会研究中，问卷法是一种最为常用的收集资料方法。问卷法通常分为两种，即自填式问卷和访问式问卷。自填式问卷是由被调查者自己阅读与填答的问卷；访问式问卷则是由访问员与被访问对象交流，根据被访问对象的口头回答来填写的问卷。社区研究过程中，研究者可以抽样为基础，通过问卷法向社区的相关群体，比如社区居民、社区老年人、社区青少年等进行量化资料的搜集，并对问卷进行量化分析，以此作为社区研究的实证依据。

2. 访谈法

访谈法是调查者直接向被调查对象口头提问，通过与被访谈者交谈并记录的方式来了解有关社会实际情况的一种方法。访谈是一种特殊的人际沟通，它有预定的计划，有特定的主题，有一定的工具或辅助手段（如访谈表、录音机等），是了解被调查者对特定调查主题的看法的科学方法。根据被调查者的人数，访谈法可以分为两种：一种是个别访问，即访问对象是单个个人，这种方法的优点是可以使被调查者减少内心的顾虑，可以较多地敞开心扉；二是集体访谈，即召开调查会，其优点是被调查者之间可以互相启发、互相补充、活跃气氛，加大调查的信息量，促使人们对问题做较为深入的分析探讨。毛泽东同志早期的农村社会调查大多采用开调查会集体访谈的方法，并对这种方法大为推崇，认为"开调查会是最简单易行又最忠实可靠的方法，我用这个方法得到了很大的益处"（毛泽东，1982：16）。社区研究中，访谈法的运用非常普遍，社区中的任何个体均可成为被访谈对象，通过与被访谈对象的深入沟通与交流，以达至对于相关社区议题的理解与解释。

3. 观察法

观察法是研究者根据研究课题，直接感知与记录正在发生的一切同研究对象和研究目标有关的社会事实的一种研究方法。观察法是社会调查研究最基本的方法之一，因为科学始于观察，通过观察可以获得第一手的感性经验资料，为理性认识提供基础。根据观察者对社区的参与程度，可将观察法分为非参与观察、半参与观察和完全参与观察。"非参与观察"是研究者不介入被观察对象的生活情境中，以完全"旁观者"或者"局外人"的角色开展研究，尽可能不对研究对象与社区环境产生影响。"半参与观察"是指研究者介入研究对象的生活背景或者具体社区情境中，但是其并不隐藏自己的研究者身份。"完全参与观察"指研究者并未向研究对象透露自己的研究者身份，而是以群体成员的身份介入社区，深入研究对象的生活情境中，与研究对象"同吃同住同劳动"，以期获得真实自然情境中的信息。

4. 测验法

测验法是以间接的方式收集个人态度、人格结构和心理行为等方面资料的方法。它是一种标准化的程序，在这个程序中，受测人对一组预先设计好的刺激做出反应，以使测验者能够以一个或一组资料来描写并推论受测者的心理行为状况。测验法主要用于三个方面的调查：一是能力测验，包括一般智力测验和特殊能力测验；二是成就测验，主要测量某一时刻一个人工作知识和工作技能的状况；三是人格与兴趣测验，主要是了解有关个人情绪、动机、人际行为、兴趣和态度等方面的情况。在社区研究领域，测验法可用于社区成员的交往距离、满意程度等方面的调查研究。

总体而言，社区研究方法本身就是一个系统，在实际社区研究当中，方法的采用实际上就是一个综合运用过程，即诸多方法往往渗透在某一个研究过程当中，很少有单一研究方法的现象。为此，社区工作者必须在掌握科学方法论的同时，熟悉各种一般的和具体的研究方法。

第二章　社区社会工作的理论界定与实际意义

社区社会工作实际上就是社区工作。它与个案社会工作、团体社会工作一起，构成社会工作三大直接工作方法。社区社会工作以整个社区及社区成员为服务对象，而现实社会都是由一个个具体社区所构成的，社会人也都是生活、工作在社区之中，因此，社区工作在社会工作中的意义是非常重要的。

第一节　社区社会工作的理论含义

社区社会工作是以整个社区及社区中的居民为服务对象，提供助人与利他服务的一种社会工作专业方法，与人们平时所讲的参与社会活动、做某些具体的社会工作具有不同的含义，它有特定的定义、特点以及功能。

一　社区社会工作、社区组织和社区发展

在对社区社会工作进行界定之前，我们有必要对"社区社会工作"及其相关概念"社区发展"与"社区组织"三个概念做一分析。

从历史发展来看，"社区组织"、"社区发展"与"社区工作"常常被视为相同的概念，不少学者及文献对这三个名词都有相同的描述，很多时候它们往往被互换来使用。例如，一些相同的服务计划会被称为"社会工作计划"或"社区发展计划"，亦可以称作"社区组织计划"。工作人员的职衔也可以相应地称为社区工作员、社区发展员或社区组织员等。

鉴于社区社会工作在历史上与社区组织和社区发展有着密切的关系，我们先分别把"社区组织"与"社区发展"的定义简要加以概述，然后对

社区社会工作做一般性的界定。

（一）社区组织

目前，对社区组织的定义有几十甚至上百种之多（袁华音、王青山，1990：2），从分类的角度看，较具代表性的有如下几种（徐震、林万亿，1999：225～226）。

1. 视社区组织为一种工作方法

美国学者霍伯斯（Daryl Hobbs）认为，社区组织是美国都市地区所发起的社会改造运动，它是为了解决工业化带来的技术与社会变迁所产生的问题的一种方法。其作用是透过新的服务形式，缓和社会不安的情况，协助社会中的团体或个人更有效地适应快速的社会经济变迁的结果。其作用与方法主要是对处于不利地位的团体提供社会福利服务以满足社会需要。

克拉莫（Ralph Kramer）和史佩齐（Harry Specht）认为，"社区组织是指一种干预的方法，它经由专业的变迁媒介来协助由个人、团体与组织构成的社区行动体系，投入有计划的集体行动以解决社会问题"。

2. 视社区组织为一个工作过程

罗斯（Murray G. Ross）认为，社区组织指一种过程，一个社区经由这一过程去确定其需要或目标，设定这些需要或目标的优先级，鼓励其从事改造的信心与努力的意愿，寻求各种资源，并对之采取行动，通过这种做法来培养社区的合作态度和行为。

波尔曼（Robert Perlman）和古林（Arnold Gurin）指出，社区组织和社会计划是利用组织的方法，满足社会需要和解决社会问题，它需要工作者与聘雇他们的团体设法对资源、服务功能与决策权予以再分配。其过程包括组织人们共同行动，设计出政策与方案以达成其目标。

3. 视社区组织为方法与过程的结合

史基摩尔（Rex A. Skidmore）和勒克蕾（Milton G. Thackeray）以及台湾学者徐震、林万亿均认为，方法与过程互用是符合实际的，即视社区组织是社会工作的一个基本方法，也是一条促使社会变迁的途径。

（二）社区发展

"社区发展"概念由联合国所倡导，其定义应该以联合国所给出的最具权威。第二次世界大战以后，当时一些前殖民地、半殖民地国家纷纷独立。但是这些新兴国家在独立之后都面临贫穷、失业、疾病以及教育落后、人口压力、经济发展滞后等问题，尤其是在这些国家的农村社区，社会问题更是突出。鉴于此，联合国从 1947 年起便对这些国家提供各种技术项目援助。1951 年，联合国经济社会理事会通过了 390D 号议案，试图通过在经济落后地区建立社区福利中心来推动社区发展，因而转向研究社区发展的可行性。特别是以乡村社区为单位，由政府有关机构同社区内的居民团体、合作组织等通力合作，发动全体居民自觉投身于社区建设，以此来加快落后地区的经济、社会发展。正因为如此，联合国还修改了原来的计划，以"社区发展计划"取代了原来的"社区组织与社区发展小组"，试行推动社区发展。1957 年以后，联合国开始研究社区发展计划在发达国家的应用，试图通过社区发展解决工业化、城市化带来的一系列问题，并在美国、英国实施了这一计划。目前，全世界有许多国家在推行社区发展计划，形成了一股世界潮流。

联合国社会局于 1955 年发表《社会发展经由社区发展》一书，其中对社区发展所下的定义是："社区发展可以说是一种经由全区人民积极参与并充分发挥创造力，以促进社区的经济、社会进步的过程。"1960 年联合国出版的《社区发展与经济发展》一书认为："社区发展为一种过程，即由人民以自己的努力与政府当局的配合，一致去改善社区的经济、社会、文化等环境。在此一过程中，包括两个基本要素：一是由人民自己参加、自己创造，以努力改进其生活水准；二是由政府以技术协助或实施其他服务，帮助其更有效的自觉、自发与自治。"（王思斌，1999：115～116）

经由联合国倡导，社区发展开始在发展中国家的农村推行，后来逐渐扩展到发达国家的城市社区。在当代，无论是发达国家还是发展中国家，无论是农村社区还是城市社区，社区发展都得到了迅速发展，受到了许多国家的政府和广大居民的欢迎，形成了一项世界性的运动。

通过各自不同的定义我们可以看到，"社区组织"和"社区发展"与"社区社会工作"确有许多共同之处，如都是社会工作的一种介入手法，是一项有计划的行动，是一种过程，倡导居民的自助、互助及自决的精神，解决社区内的社会问题，促成社区整合，改善社区生活质量，等等。

（三）社区组织、社区发展、社区社会工作的运用区别

尽管社区组织、社会发展、社区工作有着许多共同之处，但是三者间实际存在不同的重点，在工作方向及运用上都有不同的内容。

首先，不同的国家对三者有各自的不同用法。如美国大多运用"社会组织"一词，而英国则多用"社区工作"，我国香港地区是"社区工作"与"社区发展"两者并用，台湾地区的学者则多用"社区组织"（徐震、林万亿，1999）。

其次，社区组织可以解释为加强各福利机构的统筹活动，以促进社区利益。在美国，"社区组织"的定义在传统上是联系及统筹不同的地区组织，合力为社区提供服务，以满足社区的需要。随着时间的推移，"社区组织"的含义已经扩大至包括一系列的其他工作，类似于英国的社区工作。

再次，社区发展可以被看作居民获得自助能力去改造社区生活。严格讲，"社区发展"一词起源于二战后由联合国所倡导的主要针对发展中国家的世界性运动，其目的是结合国家及社区的力量来改善人民生活，重点在于鼓励居民参与社区及国家建设，提倡社区自助与互动的精神，运用社区本身的资源来提高生活素质。在发达国家，如英国、美国等国家，社区发展被视为邻里或地区间的自助工作，以培养居民对社区的归属感，减低居民对社区的疏离感；通过居民的参与，加强社区的自我解决能力以及社区整合水平。

社区工作、社区发展、社区组织之主要异同点可以参见表 2 - 1。

总体来说，在社区工作、社区发展以及社区组织三者之间，社区工作和社区组织可以被视为社会工作的一种工作方法；社区发展则多采用于第三世界国家或发达国家的地区自助计划中；社区组织则局限于联系及统筹地区组织的工作。如果从不同国家或地区对这三个名词的不同运用角度看，在美国，社区组织等同于社区工作，而社区发展则被视为社区组织的工作模式之一；在英国，社区发展也可被视为社区工作及第三世界的发展工作与自助计划，社区组织则多界定为组织的统筹联系；在中国香港，社区发展则等同于社区工作。

由此看来，在"社区工作"、"社区发展"和"社区组织"三个名词中，"社区工作"一词较为广泛，含义较为丰富，是社会工作的一种方法。从广义的角度说，社区发展和社区组织则等同于社区工作，也是社会工作的一种工作模式。

表 2-1 社区工作、社区发展与社区组织的主要异同点

	英国	美国	中国香港	中国台湾
社区工作	社会工作的方法之一	较少采用这一名词	社会工作的方法之一	等同于社区组织
社区发展	第三世界的发展工作与自助计划	社区组织的工作模式之一	等同于社区工作	
社区组织	地区组织的联系统筹，合力为社区服务	等同于社区工作，是社会工作的方法之一	社区工作中的工作方法之一	等同于社区工作

资料来源：甘炳光、梁祖彬等（1998）；徐震、林万亿（1999）。

二 国内外对社区社会工作的不同定义

如何理解社区社会工作（Social Community Work）？最为普遍的看法是：社区社会工作是和个案社会工作（Case Social Work）、团体社会工作（Social Group Work，又称"社群社会工作"或"小组社会工作"）相并列的社会工作三大直接工作方法之一。相对于前两种方法，社区社会工作是较迟被确认的社会工作的一种介入方法。

很长时间以来，社会工作主要被看成补救性的危机介入，很多时候只是重视改变个人及家庭的生活条件。以美国为例，个案工作和团体工作已分别在 1920 年和 1930 年得到确认，但是社区社会工作的手法却没有得到及时关注。很多美国的社会工作训练学院在早期都忽略了教授社区工作、社会行政及规划等宏观的介入范畴。有学者认为，这是和美国社会重视个人主义，着重"补救多于预防"的思想有关。

在西方社会工作发展史上，社区工作最初是在城市开展的，当时名为"社区组织工作"，简称"社区组织"。社区组织的出现是为了解决当时西方社会的城市由工业化引发的一系列社会问题，后来逐渐发展成为社会工作专业的一种基本方法。

第二次世界大战以后，许多发展中国家的农村地区处于相当贫困落后的境地，鉴于此，联合国倡导兴起了一项世界性的社区发展运动，有计划地通过促使社会变迁来解决发展中国家农村社区由于经济、文化的落后而产生的社会问题。后来，联合国又将社区发展由农村推广到发达国家的城市社区。

从历史发展来看，社区组织、社区发展等社区工作都可以视为相同的概念，不少学者及文献对这三个名词都有相同的描述，很多时候它们都会

被互换来使用。1939 年，美国学者罗伯特·兰尼（Robert Lane）所领导的一个研究小组在美国社会工作会议上提出《兰尼报告》，阐释了社区组织的理论、哲学以及工作方法。1962 年，美国社会工作教育课程委员会正式认可社区工作是社会工作的基本方法之一。这个确认并不是要取代个案工作的位置，而是希望开阔社会工作的分析角度，跳出微观层面，补充危机介入方法的不足，最终使当事人的问题能得到全面处理及解决。

从此，社区社会工作（社区组织、社区发展、社区工作）就与个案社会工作、团体社会工作（社会群体或小组工作）并列而成为社会工作的三大基本方法。

社区社会工作是社会工作的一种方法、一种服务，其含义较为广泛。对其工作的范围、所提供的活动、所要达到的目的以至实践形态，不同的人都会有不同的理解。在实际生活中，不同的个人、团体或组织甚至官员，往往在很多时候都说正在从事社区工作，以至于社区工作或社区工作者的说法已为大家所熟知。如在香港特别行政区，政府部门有社区服务部，积极从事社区工作，而发展中国家的房屋建造、水利工程、农牧训练、技能培训、卫生保健等也往往被称为进行社区工作（甘炳光、梁祖彬等，1998：3）。随着社区建设步伐的加快，我国内地社工作的发展也如火如荼。

那么，如何来定义社区社会工作呢？从广义角度说，任何人与任何组织，只要在社区内从事任何为人群的活动及服务，可以说就是进行社区工作。正因为如此，对社区工作的定义众说纷纭。

（一）英国学者的定义[①]

1. 高本汉报告书

英国较早的社区工作定义见之于 1968 年的《社区工作与社会变迁》（*Community Work and Social Change*），该书由英国一所慈善团体"高本汉基金"（Gulbenkian Foundation）委任的一个研究小组所写成。他们对社区工作的定义是："主要涉及影响社会转变，透过社会情况的分析及不同群体建立关系的两个过程，带来适切的社会转变……其目的是让市民参与决策的制定，使市民对社区建立认同感及向市民提供所需服务。"

高汉本报告书的定义较为笼统，主要强调社区工作与社会转变的关系。显然，这个定义过于宽泛，把社会转变和社会变迁纳入了社区工作的范畴。

---

① 资料来源于甘炳光、梁祖彬等（1998）。

2. 戈奇厄斯

戈奇厄斯（G. W. Goetschius）在 1971 年提出了社区工作与社会工作的关系，他认为，社区工作"是社会工作的一个方法，社区小组透过工作员的协助，去运用这个过程以达致有效用及有效率的关系。这种方法运用适当的资源去完成居民自己选择的目标，并对小组及社区生活做出贡献"。

这个定义开始把社区工作视为社会工作的一个方法与过程，并提出了居民自决的目标，把社区工作和专业性的社会工作联系了起来。

3. 米尔森

米尔森（F. Milson）指出："社区发展是一个过程，透过这个过程去动员社区内的资源，保障、支持及加强个人及小组成为社区的一分子。"

米尔森的定义把社区工作和社区发展联系在一起，强调了社区工作是一个过程，强调了动员社区资源解决社区问题的重要性。

4. 鲍多克

鲍多克（P. Baldock）在其著作《社区工作与社会工作》（*Community Work and Social Work*）一书中，形容社区工作"是一项由受薪工作人员所进行的工作，借以协助居民识别所面临的问题及机会，由居民共同做出实际决定，采取集体行动解决所面临的问题。居民在将决定付诸行动时，社区工作者亦给予支持，以培养居民的能力及自我独立"。

鲍多克的定义引入了社区工作是受薪的工作，也强调了居民的自决过程。与前几个定义所不同的是，这个定义强调了采取集体行动的需要，并提出了居民能力的提高。

5. 谭马士

承接鲍多克的定义，谭马士（D. N. Thomas）在其研究中也指出社区工作对居民的重要性。他认为，"社区工作是一个长远的过程。它不单辅助居民争取眼前的要求，更需要协助居民在日后成功组织起来。社区工作者因此要有能力去协助居民成长及发展。这是一个缓慢的过程，耐心、诚心及不要企求实时效果是必需的条件"。

（二）美国学者的定义[①]

1. 罗斯

在美国，罗斯（M. Ross）较早对社区工作给出了定义。他认为，"社

———————————

① 资料来源于甘炳光、梁祖彬等（1998）。

区组织是一个过程，透过这个过程，社区确定本身的需要与目标，定下先后次序，寻找所需资源，并采取行动去满足这些需要与目标，以及在社区内发展居民合作的态度及实践"。

和大多数美国学者一样，罗斯把社区工作看成社会组织。同时，类似于英国学者的定义，他也强调社区工作是一个过程，是为了满足社区的需要，所不同的是他着重于社区的合作与整合。

2. 邓汉姆

邓汉姆（A. Dunham）认为，"社区组织是一个有意识的社会接触过程，也是一种社会工作的方法，其目的在于：首先，满足社区需要，维系社区需要及社区资源的调适；其次，协助居民解决问题，并培养、加强及维持居民拥有参与、自决及合作的素质；最后，改善社区及社区小组的关系，并改善决策权力的分配"。

邓汉姆将满足社区的需要、参与、自决、合作及权力分配作为社区工作的重要因素，基本上抓住了社区工作的本质内涵。

3. 布拉杰与施佩希特

布拉杰（G. Brager）与施佩希特（H. Specht）提出社区工作是一项有计划的介入行动，应着重社会制度的转变。他们认为，"社区组织是一项介入手法，透过它，个人、小组及社区组织参与有计划的行动去解决社会问题。它是用于加强、发展及改变社会制度。有计划的解决问题步骤及组织工作是两个最主要的过程"。可以看到，他们的定义已经涉及社区社会工作的功能。

4. H. J. 鲁宾与 I. 鲁宾

H. J. 鲁宾（H. J. Rubin）与 I. 鲁宾（I. Rubin）两位学者认为，"社区组织是通过协助居民克服及冲破其无能感去解决问题。社区发展主要进行居民授权，通过组织居民，采取集体行动去控制及影响社区的一切程序、计划、决定及有关政策"。

他们的定义除有社区工作是解决社会问题之外，还特别强调了社区居民的"授权"（Empowerment）概念，并且把社区工作和民权联系起来。

（三）香港与台湾地区对社区工作的定义

在香港，政府与志愿机构对社区工作（或社区发展）有不同的定义。

在政府方面，社会福利署将社区发展界定为"社区发展的整体目标是促进社会关系，在社区内培养自我依赖、社会责任及社会凝聚的精神，并鼓励民众参与解决社区问题及改善社区生活的素质"（甘炳光、梁祖彬等，1998：12）。这一定义着重于市民自助和社区参与，以达到社区整合的目的。

在志愿机构方面，香港社会服务联合会社区发展部在其《社区发展立场书》中，融合了英美的不同重点，对社区工作（社区发展）做了较为包容的阐释："社区发展是一个提升社会意识的过程，以集体参与鼓励居民识别和表达本身需要，并因而采取适当行动。这种社区导向性的社会工作方法，内容包括一系列经过计划的行动，最终目标是谋取社会正义和改良社区生活的素质。"（甘炳光、梁祖彬等，1998：12）这一定义与英美学者所下的定义较为相近，强调社区发展是一种社会工作的方法与过程，同时亦包含满足社区需要及采取集体参与。其独特之处在于，它提出了意识提升及谋取社会正义这两个观点。

台湾学者徐震和林万亿认为，社区工作是社会工作的一个基本方法，也是一个促使社会变迁的途径。社区工作是"调整社会关系，减少社会冲突，寻求社会福利需要与社会福利资源的有效配合，以满足社区需要、解决社会问题、改善社区生活、促进社区进步、改善权力与资源的分配"（徐震、林万亿，1999：227）。显然，这一定义突出了社区工作的目标和功能。

（四）内地的定义

在我国内地，社区工作只是在近二十多年来逐渐为人所知。从实际部门的角度看，社区工作常常被称为社区服务，被看作一种社会性事务。就是在特定的区域内，受政府的指导和资助，依靠街道、居委会以及小区，有组织地动员社会各方面的力量，包括动员群众，发扬扶弱助贫、尊老爱幼及相互帮助的精神，因地制宜兴办各种小型福利设施，开展各种服务活动，为居民群众，特别是有困难的家庭和居民提供各种服务。

在学术界，关于社区工作的定义并不统一，大多是采用港台学者的提法，再加上自己的认识和理解而成。如王思斌在《社会工作导论》一书中采用台湾学者廖荣利先生的说法，认为"社区工作是以社区为基础的社会工作，它是由专业社会工作者，本着其哲理信念与专业技艺，与他所服务的社区民众一起群策群力，推动与民众福祉有关的社会行动及社区方案的方法"（王思斌，1998：223）。

在另一本社会工作的教科书——《社会工作概论》中，王思斌在介绍了国外及港台地区的社区工作定义之后，将社区工作定义为："社区工作是专业社会工作的一种基本方法，它以社区和社区居民为案主，通过发动和组织社区居民参与集体行动，确定社区的问题与需求，动员社区资源，争取外力协助，有计划、有步骤地解决或预防社会问题，调整或改善社会关系，减少社会冲突，培养自助、互助及自决的精神，加强社区的凝聚力，培养社区居民的民主参与意识和能力，发掘并培养社区的领导人才，以提高社区的社会福利水平，促进社区的进步。"（王思斌，1999：116）这一定义将把社区工作的目标和功能很好地和盘托出。

王刚义在其《社会工作学》中认为，"社区工作是以社群和社区为服务对象的。它是在运用社会调查和分析技术，了解社区的需求与社区问题的基础上，动员社区的各种资源，配合外力的协助，共同解决社区问题、满足社区需求，以增进社区的福利和社区的发展。简要地说，社区工作是指由社会工作者与社区居民一起，群策群力，通过社区活动来增进社会福利的工作方法"（王刚义，1990：120）。这一定义在界定社区工作的增进福利的同时，还强调了社区工作的社会调查、分析技术等专业性的要求。

宋林飞在其主编的《社会工作概论》中把社区工作和社区服务、社区发展、社区组织等联系起来进行考察，认为"社区工作是社会工作的基本方法之一，它是指以社区为案主的一种宏观社会工作，包括社区服务、社区发展、社区组织三种形式"（宋林飞，1991a：115）。这一定义虽然较为简略，但把社区发展、社区组织等看成社区工作的形式，就能较好地厘清社区工作与后两者的关系和联系。

徐永祥在《社区工作》教材中分别从广义与狭义两方面来界定社区工作。广义的社区工作指"在社区内开展的以提高社区福利、促进社区和社会协调发展的社会服务或社会管理"，可包括各类组织或者个体在社区内从事的助人活动。狭义的社区工作专指"专业社会工作机构及社会工作者关于社区工作的理论、方法、技能及应用过程"（徐永祥，2004：20）。该定义区分了宏观性的社区工作与专业性的社区工作，凸显了作为专业社会工作的社区工作的特征。

夏建中在另一本《社区工作》教材中，从多角度来理解社区工作，"社区工作是社会工作的一种介入手法；它既是一项有计划的行动，也是一个过程；社区工作者经常运用集体行动的手法，鼓励居民互助、自主和自决，提升居民的各种能力；社区工作的主要目标是满足社区需要，解决社区问题，培养社区成员的归属感和认同感，促进社区整合，改善社区生活质量，实现社会公正"（夏建中，2015：13）。这一概念从多层面界定了社区工作。

从以上我们归纳的境内外学者对社区社会工作所做的定义来看，其共同部分大致有：社区工作是一种介入手法；社区工作是一项有计划的行动，是一个工作过程；社区工作是运用集体行动的方法；社区工作具有社区服务、社区发展、社区组织等形式；社区工作提倡与培养居民自助、互助及自决的精神；社区工作能解决社区问题，满足社区需要，培养社区归属感和认同感，减少社区冲突，促成社区整合；增进社区福利，改善社区生活素质；社区工作能促进社会转变；等等。

三　社区社会工作的理论界定

我们看到，不同时期、不同国家以及不同地区的行政职员和学者对社区工作所持的认识和所做的界定都各不相同。我国长期以来计划经济条件下社会成员大都是"单位人"的身份，社区并不能成为一个客观独立的功能体系，人们几乎没有形成"社区"的观念，所以对"社区"及"社区社会工作"的概念很是生疏。而改革开放后特别是近三十年来迅速发展的社区建设、社区发展与社区治理又往往具有与国外和港台地区不同的个性特征。在做出本书的定义之前，我们试图结合已有的定义和我国当前的客观实际，尽可能以本土化的语言，突出社区社会工作的几个重要内涵。

第一，社区社会工作的直接内容或功能是预防和解决社区内的各种社会问题，如贫困、失业、老年人照顾、残疾人服务、社区成员的教育、有关社区成员的物质和精神生活的硬件与软件服务等。

第二，社区社会工作从过程上可以培养和发扬社区居民自力更生、奋发向上的精神，同时增强社区凝聚力和社区意识，以减少社会不适，减缓社会冲突。

第三，社区社会工作的最终目的和功能是促进社区乃至社会发展。尽管已有的一些定义把社区发展或等同于社区工作，或视为社区工作的一种形式，但我们还是认为，从微观上或从具体操作上看，社区工作与社区发展可以被视为一回事；从宏观上或从最终目的上看，社区工作是一个过程，是一种方法，而社区发展以及社会发展才是目标和结果。因此，从这一角度说，社区工作与社区发展是有区别的，换言之，我们深入社区做社区工作最终是为了社区的综合发展，为了推动社会的进步。

第四，社区社会工作是一项专业性的工作，这不仅表现在政府及社区行政工作人员要有专门的机构和人员做社区工作，而且表现在它要求有一定的专业理论知识和特定技术，表现在社区社会工作是一门学科，并非简单的"访贫问苦"和做"好人好事"。

第五，从客观上看，社区社会工作是社区治理工作中的重要组成部分，具有社会治理的职能。

鉴于此，我们认为，所谓社区社会工作，是运用专业性的理论知识和技术，以社区和社区居民为服务对象，以预防和解决社区问题为目标，以培养和发扬社区居民互助精神为追求，调动和利用社区资源，积极参与社区治理和社区建设，提高社区福利水平，促进社区发展与社会进步的过程。

四　社区社会工作与社会工作的关系

国内外包括港台地区绝大多数学者把社区社会工作看成与个案社会工作、团体社会工作相并列的社会工作的三大方法之一。如美国社会工作课程委员会在1962年正式认可社区社会工作是社会工作的方法之一；台湾学者徐震、林万亿也认为"'社区组织'自1939年起与个案工作、团体工作同被美国社会工作界并列为社会工作的三大基本方法"（徐震、林万亿，1999：225）；北京大学王思斌也认为社区工作是专业社会工作的一种基本方法（王思斌，1999：116）；其他研究者大多接受和肯定"社区社会工作是社会工作的方法"之说法，以至于究竟美国是在20世纪30年代还是60年代承认社区社会工作已显得无关紧要。

在坚持"社区工作是社会工作三大方法之一"前提的基础之上，我们试图就社区社会工作与社会工作的关系做进一步的分析研讨，以有利于对社区社会工作本质的认识，有利于社区社会工作的开展，有利于社区社会工作功能的发挥。

第一，社区社会工作是社会工作的重要形式。

我们认为，如果仅仅把社区社会工作看成社会工作的一种方法，就容易使人有社区社会工作是一种社会工作程序、方式的感觉，也就是说它只是促使社会工作发挥功能的手段。如果这样，就容易在理论上失却社区社会工作的地位，在实际生活中忽视甚至轻视社区社会工作。

我们认为，不妨换一个角度或思路，把社区社会工作看成社会工作的一种重要形式。

从概念上看，尽管人们对社会工作以及社区社会工作的定义不尽相同，但一般认为，社会工作是以专业知识和手段为基础，运用科学的方法进行的助人服务活动；而社区社会工作则是以社区和社区居民为对象，有目的地预防和解决社会问题，促进社区发展。由此可见，社会工作和社区社会工作二者在本质要旨上是完全一致的。我们与其把社区社会工作看成社会工作的一种方法，还不如将社区社会工作视为社会工作的重要形式或类型。

与此相联系，从功能上看，二者也是完全一致的。社区社会工作和社会工作都是要消弭社会问题，帮助居民适应社会，促进社区发展和社会进步。无非是，社会工作是从整个社会的宏观角度，或是从学科与方法的综合角度，而社区社会工作则是从社区之微观角度来解决和预防社会问题的。

同样道理，从社会需要看，随着工业化、城市化进程的加速发展，个人抵御社会风险的能力也不断减弱，因而对助人自助的社会工作有十分迫切的要求。我们不能简单地认为，助人自助活动从宏观社会看叫作社会工作，而从微观社区看则是社会工作的一种方法。无非是，社区社会工作是特定区域的社会工作罢了。

第二，社区社会工作是社会工作的深入和具体化。

一方面，社会工作把需要帮助的社会弱势群体作为基本工作对象，对他们进行物质的援助和心理的调适，发挥实施社会救助、提升社会福利、促进社会发展与进步的功能，这就是社会工作的主要内容；另一方面，整个社会是由许许多多的具体社区所组成，社会工作的实施和操作实际上要建筑在个人（服务对象）、组织、社区等基础之上，因此，社会工作实际上必须要通过具体的形式来加以深化和具体化。而以个人为对象的就是个案社会工作，以组织或群体为对象的就是团体社会工作，以社区为对象的就是社区社会工作。就社区社会工作而言，其内容与目标完全是社会工作在社区内的延伸与具体化。

第三，社会工作与社区社会工作是整体和部分的关系。

由上内容，我们可以较为清楚地看到，从范围或领域来说，社会工作是就整个社会而言，而社区社会工作则是就具体社区而言，二者之宗旨与性质是一致的，无论是其内容还是其功能，都是整体和部分的相互作用。社会工作的性质与宗旨规定了社区社会工作的对象与任务，社区社会工作的具体操作实现着社会工作的总体目标并提出了新的工作内容和要求，二者之功能关系是相辅相成、互相促进的。

第二节　社区社会工作目标

事实上，上述我们所做的理论界定已经在原则上包含了社区社会工作的目标，这里我们试图从总体目标与具体目标、长远目标与近期目标等方面对此做一简要分析。

一　社区社会工作的总体目标与具体目标

所谓社区社会工作目标，也就是通过细致而具体的社区工作，解决客观存在的影响社区发展、居民生活和工作的各种社会问题，使社区与社区成员能达到某种境地或状况。

从这一思路出发，结合社会实际，我们认为，社区社会工作的目标应该首先明确总体目标与具体目标。

1. 社区社会工作总体目标

就总体目标而言，社区社会工作必须坚持推进社区发展、提升居民生活质量的原则。当然，怎样理解总体发展目标，不同的学者对此也有着不同的认识。

罗斯曼（Rothman）从目标及其达成的角度，较为宏观地归纳了"任务目标"和"过程目标"两大类别。

第一，任务目标。这一目标主要是解决某些特定的社会问题，包括完成某些具体的任务，实现某些社会福利的目标，满足某些社区需要如修桥补路、安置无家可归者等。

实际上，社区社会工作在很大程度上就是为了解决不断出现的社会问题，这也可以看作社区社会工作的"天职"，因此，我们可以认为，罗斯曼的任务目标就是社区工作的总体目标。

第二，过程目标。这一目标是为完成总体目标而做的必要工作，包括提高社区工作者的工作能力，建立社区不同群体的合作关系，发掘及培养社区领袖参与社区事务，加强对公民事务的了解，增强解决问题的能力、信心和技巧等。

很明显，罗斯曼的社区工作目标分类法是围绕社区发展而采取的两大步骤。一是构筑解决社会问题的总体目标，二是为达到总体目标而采取的多种措施。这种分类法符合社区工作的发展逻辑，不过似乎显得过于空洞了些。

英国学者谭马士从另一个角度提出了一个较有影响的社区工作目标分类法，他认为，社区工作的目标可以从两个方面加以设定。

第一，分配资源。社区社会工作主要是组织社区居民，就居民日常的切身事情争取合理而平均的资源调配，从而使他们的权益得到保障。

第二，提升居民素质。这主要表现在：社区社会工作可以促使公民权的发展，包括培养基层居民的政治责任感，即增强他们的政治能力，掌握更多的政治知识和技巧去参与政治事务，使居民有信心及能力来影响政党和政府，以监督政党和政府的运作；居民素质的提高，必然会增进社区凝聚力，促进居民间的交往，提升社区归属感，促进社会发展（甘炳光、梁祖彬等，1998：9~10）。

谭马士的目标分类法与罗斯曼的分类法具有相似之点。谭马士的"分配资源目标"之实质类似于罗斯曼的"任务目标"，因为二者都是从总体目标角度来对之加以界定的，无非是前者着重于资源调配以保障居民权益，而后者则着重于解决社会问题与增加社会福利。谭马士的"提升居民素质"与罗斯曼的"过程目标"都是为实现其第一个目标服务的，无非是谭马士增加了公民权与社会凝聚力，这在不断现代化的今天有其现实意义。

结合我国情况，我们认为，社区社会工作的总体目标可以理解为：

第一，以全体社区成员为对象，着重解决影响居民日常生活与发展的各种社会问题；

第二，关心社区弱势群体，帮助他们尽快摆脱困境；

第三，抓好社区精神文明建设，确立社区意识，为社区居民提供良好的文化氛围，引导居民树立健康文明的生活方式；

第四，推进社区治理，推动社区现代化发展。

因为是社区社会工作的总体目标，所以这里我们没有过分强调社区社会工作的所谓"专业性"。同时，与港台地区或英美的目标定义有异，我们认为，不能单一地把社区社会工作仅仅看成面对社会弱势者的帮助工作，而是要把社区社会工作和整个社区建设乃至社会发展、时代进步联系起来通盘考虑。换言之，通过社区工作者的不懈努力，社区社会工作的目标定向不能仅仅停留在访贫问苦和送温暖工程等方面，而必须从宏观上来认定和解决一些影响社区建设和社区发展的具体社会问题。这样，才能不落入就事论事的低视窠臼，以达到既解决社区问题又推动社会发展之双重功效。

2. 社区社会工作具体目标

社区发展要通过各方面的共同努力与奋斗，包括做好社区工作。社区社会工作要通过具体实在的目标来促进社区发展。

香港学者甘炳光和莫庆联在《社区工作的定义与目标》一文、北京大学王思斌在其《社会工作概论》一书中是这样来说明社区社会工作的具体目标的（甘炳光、梁祖彬等，1998：15~16；王思斌，1999：116）。

第一，促进社区居民参与解决自己的问题，提高社区居民的社会意识。要鼓励社区成员参与解决社会问题的过程，并且让居民有机会来表达其意见。

第二，调整或改善社会关系，改善权力分配，减少社会冲突。

第三，发挥人们的潜能，发掘并培养社区的领导人才。社区工作是透过居民的集体行动，解决日常生活的问题，从而发挥居民的潜能，同时又可以加强居民的自决及自立的能力。

第四，培养互相关怀、互助互济的美德。在社区工作中，可以促进形成真正互相关怀的氛围，以达到社区照顾的目的，居民之间的彼此交往，可以减低工业化和城市化社会中人们的疏离感，加强居民对社区的归属感。

第五，追求权力和资源的公平分配。

第六，寻求社区需要与社会资源的有效配合，以满足社区需要，解决或预防社会问题，改善社区生活环境，提高生活质量，促进社区进步。

尽管各自的表述不一、重点各异，但上述社区社会工作具体目标的主旨还是较为清楚的。我们可以将其理解为围绕改善社区居民的日常生活条件、提升社区及社区成员的社会福利、调整社会关系、增进居民相互理解和帮助、预防和解决社会问题、促进社区发展等方面而开展的具体工作。

我们认为，社区社会工作的具体目标是由社会的不同发展时期、社区面临的不同问题、居民遇到的不同困难等因素所决定的，它本身就是一个动态的要素。因此，所谓具体目标也只能是较为原则性的，不可能做到十分具体，否则，目标就可能失去其现实性。结合我国现阶段城市社区与农村社区的实际，我们尝试勾画出如下社区社会工作的具体目标。

第一，应对社区居民所面临的各类社会问题，比如养老、医疗、失业、贫困等问题。诚然，在发达国家也同样存在此类问题，其社会工作者相当长时间以来也在不遗余力地关注和解决这些问题，但是，由于我国的社会、经济运行体制脱胎于僵化的计划模式，人们在大锅饭的时代形成的"国家、单位要保障我"的意识还没有彻底消除，以至于在迅猛的改革浪潮下，当城市职工下岗失业，农民无田可种、种田无利可图，当"银发浪潮"的冲击来临，当医疗体制改革等新情况出现时，人们一时还来不及适应。在这种情况下，就要求社区社会工作发挥其"解决和消除社会问题"的功能，为社区居民提供直接的服务。

第二，提升居民的生活水准。随着社会的进步与发展，人们的生活要求已不仅仅是吃饱穿暖。提升社区成员的生活水准一方面要有厚实的物质力量作为铺垫；另一方面，还要靠教育、宣传、引导。在这里，社区工作可以发挥其合理调配社区资源的长处，结合社区治理和精神文明建设，推动居民生活现代化的步伐。

第三，配合社区的行政部门，推进社区治理，加快社区建设，包括社会的、经济的、文化的等方面内容，把社区建设成文明富庶的现代化美好家园。

在此，我们对具体目标的设定似乎稍稍超出了传统的社区工作之范畴，正如上面已经提及的，我们认为，要改变把社区社会工作看成仅仅是单纯做具体助人工作的观点，而要从宏观上，把社区社会工作与社区治理、社区建设、社区发展、社会进步等联系起来考察和认识，只有这样才能使社区社会工作有旺盛的生命力。

二　社区社会工作的长远目标与近期目标

制定和确立社区社会工作的目标，是为了提高社区工作中社区服务和社区发展的计划性和有效性，为社区建设提供正确的活动目标和管理步骤，这是社区服务规范化、正常化的首要环节。总体目标和具体目标确定之后，为了能很好地实现或完成这类目标，还必须根据社区的具体情况，按社会工作的内容和社区问题的性质，以轻重缓急分层次制定社区社会工作的长远目标和近期目标。

1. 社区社会工作长远目标

所谓社区社会工作的长远目标，是指在社区建设与社区发展过程中，为了促进一些在未来较长时间内才具备条件实现的规划之达成，社区工作所要制定和规划的一些工作实施计划与目标。

社会工作的长远目标与社区发展及社会发展规划有着密切的联系。

自联合国于 20 世纪 50 年代中期倡导以社区发展推动社会全面进步以来，社区发展受到越来越多的国家和地区的重视，社区发展实践对各国及地区的经济、社会和居民的利好作用，已为越来越多的人所认同，与此相联系，政府部门、社会团体、多学科的学者以及居民等介入社区发展的积极性也越来越高。作为现代社会的一个重要运作环节，社区发展正在显示出其旺盛的生命力。社区发展是一个渐进的过程，必然有其阶段性，因此，社区发展规划就显得尤为重要。

社区发展规划与社会发展规划有密切的联系，也具有不同的内涵。

就社区发展规划和社会发展规划的联系来看，首先，二者在规划制定的依据和指导思想上有许多共同之处。无论是城市还是农村，其社会发展规划都必须着重考虑社会经济的发展，而其社区发展规划也是把社会经济发展作为首要的目标。规划的制定都要从实际出发，充分考虑本地的自然、历史、经济、人口等因素。

其次，社会发展规划所确定的目标、性质、任务以及建设项目，也是社区发展规划制定过程中必须考虑的区域性前提。社会是整体，社区是局部，整体离不开部分，部分也不能撇开整体而单独存在。城市社区和农村社区的发展建设目标都是和整个社会发展的目标相一致的。在城市，整个社会发展的总体规划中有关交通道路、公共广场、大型标志性建筑、公共绿地、排水设施等方面的系统规划，应该是社区规划中必须考虑或遵循的。在农村，产业结构的调整、乡镇工业的发展、小城镇的建设等总体规划，也是农村社区发展和建设中所要着重考虑并实施操作的内容。

再次，社会规划和项目安排，对社区治理某些方面的发展有一定的导向作用。这种导向性可以通过对社区的人口构成、人口流动、生态环境、社会环境等方面的变动表现出来。比如现代化社会要求必须加速城市化进程，提高城市化水平，这一社会规划必然使人口不断地向城市与城镇集中，改变原来的城乡社区中的人口结构（徐永祥，2000：106～107）。

当然，社区规划又不同于社会规划。相对于全局性的宏观社会规划来说，社区规划则是涉及局部区域发展的微观规划。局部毕竟不是全局，社会发展规划不能代替社区发展规划，社区发展规划也不能取代社会发展规划。随着社区建设的热潮在我国城乡社区的不断兴起，制定社区发展规划以推动社区发展、社会进步的重要性也越来越为人们所认同。

现代意义上的社区规划是关于一定时期内社区发展的目标、社区发展的框架、社区发展的主要项目的总体性计划及其决策过程。从内容上看，社区规划主要包括社区服务、社区建设、社区开发、社区保障、社区环境、社区教育、社区组织、社区安全、社区卫生、社区治理等多方面的内容。从层次上看，社区规划又可以分为总体性发展规划和专项性发展计划。从时间上看，社区规划一般可以分为一至两年的近期规划和五年左右的中长期发展规划（徐永祥，2000：108）。其中，围绕实施中长期发展规划而要确立的具体社区事务性工作，就是社区社会工作的长远目标。

比如，社区发展中长期规划都离不开各项社会发展指标体系，如何为制定科学的指标体系提供事实依据，如何为指标的实现做好具体的努力，如何对社区发展指标进行监测，这都需要社区社会工作制定出相应的长远工作目标。一般来说，社区发展中长期规划都要包括人口家庭、住房、环境、教育、卫生、健康营养、社会安全、劳动就业、社区服务、休闲活动、社会流动、犯罪率等一系列社会指标。这些指标从制定到落实，都需要社区社会工作的具体参与。换言之，如何保证社区发展指标的制定和落实，社区社会工作也要有相应的长远目标。社区发展指标可以量化与具体化，如何达到量化的标准和具体化的要求，社区社会工作的作用是不容忽视的。而要做到这一点，结合社区发展中长期规划，制定社区社会工作长远目标就是必需的。

2. 社区社会工作近期目标

所谓社区社会工作的近期目标，是指在社区建设与社区发展过程中，为了促进一些在未来较短时间内就可以具备条件实现的规划之达成，社区社会工作所要制定和规划的一些工作实施计划与目标。

上面我们已经提到，社区规划可以分为一到两年的近期规划和五年左右的中长期发展规划。就近期规划来看，既是长远规划的有机组成部分，也是实现长远目标的具体实施过程和步骤。因此，为了促进社区发展近期规划的顺利实施和实现，社区社会工作也要制定相应的近期目标。

不同于社会发展规划往往带有超前性的战略考虑，社区发展规划一般着重于具体的操作步骤和实施计划，因此，社区社会工作的近期工作目标的制定或确定是十分重要的。原因有如下几点。

第一，社区发展中长期规划只是一个宏观发展目标，这一目标的实现有赖于近期规划，通过包括社区社会工作在内的多方面的具体努力实施才能加以完成。比如某社区规划在五年左右达到人均住房面积多少平方米，公共设施达到具体什么标准，把社区贫困人口控制在百分之多少以内，帮助社区多少残疾人实现就业等目标，都必须依赖于近期规划的制定与落实，才能最终达到中长期目标的要求。

第二，社区发展的具体指标，特别是有关社区服务、社会保障、社区参与和社区自治等指标，要通过社区社会工作的具体实施加以修订和落实。例如，贫困居民的救助率、特困与孤老家庭的救助和保护情况、残疾人和老年人的权益保障度等，再比如每万人拥有的社会福利设施、每万人拥有的社区服务专业人员数、每万人中的志愿服务人员数以及社区自组织的数量、居民对社区事务的参与率、政府和居民对社区自组织及其活动的满意度等，这些具体指标的制定、修正以及落实，如果没有社区社会工作的积极参与和专业性的研究与运作，都是不可以想象的。

第三，社区社会工作的主要工作对象就是社区及其居民，社区社会工作的主要功能就是解决社会问题、稳定社会秩序、促进社区发展和社会进步，从这一角度说，社区社会工作的"历史使命"决定了其近期目标的制定与社区发展规划的密切联系，决定了其在社区发展的每个过程中的重要作用。

第三节 社区社会工作的对象与社会功能

社区社会工作的目标与性质决定了其具有特定的对象，能够发挥具体的社会功能。对象的确定是发挥功能的前提，也是目标得以实现的条件；功能的发挥则是对象所面临问题的不断解决以及目标的最终实现。

一 社区社会工作的对象

从字面上看，我们就可以知道社区社会工作自然以社区作为其工作对象，就如同个案社会工作以个人及家庭为工作对象，团体社会工作以团体或者小组及其成员为工作对象之道理一样。社区就是由聚居在某一地域中的社会群体、社会组织所形成的一个在生活上相互关联的社会实体，在这个实体当中，有一定的人口，有一定的服务设施，有特定的文化，社区成员有一定的归属感。

为此，社区社会工作的对象表现在两个方面：地域社区和功能社区。

地域社区按地域划分，有地域的限定，如街道、小区、市镇、村落等，在这类区域里，居民享受共同的社区设施，人们相互交往，形成一个交往圈。社区社会工作以此为对象，通过专业工作，解决其中的社会问题。

功能社区是指"一群有共同背景、共同需要或面对共同问题的人，他们未必居住在同一地域社区内，但他们都拥有共同的特质及利益"，所以又可称为"利益社区"（甘炳光、梁祖彬等，1998：17）。在这里，社区社会工作主要是做这些具有共同利益的人群的工作。

无论是地域社区还是功能社区，作为社区社会工作的对象，都是为了解决社区内的社会发展问题，为了解决社区成员所面临的实际困难与社会福利等问题。因此说，社区社会工作的对象之两个方面是完全一致的。

在历史上，社区社会工作最初以城市社区为工作对象，这是因为工业化和城市化之初，城市社区出现了许多新的社会问题，如贫困、失业、流浪街头等现象，社区社会工作就是要启发民众，发现共同问题，认识其共同需要，从而调整社会福利，解决社会问题。20世纪50年代后，社会工作逐渐扩展到农村社区。在我国，随着社会转型与社会变迁，城市和农村都出现了多种新问题，尤其在农村社区，社会工作一直处于被忽视的状态。当前，传统的家庭保障模式对于市场经济浪潮中的农民已失去其以往的作用，在农村开展社区社会工作，解决农民的问题，促进农村社区的发展，就成了一种迫切的要求。

二　社区社会工作的功能

功能是用来表示一个系统中不同部分之间的相互依存性的概念。在生物学中，功能指一个有机体的不同组成部分对维系该生物体所做出的贡献。英国功能主义人类学家拉德克利夫－布朗和马林诺夫斯基将这一概念引入对人类生活的分析，认为社会可以概念化为一个由具有相互联系的部分组成的整体，不同部分满足不同的社会需要，就为维系这个社会整体的运行发挥了功能。这一概念后来为结构功能主义所发挥。帕森斯认为，任何社会系统都是内部分工又相互依赖的整体，依靠从适应到分化再到整合的内部机制，系统的每一部分都对整个系统的存在发挥其功能，从而达到系统的平衡与稳定。

从学理上看，功能分析已经被社会学界公认为是解释社会研究材料最为有效和最有前途的方法或工具，不过，对于"社会功能"的解释又存在众多分歧。有学者认为，概括地讲，对"社会功能"主要有三种理解：一是立足社会成员需求的满足程度，把"满足需要"作为界定社会功能的尺度；二是立足人们的社会关系，考察容纳于社会关系之中的人际交往的行动和行为功能；三是立足社会的结构，考察构成社会结构的诸要素的功能以及诸要素相互作用而产生的整体性功能（徐永祥，2000：89）。

社会工作的功能随着社会的发展和社会工作的进展而不断凸显，也随着人们对社会工作的认识而不断深化。起初，人们往往把个人问题产生的原因归结于个人，因而也就出现了最初的以个人为对象，着重解决个人问题的个案社会工作；后来，人们逐渐认识到，个人问题并不是孤立的，它要受制于周围环境的影响，因而以群体为对象的团体社会工作也就应运而生；再后来，人们进一步认识到，人们生活的环境主要在于社会生活的地域和人文环境，社会工作可以把社区作为一个工作的单位和对象，也就是把社会生活中个人以及群体所遇到的社会问题纳入社区中加以考察，这样，社区社会工作也就很自然地出现了。我们完全可以认为，无论是从历史上还是从逻辑上看，社区社会工作都是适应社会发展和人们的需要而产生的，也正是因为如此，社区社会工作在社区层面发挥着其特殊的功能。

从总体上说，社区社会工作可以调整或改善社会关系，减少社会冲突，寻求社会福利需要与社会福利资源的有效配合，以满足需求、消除问题、改善社区生活、促进社区进步，以及改善权力与资源的分配等，这些功能与社会发展之要旨是完全一致的。

在现实生活中，我国的社区工作往往较为重视公共设施、卫生、绿化等硬件方面的建设以及政府对社区的行政管理，但对社区工作所表现的功能特别是与社区成员生活密切相关的功能还重视不够。从发达国家和地区的成功经验来看，只有把社区的硬件建设和功能开发有机结合起来，才能有效地发展社区；而做好社区社会工作，充分发挥社区社会工作的功能，是推动社区综合发展的重要手段。

现代社区发展包括社会发展所包括的推动经济建设、提升居民生活质量、整合社会冲突等多方面的内容。作为以社区为对象，着重解决社区问题，为居民解决实际困难，舒缓社会矛盾的社区社会工作，其主要功能应该表现为调整社会关系，减少社会冲突；寻求社会福利需要与社会福利的有效配合，以满足社会与居民的需要、消除问题、改善社区生活、促进社区进步；改善权力与资源的分配等方面。或者简单地说，其主要功能表现在社区服务、社会保障、人际协调、社会整合、社会参与和社会控制等多方面。

结合我国目前社区发展中所面对的问题，我们可以粗略地把社区社会工作的功能概括如下。

1. 社区服务功能

社区社会工作的服务功能主要指专业性的社区服务，如社会工作者、医护工作者、法律工作者等专业人士，用其专业知识、方法和技巧等进行社区分析与诊治，向社区提供专业化服务，也就是专业性的助人工作。其重点服务对象是社区内的老年人群、残障人士、贫困家庭等社会弱势群体。许多学者认为，社会工作既有利于受助者，又有利于社会，并把帮助有困难的社会成员当作社会工作的基本着眼点和基本功能。社区社会工作通过在社区内设置社区服务中心、社区助老养老机构、社区青少年服务机构、社区康复机构等社区组织，为社区提供服务性工作，其基本功能应该说与社会工作的基本功能是完全一致的。

2. 社会保障功能

社会保障是现代社会发展的主要特征，与社会工作的目标相一致，亦是社区社会工作的重要功能。在现实社会中，社会成员往往都会遇到诸多困难，其中有些困难会影响他们的正常生活和工作。面对这些困难，人们可以依靠自己的努力或亲朋好友等"自然支持体系"来解决，也可以由政府与工作单位等"正式支持体系"加以缓解。而仅仅依赖于这两方面还不能解决问题，以社会工作机构和社会工作者为主的"非正式支持体系"则能起到很好的保障作用。其具体表现为如下两方面。

（1）补偿功能。当社区居民因各种原因暂时或永久失去劳动能力及收入时，通过社会工作者的具体工作，详细了解居民及家庭的具体情况，提供多方面的帮助，能够使他们在物质上和精神上取得补偿。

（2）调节功能。社会保障是调节收入、缩小贫富差距、缓和社会矛盾的重要手段。现代市场经济在追求效益的同时并不能完全解决效率与公平的矛盾，如果严格使用偿付能力的规则，将会对老弱病残者以及失业者等弱势群体造成很大的危害。特别是这些弱势群体大多与原来的单位脱钩而基本集中在社区，这就要求社区社会工作者运用有关知识与技术，根据国家的有关政策和法律、法规，协调好社区中各要素之间的利益关系，充分利用社区资源，积极具体地解决弱势群体面临的问题，减少社区中的冲突和纠纷。

3. 社会稳定功能

社会稳定是社会结构各组成部分之间关系的相对固定状态，它是与社会秩序相近的概念。社会稳定特指某一社会结构在不同时间变量条件下的相对固定。社会稳定不仅指社会各组成部分之间的关系的顺序有致，而且指社会在变迁中的有序。社会稳定或社会的有序使人们的行为可以被预期，也就为人们的生活提供了稳定的环境。正因为如此，社会工作很重视社会稳定，其功能之一也就是促使社会稳定。

社会控制与社会稳定是紧密相关的概念，社会控制是手段，社会稳定是目标，二者的着眼点都在于维护社会秩序。进一步讲，社会控制的目的就是要人们遵从通行公认的社会规范，维护已有的社会秩序。从某种意义上说，社区社会工作就是一种社会控制手段，发挥了维护社会稳定的功能。

在一般情况下，社会稳定的破坏、社会混乱与动荡的出现是与社会上相当数量的社会成员的正当需求不能满足相联系的。美国社会学家默顿的"手段 - 目标论"就是对这一现象的概括。现实社会生活中的不少贫弱者也有满足自己需要的权利，然而他们的这种权利常常为社会所漠视。在这些需求得不到应有的满足并逐渐积累起来的情况下，就很可能发生社会不安或社会动荡。满足社区成员的需要可以有多种渠道，作为"非正式支持体系"，社区社会工作通过一套社会帮困、社会救济和社会保障体系与运作机制，通过各种形式的社会援助，解决社会弱势群体的实际生活问题，有助于缓解社会不公现象引起的社会矛盾，有助于控制潜在的和现实的非稳定因素，从而实现社区的稳定，并促使整个社会的稳定。由此看来，社区社会工作既有利于弱势群体，亦有利于社区乃至社会的发展，其实现社会控制、促进社会进步、维护社会稳定的功能是十分显著的。

4. 合理配置社区资源、促进人的发展功能

在社区社会工作的定义和目标中，人们大多要涉及社区资源的合理利用问题。社区既是人们的生活居住地点，更是人们的社会交往区域，不同的社会群体和个体群体都有其特殊的交往圈，具备某些社区资源。

社区资源是社区中存在的对于某一社区群体或个体有用的所有财富的总和，它可能是物质的，也可能是精神的；对于使用者来说，它可能是直接获得的，也可能是通过某种中介才能间接拥有和利用的。社区社会工作

者通过认真细致的专业工作，在整体上把社区资源加以合理调配和利用以求得资源的最大经济效用和社会效益。

由于弱势群体和脆弱群体的经济资源、社会资源以及权力资源都相对短缺，因此，动员社会资源对他们进行援助是十分重要的。社区社会工作对弱势群体的援助是多方面的，其中包括寻找经济资源给他们以物质上的帮助，利用国家法律给他们以权利的保护，也包括发展社会支持网络对他们给以关照，接纳和支持他们。此外，个人的内在资源的开发也是十分重要的，包括人的智力和其他能力的发展，也包括接纳外来援助并将其转化为自己发展动力的能力，等等。这样，我们就可以把发掘社区资源看作发现、动员各种有用的社会条件和社会力量，去援助处于困境的社会成员的过程。

社区工作者不仅要去发掘各种社会资源，而且更需要合理地利用这些资源去更有效地完成社区社会工作的任务。对于社区工作者来说，资源总是短缺的，但他们的任务和使命又决定了他们必须去寻求、发展和开发社会资源以运用于受助者的发展，使受助者能够得到发展。

人的发展是一个过程，也是一种状态。作为一个过程，它是人的各方面发展的积累与整合；作为一种状态，它是一个人良好地扮演社会为他规定的角色，充分发挥自己的潜能，尽其所能发展自己，为社会做贡献的状况。人的发展可以通过不同形式得到实现，可以个体的形式得到发展，也可以群体的形式得到发展，即在群体发展的过程中实现个体的发展（王思斌，1998：23）。社区社会工作在资源的开发与利用过程中，实际上就把社区成员从个体和群体两个方面容纳到社会化过程中来，使其客观上做到了社区参与和社区管理。社区社会工作往往不是受助者单向被动受助，而是其参与社区发展、进行社会互动的方式。在这个过程中，社区成员自身无疑得到了提升。所以说，社区社会工作推动了居民的社区参与和社区建设，对于提高社区生活质量、增进社群互动、提升居民社会意识、促进人的社会化、维护社会稳定，从而提升社区发展水平，都有重大的意义。

第四节　社区社会工作与社会发展

在本章第一节，我们在界定社区社会工作时，对社区社会工作与社区发展做了概要分析。国外一些学者一般把"社区工作"、"社区发展"以及

"社区组织"看成同一个事物的不同方面，无非是各有侧重罢了。在这里，我们试图就我国当前社区社会工作所面临的机遇和挑战，以及社区社会工作对社会发展的必要性和重要性做一概要分析。

一　我国社区社会工作面临的机遇和挑战

长期以来，我国无论在政治、经济、社会还是文化、教育等领域，其管理运作无不具有高度的计划性和集权性，社会成员的角色身份无不打上"单位人"的烙印。在这种体制下，各级地方政府和企事业单位并无自治性可言，各种社会组织自身应有的特性及发育受到了强有力的抑制，"单位人"现象消弭了社会成员的社会意识和社区居民意识，社区和社会服务机构的内在价值与功能被忽视。同时，由于政府和企事业单位统包统揽了许多不该管或管不好的社会管理和社会服务事宜，这样就背上了沉重的经济成本、社会成本、道德成本和机会成本，又忽略了许多本应由政府关注、指导与管理的社会事务。在此情况下，社会层面的发育受到严重压抑，社会各个阶层对职业化、专业化的社会工作机构及社会工作者的需求也无从谈起，以至于许多人至今对社区社会工作还感到非常生疏。

任何学说、课题以及工作等的出现都是有客观社会需要的。20 世纪 80 年代中期，特别是 90 年代以来，随着市场经济的不断深入发展，政府以及企事业单位统包统揽社会服务性事务的弊端日渐突出，迫使政府和企事业单位开始将其社会服务职能逐步剥离出来而使之逐步回归社会与社区。在这种背景下，一大批存在于政府和企业之外的社会服务机构逐渐发育起来，开始承接从政府和企事业单位中剥离出来的社会职能。与此同时，各级政府承担的部分社会服务、社会救助、社会帮困与管理职能下放给社区所产生的"漏斗效应"，以及社会成员原来的"单位人属性"向"社会人属性"的转变，致使社区的内在价值逐步凸显并且越来越受到社会各界的重视，社会成员的社区意识和社区参与精神也开始养成（徐永祥，2000：20～21）。

与此同时，随着改革的深入和市场经济的发展，无论是城市社区还是农村社区，都出现了许多在计划经济时代所没有或不可能出现的社会现象。比如，经济结构和产业结构的调整以及知识经济的发展，大量的下岗失业人员涌向社区和社会，农民大量涌向城镇，他们的就业和再就业成为社会各界密切关注的重要问题；再如，随着老龄社会的来临，老年人的照料、医疗、健康等问题也成为迫在眉睫的社会问题；又如，社会发展的不平衡性和层次性等诸多原因，导致不少社区成员成为低收入阶层，再加上重病等原因，社区的贫困人口也占有一定比例。社会各界对他们一直给予关注和帮助，送温暖工程、再就业工程也纷纷付诸实施，但是，仅仅靠这种救急式的完成政治任务的方式还很难解决诸如此类的社会问题。只有以社区社会工作的方法，才能较好地动员社区和社会资源，以职业化、专业化、社会化的方式解决社区中新的社会问题。

可见，市场经济的发展和新的社会问题的出现，为我国包括社区社会工作在内的整个社会工作事业的发展提供了必要的条件和机遇以及广阔的天地。这就要求职业化、专业化的社会工作去承接从政府和企事业单位中剥离出来的那部分社会服务职能，要求社会工作者用专业的知识和方法去解决社会转型过程中衍生出来的一系列社会问题。如果我们不建立自己的职业化和专业化的社会工作体系，就不可能有完整的与现代化相匹配的社会福利和社会保障体制，就不可能有完整的与现代化相匹配的社区工作体制，就无法实现经济与社会之间持久协调的关系。只有从经济与社会协调发展的高度，从社会现代化的高度，我们才能真正认识到社会工作职业化、专业化在我国现阶段的历史必然性和紧迫性（徐永祥，2000：21～22）。

根据实际情况，我国的社区社会工作必须走职业化和专业化的道路。要做到职业化和专业化，既要依赖于经济体制、政治体制、社会管理体制、社会福利与社会保障体制等各方面的深化改革，又要依赖于人事制度和社会工作制度的创新。其中，从专业性和专业社会工作者的角度说，加快培养社会工作人才，是一个十分紧迫的任务。

相对于我国港台地区，相对于社区社会工作的客观需要，我国高等学校中的社会工作专业教育发展还较为滞后，表现为专业教学和实践经验不足、理论准备不充分、就业匹配率低、社会认同度不高等。为此我们应该大力发展社会工作教育事业，培养一支富有社会工作价值观的，掌握现代社会工作理论、知识、方法和技巧的社区工作队伍，以解决社会工作人才稀缺的问题，适应社会发展和社区建设的需要。

二　我国社区社会工作存在的问题

目前，我国的社区社会工作实际上以社区服务为主，而且这些社区服务目前在东部大中城市的发展较为充分，而中西部小城市、小城镇以及乡村真正意义上的社区服务发展明显不足。

　　我国的社区服务目前融福利性、行政事业性和商业性服务为一体，其中福利性服务是核心，它的重点对象是社区中有特殊困难的人，其主要目的是要满足这类社会弱势群体的基本生活需求；行政事业性服务的对象是社区全体成员，其目的是帮助社区居民解决他们生活中遇到的难题，提供非营利性的低偿服务；商业性服务是社区服务的扩展和延伸，其对象不限，目的是拾遗补阙、方便居民，主要提供营利性的有偿服务（王思斌，1999：125）。

　　虽然社区服务在一些大城市的社区有一定规模的服务设施，有便民服务网，有服务中心等，对解决社会问题起到了一定的作用，甚至社区服务已成为一个新兴行业。但是，与快速的社会发展和居民需求还不相适应，特别是社区服务在发展中过分强调商品化和市场化，出现“向钱看”的倾向，社区服务发展的不平衡性以及在农村社区至今仍然是一个薄弱环节。这些问题的存在，使社区服务与专业化、职业化的社区社会工作还不能相提并论，与社区发展的要求还相去甚远。

　　为此，我们要从社区服务入手，强化社区服务的社会功能以推进社区社会工作的开展。鉴于现实存在的社区服务层次太多的弊端，当务之急是要把行政事业性服务和商业性服务从社区服务中剥离出去，尽可能提升社区社会工作意义上之社区福利服务的地位，使社区社会工作能够向专业化、职业化方向发展。

三　社区发展呼唤专业社区社会工作

　　“社区发展”概念在不同时期、不同的国家或地区之解释也不尽相同。然而，随着世界现代化步伐的加快，对这一概念的理解也日渐趋于综合性。

　　美国社会学家 F. 法林顿在 1915 年完成的著作《社区发展：将小城镇建设成更适合生活和经营的地方》一书中最早提出了“社区发展”概念。联合国在 1955 年发表了《通过社区发展促进社会进步》专题报告，指出社区发展的目的是动员和教育社区居民积极参与社区和国家建设，充分发挥创造性，与政府一起大力改变贫穷落后状况，以促进经济的增长和社会的全面进步。20 世纪 60～70 年代以来，联合国的社区发展计划越来越强调经济与社会的协调发展，越来越关注居民以及其他社区成员的社区参与和社区管理水平的提高。

　　英国社会学界多数人将社区发展视为“第三世界的发展工作与自助计

划"；美国社会学家和社会工作者又往往将社区发展理解为"社区组织的工作模式之一"；而香港学者则把社区发展等同于社区工作来理解。香港社会服务联合会发展部1986年发表的《社区发展立场书》认为，社区发展是一个提升社会意识的过程，以集体参与鼓励居民识别和表达本身需要，并因而采取适当行动。这种导向性的社会工作方法，其内容包括一系列经过计划的行动，最终目标是谋取社会正义和改良社区生活的素质。香港社会福利署在1991年的《五年计划回顾》报告中指出，社区发展的整体目标是促进社会关系，在社区内培养自我依赖、社会责任及社会凝聚的精神，并鼓励民众参与解决社区问题及改善社区生活的素质。他们所强调的是，社区发展是一种社会工作的方法和过程，同时也包含了对居民参与社区发展的要求。

在我国内地，"社区发展"只是近年来才使用较多的一个词。在20世纪80年代中期，经民政部倡导，在全国各地逐步开展了社区服务事业。到了90年代，随着改革的深化，社区的重要性越来越得到人们的认识。在实践上，从社区规划、社区建设、社区服务到社区参与、社区工作、社区管理、社区体制等多方面都得到了实施。"社区"以及"社区发展"的概念不断出现在媒体上，人们对"社区发展"一词的理解也愈益丰富、具体和不断深化。

但是，我们认为，目前人们对社区和社区发展的理解和实践在某种意义上还往往局限在一种政府、街道、居委会、村委会或企事业单位的行政行为上，基本没有从专业化、职业化的社区社会工作之角度来认识或实践社区发展，这不能不说是一个缺憾。

诚然，通过政府、街道、居委会、村委会或企事业单位的行政行为，可以组织社区成员、调动社区资源、推动社区发展，但是这还不够。随着改革开放的深入，传统的"单位人"已经转变为"社区人"，无论是社区弱势群体还是强势群体，其对社区和社会服务机构的依赖较之以前都有不同程度的提高，与此相关的是，政府、企事业单位以及其他各类社会组织之社会角色已开始重新组合、重新定位，其职能开始走向分化、清晰和多样化。因此，社区发展不仅仅是政府和单位的事，更是每个社区成员自己分内的事，必须有全体社区成员的积极参与，必须有社区社会工作的专业化介入。

单是从社区社会工作的定义和目标来看，社区的健康发展就必须有社区社会工作的积极介入和配合。社区社会工作是以社区和社区居民为工作对象，动员和组织社区资源，有步骤地解决和预防社会问题，调整和改善社会关系，减少社会冲突，提高社区的福利水平，促进社区进步；社区社会工作的主要目标应该是解决一些单靠政府和企事业单位的行政手段所不能解决的问题。尽管对"社区发展"的认识和理解在学术界有不一致的观点和看法，但是，在实践中，社区发展不外乎是集经济、文化、社会于一体，或集物质文明和精神文明于一体的社区协调运行、良性循环，不断向前、向高层面跨越的过程。无论是城市社区还是农村社区抑或城镇社区，莫不如此。如果在社区的发展过程中，社区内存在的各种贫困问题、失业问题、医疗问题等迟迟不能通过有效途径得到解决，弱势群体的利益和福利没有志愿人士和机构的关注和关照，社区中的社会冲突不能及时得到妥善处理，社区成员缺乏凝聚力和归属感，等等，那么社区发展就无法保证，也无从谈起。而专业化和职业化的社区社会工作正是以解决社会问题、提升社区成员的福利为己任，所以，社区社会工作是社区发展过程中的题中应有之义。

过去，政府以及行政部门把人作为"单位人"来管理，包办一切但又不能很好地解决问题，无论是城市社区还是农村社区，人们的社会福利水准都很低，延缓了社区发展。在市场经济飞速发展的今天，越来越多的"社区人"活跃在社区各条战线，他们面对的现实问题之解决与否，直接关系到社区发展的成败，因此说，现代化的社区发展呼唤着社区社会工作的发展。

第五节　社区工作者

社区工作者即具体从事社区社会工作的人员。社区工作者的含义可以从广义与狭义两方面来界定。社区工作者在从事社区社会工作时可扮演不同角色，发挥相应的作用。

一　社区工作者的界定与特征

广义的社区工作者是指所有从事与社区工作理论和实践相关的工作人员，其范围是宽泛的，根据我国的情况，城乡社区居委会组织工作人员、基层街道相关工作人员、以社区与社区居民为服务对象的专业社会工作者、社区研究人员、社区志愿者等，都可被纳入广义的社区工作者范畴。

狭义的社区工作者是指专业社会工作领域的社区工作者，即受雇于政府或者非营利性质的社区社会组织，以专业社会工作理论、方法为指引，以社区以及社区居民为服务对象，协同社区资源，动员社区居民，组织社区活动，提供社区服务，应对社区问题，以促进社区发展的专业社会工作者。专业性与职业性是社区工作者的主要特征。本书所指的"社区工作者"主要是从狭义角度进行的界定。

社区工作者的专业性主要通过社会工作者的专业性来表现。专业性是社会工作一直所强调的特质，按照美国学者格林伍德的观点，系统化的理论、专业的权威、社会的认可、价值伦理体系以及专业文化是构成专业性的基本要素，据此，社会工作早已获得了专业性地位。作为专业社会工作的三大方法之一，社区社会工作的专业性亦不言而喻。作为现代社区工作者，应与中国传统的社区居委会工作人员相区别，专业的理论基础、专业的方法技术、专业的价值理念等均应是专业社区工作者的必备素养。

社区工作者的职业性主要指专业化的社区工作者应具有职业化的工作机构、职业化的生涯路径、职业化的福利保障与职业化的监督管理。职业化的工作机构是专业社区工作者的工作场所，是具体开展专业社区工作实践的载体，在我国主要表现为城乡社区居委会/村委会组织与各类非营利性质的社区社会组织。职业化的生涯路径是指针对专业社区工作者应设计规划完整的职业生涯发展序列与空间，比如等级化的专业资格认证制度——初级社工师、中级社工师、高级社工师等，层级化的工作职位序列——社区工作助理、社区工作师、社区工作督导、社区工作主管等。职业化的福利保障是指针对社区工作者应享有与其专业性地位相匹配的薪资待遇与职业福利，并通过法律法规保障其权利，提升其职业声望，强化社区工作者的社会认同。职业化的监督管理是指针对社区工作者的职业行为应遵循相关法律法规与职业伦理指引，并接受政府部门、社会工作者协会等行业组织、服务对象以及社会公众的监督。

二　社区工作者的角色

社会角色是人们在社会功能系统中与相应社会地位相契合的行为模式，或者说是个体在社会系统中所被赋予的身份及其功能定位。根据香港学者（林香生、黄于唱，2002：69~71）的观点，社区工作者作为专业的社会工作者，具体扮演以下专业角色。

1. 使能者

社区工作者的使能者（enabler）角色，从字面意思上理解即"使其能"，或者可被译为"促进者"，指社区工作者应关注社区居民的个人能力提升、社区居民之间的互动关系建立以及社区整体的发展。"以人为本"是社区工作的基本关注点。使能者角色具体表现为以下几个方面：一是社区工作者促进居民认知与理解自身和社区所面临的问题，促进社区意识的觉醒；二是社区工作者鼓励社区居民参与社区事务的决策和实施，促进居民自身意志的表达，通过合法的渠道争取合理的权益；三是社区工作者促进社区居民积极参与社区事务，参与的同时提升其个人能力，扩大其社区交往；四是社区工作者通过组织居民参与，促进社区居民之间的互动与沟通，营造社区良好氛围，提升社区归属感与凝聚力；五是社区工作者与社区居民一起探讨社区问题的应对方法，并鼓励居民团结起来，采取具体行动来解决问题。作为使能者的社区工作者强调对社区居民能力的信任与尊重，鼓励其积极参与社区事务，通过自身的努力来达至具体目标。

2. 中介者

社区工作者的中介者（agent）角色，是指社区工作者是沟通联系社区居民与其他社区服务主体的中介桥梁。一方面，社区工作者应帮助社区老年人、残疾人、贫困者等有需求的居民挖掘、联系与确立相关信息和资源，分析居民的具体需求与现有资源状况，帮助其争取相关政府部门、社会组织等服务资源。比如帮助社区贫困人口申请最低生活保障金，帮助残疾人寻求社区康复等服务。另一方面，社区工作者应通过社区调研，精确掌握社区居民的基本状况与需求，以此为基础，联系辅助相关服务主体确认其服务对象，并为其提供精准化的服务。

3. 策划者

社区工作者的策划者（schemer）角色，是指社区工作者以专业理论知识为指引，以周密的社区调查为前提，准确把握社区的现状与问题，精准探查社区居民需求，评估社区的环境与资源，以此为基础，通过各类专业方法，规划设计社区服务方案与计划。社区服务方案一般是项目导向的，即以应对社区某个具体问题为基本出发点，比如残疾人家庭的社区支持项目、青少年的社区托管项目等，评估服务对象的需求与社区现有的资源状态，设计具体的服务方案。服务方案应包括服务目标、相关优先次序、具体的行动计划，以及各自实施步骤、所需要的资源、预期的结果等，而后按照服务方案推行具体服务，并实施评估。

4. 服务者

社区工作者的服务者（servant）角色，是指社区工作者也应是具体开展相应社区服务的主体。除了作为政府、社会组织等其他服务供给主体与社区服务对象的中介桥梁以外，社区工作者自身也是重要的社区服务提供者。社区工作者以社区分析为前提，以社区策划为技术手段，以社区现有资源为基础，结合社区居民的具体需求，开展内容多元、形式多样的服务。从服务对象来看，可包括社区老年人服务、社区青少年服务、社区残疾人服务等；从服务内容来看，可包括生活照料、心理辅导、文化娱乐、能力提升等。社区工作者的服务者角色的履行，是其最为重要的功能之一，是社区服务开展与社区福利实现的保障。

5. 倡导者

社区工作者的倡导者（advocator）角色，是指社区工作者应代表社区中的弱势人群或者利益受损者，直接帮助其争取权益，以获取平等公平的对待。社区工作者在扮演倡导者时，其主要的身份即是代表社区弱势群体，向政府相关部门或者其他利益相关方，合法合理地争取相关资源，改善社区弱势者的不良生活状态，比如代表社区残疾人，倡导城建等相关部门改善社区的无障碍化环境，促进残疾人的社区参与。通过"自下而上"的倡导，一方面，社区工作者尽力帮助社区弱势群体争取生存与发展所需资源，获得平等发展的机会；另一方面，社区工作者代表弱势群体向政府与社会公众表达现行政策的不公平、不合理之处，以期促进政府做出社会政策改良的决策。

6. 宣传者

社区工作者的宣传者（propagandist）角色，是指社区工作者应承担起针对社会公众宣传专业社会工作与社区工作的使命。由于历史原因，中国专业社会工作发展先天不足，而职业化远滞后于专业化的现实，导致专业性可能只是社会工作行业内部的自我标榜，而并非普遍的社会共识。因此，社区工作者作为专业的社会工作者，一方面应积极向社会公众与社区居民宣传作为一门专业的社会工作，使公众初步理解社会工作的专业性及其与一般志愿服务的区别；另一方面，社区工作者应通过良好的个人素质、高尚的服务理念、精确的服务方案、突出的服务效果，向社会公众呈现专业社区工作与社区工作者的特有形象和功能，强化专业社会工作的社会认同，同时亦提升社区工作者自身的职业地位与职业声望。

第三章 社区社会工作的历史演进

尽管社区社会工作在 20 世纪 60 年代才被人们承认为社会工作的三大方法之一，但是在具体的社区发展中，社区社会工作在工业社会的早期就初具雏形，经过了一个较长的发展过程。

第一节 19 世纪前社区社会工作的历史发展

从历史上看，社区社会工作最初是以城市社区为工作对象，这是因为随着工业化的兴起与发展，工商业的集聚效益必然要求工厂向城市和城镇集中，这样，就加快了城市化的进程。随着工业和城市的发展，一方面，人们居住和生活的地方逐渐社区化；另一方面，一些在农业社会不曾有的社会问题不断出现，比如失业问题，无家可归流落街头的问题，大量农民涌向城市的问题，以及贫穷、污染、犯罪等日趋严重的社会问题。在这种情况下，一种旨在解决社区问题、提升社区福利的专业性工作——社区社会工作就应运而生。尽管作为社会工作的方法之一的社区社会工作一直到 20 世纪 60 年代才为人们所承认和接受，但是，其进行社区组织、促使社区发展的作用与功能是很早就存在的。

一 中世纪宗教慈善活动对社区社会工作的推动

在欧美国家特别是西欧的英国等，由于很早就由农业社会进入了工业社会，遇到了许多在农业社会所没有碰到的社会问题，因此，为解决社会问题，助人自助的社会工作就应运而生。又由于在当时，社会工作的对象是城市或工业社区的居民，往往通过社区组织活动、动员社区资源、培养自助和互助的精神等方式来从事救助活动，因此，我们认为，从方法和类型上说，这也就是社区社会工作。根据这一思路，我们可以认为，欧美社会工作发展的历史就是社区社会工作的演进过程。

1. 英国伊丽莎白济贫法

英国是工业革命的发源地，因而社会各界对于工业化所引发的贫穷问题亦感受较深，与此相适应，英国的济贫事业之发展也较早。工业社会之前，社会救济事业是由慈善机构和教会组织承办的；但工业社会之后，大量的社会问题的出现，使慈善机构和教会力不从心、入不敷出。在这种情况下，政府就不得不逐渐出面来着手接管和从事这些问题。

英国的圈地运动使很多人流入了城镇，被迫与自己的生产资料相分离，成了不受法律保护的无产者而被抛向劳动市场，有些人甚至沦为城镇贫民和城镇乞丐。为阻止劳动力流动，稳定社会秩序，消除失业、流浪和贫困现象，伊丽莎白女王于 1601 年颁布了著名的济贫法，正式承认政府有济贫的责任，并建立了初步的救济行政制度与救济工作方法，被誉为当时最完备的济贫法案。为区别于 1834 年颁布的新的济贫法，1601 年的伊丽莎白济贫法又被称为"旧济贫法"。

1601 年的伊丽莎白济贫法肯定了教区（地方社区）救助贫民的责任，强调"亲属责任"或"家庭责任"，意即亲属、夫妻、父母、子女等负有基本照顾与支持自家穷人和贫困者的责任，当亲属无能为力的时候，公众才有必要伸出援助之手。实际上这里已经初步显露出社会工作助人自助的理念。

伊丽莎白济贫法将当时的穷人分为三种。

第一种是有工作能力的贫民，即所谓"健壮乞丐"。这些人将被送到"矫治之家"或"习艺所"即所谓的 work house 去工作，对他们不予救济。

第二种是缺乏工作能力的贫民，如病人、老人、盲人、精神病患者以及单亲家庭的成员等。这些人将被送至济贫院，如部分贫民不住济贫院，也可以通过济贫监察员进行院外救济的方式资助，通常是实物补助，如救济衣被、食物等。

第三种是无依无靠的儿童，如孤儿、弃童或因父母贫困而无力抚养的儿童等。这些儿童将被安置在寄养家庭，即所谓的"免费家庭"里领养或寄养。

教区或社区的济贫工作由济贫监察员负责，他们负责贫民救济申请的接案、调查、决策，即负责接受贫民的救济申请，调查其生活实况，并决定申请人是否符合条件接受救济、实施救济，等等。

在济贫的具体实施过程中，伊丽莎白济贫法之主要做法有：第一，规定每一个教区要向地主征收济贫税，政府抽税办理社会救济；第二，规定贫民救济应由地方分区主办，每个教区设立监察员若干，中央政府设立监督人员；第三，规定凡有工作能力的贫民都必须参加工作，以工作而换取救济；第四，禁止无家可归者及无业游民行乞游荡，社区设救贫所收容，强迫其工作，有家者给予家庭补助，以使其能在家居住，但必须参加劳动；第五，规定人们有救济贫穷家人和亲属的义务，教区只是在家人不能自救或互救的情况下才给予其救助。

伊丽莎白济贫法建立了英国往后三百年的济贫基本模式。这种亲属责任、教区（社区）救助的原则，以及政府以税收支应的济贫原则，成为以后社会救助的主要参考框架。直到当今，许多国家的社会救助仍然以此为蓝本（林万亿，1994：19）。而从政府的参与、专人的负责、院外救济的实施等方面的举措看，旧济贫法已经初步具有了社区社会工作的观念与方法。

1601 年的旧济贫法虽然是社区社会工作的雏形，使救助工作制度化，开公共救济之先河，但该法也产生了“后遗症”。这就是，很多贫民不予救济就无法生活，以致养成了贫民的依赖心理；另外，对贫民的救助在一定程度上也造成了不重视贫民的自尊心，干涉贫民谋生自由的情况。为此，两百多年之后，英国议会于 1834 年对旧济贫法进行了修正，出台了“新济贫法”。

新济贫法规定：救济设施全国必须统一，如各区应分别联合成立协会，即“济贫法工会”，每一个协会成立一个济贫所；济贫所内给予被收容者的待遇要低于一般工人，即所谓“低于最低工资救济原则”，或者称之为“劣等处置原则”；并以“院内救济”为原则，任何贫民如要得到救济必须进入济贫院，或者称之为“济贫院检验”原则。新济贫法完全忽视了贫民的产生是社会原因，认为贫穷是个人的责任。后来，这一法案又经过多次修订，其中也有过不少争论，直至 1948 年，根据《贝弗里奇报告》建议制定《国民救助法》之后才告废止。

英国的新、旧济贫法之直接目的是解决当时城市化进程中存在的社会问题，特别是社区内的贫穷、无家可归等问题。从组织实施上看，有专业工作人员具体负责实施，很好地发挥了社区（教区）的作用；从价值观念上看，强调了助人自助的精神和通过劳动解决贫穷的理念；从功能上看，济贫活动确实较好地解决了社区问题，为消除和减缓社区问题起到了积极作用；从济贫活动的主体是以教区（社区）的志愿者为主，强调家庭自助、社区互助的角度看，新、旧济贫法及其实施对社区社会工作的形成和发展确实产生了很大的影响。

2. 德国汉堡制和爱尔伯福制

德国也是世界上最早广泛地推行社会保险，开展社区社会工作的国家。1772年至1773年间，德国饥馑频仍，贫民冲突，对贫民的救助问题成了燃眉之急，于是各城区纷纷组织"公爱协会"，与地方团体共同从事救助事业。如确定地方救济事务，筹集救济款项，设立"强迫工作所"以收容乞丐等，但收效不大。1788年德国汉堡实行了一种救济制度，1852年推行爱尔伯福制度，对社区救助起到了一定作用，同时也推动了社区社会工作的开展。

（1）汉堡制

汉堡是德国的富庶城市之一，自工业发展以后人口增多，同时也带来许多社会问题，如失业、贫民、乞丐等。汉堡市民欲对此类问题寻求一个适当的解决方法，遂在1788年组织了一个团体，其主要目的就是改良市政管理制度，其中有一部分计划由布希（Busch）教授起草拟订，这就是所谓的"汉堡制"。

汉堡制规定，在汉堡市设立一个中央办事处，综合管理全市的救济事务。全市分为若干个区，每一个区设一个监督员，实行综合管理下的分区助人自助式的救济制度。对失业者介绍工作，对贫苦儿童送往职业学校习艺，对患病者送往医院诊治，对沿街乞食者不准施舍，以取缔无业游民并使贫民不养成依赖习惯。同时，联络各社会救济机构，在分工原则下，又能统一组织实施。汉堡制实行了13年，收到较大成效。

（2）爱尔伯福制

1852年，德国另一个小城市爱尔伯福仿照汉堡制并加以修正改良，提出了一种在制度和方法上更加严密、灵活、有效的社区救助方式，这就是爱尔伯福制。

爱尔伯福制把全市分为564段，每段有居民300人，规定其间贫民不得超过4人。每段设赈济员一人，综合管理全段济贫工作。凡要求受到帮助的穷人，都必须和赈济员接洽。赈济员经过到贫困者家庭的实地调查，查明确有需要才给予补助。补助以后，赈济员还要每两周前往调查一次。

该制度还规定，发给的赈济款项必须按照法律规定之最低标准，以防止养成贫民的依赖心理，帮助其尽早达到自立的程度。

爱尔伯福制还把全市每 14 个段分为一个赈济区，每区设监察员一人，负责领导区内各段赈济员，每两周开一次会议，报告工作概况。

爱尔伯福制的特点是：

第一，行政权力集中，监督严密，容易做到指挥灵活，因此行政效率较高；

第二，赈济人员由地方人士义务充任，并且可以连任，因而可以节省经费，提倡志愿服务精神，并且有利于积累经验；

第三，赈济员管理的区域不大，贫民的人数也不多，因此可以做到照顾较为周到，经常性开会，也有助于收集信息，了解全局；

第四，济贫工作不仅注重消极的救助，还扶助贫民自主与自立；

第五，赈济员在接受受助者申请和实施救助之前，都必须做家庭访问调查，有详细的记录，经常开会讨论问题，这些做法虽然都是个案社会工作的做法，但是在城市内，通过划分段和区等区域，由志愿人员负责解决社区问题，这也很符合社区社会工作的精神与做法。

（3）新汉堡制

汉堡制与爱尔伯福制推行以后，由于人口的不断增加，赈济员处理案件的数目太多，致使这两种救助制度渐渐不能应用。1892 年，德国推行"新汉堡制"，其特点是，废除以前的分段制度，发给长期的赈济款，并将受救济的人员加以分类，以方便救助。

我们看到，从社区社会工作的角度分析，较之于英国的新、旧济贫法，德国的汉堡制、爱尔伯福制以及新汉堡制对于社区贫困等问题的解决无疑具有更大的效果，这是因为汉堡制和爱尔伯福制都把城市分为若干个区段，并有专门人员和志愿人员做细致的家庭访问与个案调查工作，采取措施以有利于树立被救助者的自立自信等。可以认为，通过这些制度，以社区服务和社区组织为核心的社区社会工作已开始发挥其作用。

3. 慈善组织会社

19 世纪中后期，随着工业化、城市化进程的进一步加快，英国等工业国家的失业与贫民问题日益突出，而原有济贫法的实施也不能解决多少问题。在这种情况下，各种慈善组织纷纷成立，以征募捐款、救济贫民为主要工作目标。但是，这些慈善组织之间缺乏很好的联系和协调，往往各吹各的调、各办各的事，因而出现了相互冲突和重复浪费等混乱现象。英国牧师索里（Solly）针对这种情况，于 1868 年建议成立一个理事会，以协调政府与民间各种慈善组织活动。1869 年，"慈善组织会社"在伦敦成立。

慈善组织会社接受了托马斯·查墨斯（Thomas Chalmers）的理论，认为接受公共救济会摧毁贫民的自尊心、进取心以及道德意识，致使他们养成依赖救济为生的毛病。因此，他们主张个人应该对其自身贫穷负责，贫民应该尽其所能来维持自己的生活。

在这种理念的支配下，慈善组织会社采取了如下举措。

（1）特设咨询部，以方便济贫法监护人、各慈善会社以及个别慈善家搜集有关申请救济者的材料，这样，就阻断了"职业乞丐"同时向许多救济机构伸手求助的门道。

（2）参照德国爱尔伯福制的做法，将伦敦全市划分为若干个区，每一个区成立一个分支机构即志愿委员会，主持救济分配工作。他们反对扩大公共贫穷救济，特别强调施以道德的影响来改变贫民的生活方式；鼓励私人慈善会社的发展，赞助私人对贫民的捐款与馈赠；鼓励志愿工作人员在灾害发生时，激发个人援助贫民家庭的热情。

（3）各区志愿委员会派员对所申请案件进行个别详细调查，包括申请人的家庭环境与社会环境，如住房、健康、教育以及工资收入等。

1869 年的慈善组织会社对社区济贫起到了重要的作用，其影响甚至远达美国。1877 年，一位曾到伦敦对慈善组织会社做调查研究的美国牧师哥尔亭（S. H. Gurteen）也在美国的布法罗（Buffalo）组织了一个慈善组织会社。该会社的目标除有效救济贫民外，并力求避免救济机构之间的经费浪费，强调对个人和家庭的申请要予以调查，以保证所提供的经济救助能真正给予那些"值得救济的贫民"，也就是确实需要救济的贫民。对于那些"不值得救济的贫民"即不是真正需要救济的人，则被强迫在救济院或习艺所内改变他们的生活方式，以做到自食其力（白秀雄，1970：36）。

哥尔亭的慈善组织会社发展了七大理念——救助机构的合作、社区教育、个别化、适当的救济、抑制行乞、预防性博爱（preventive philanthropy）以及个人服务，这些都包含社区社会工作的内容和特点。

慈善组织会社对社区社会工作专业化甚至职业化的确立有着很大的贡献。第一，专职的调查员访问申请救济者，详细了解其社会经济背景，再根据调查结果按不同情况决定采取什么样的救助。社区内的贫民和贫困现象往往有不同的原因和表现形式，对他们的救助也要采取灵活的、因人而定的方式，这样才能在较大程度上解决社区存在的问题。虽然这是属于个案社会工作的做法，但从合理分配社区资源，发动社区居民助人自助角度来看，同样也是社区社会工作的发展。第二，在促进各个救助机构与慈善组织解决社区问题上，慈善组织会社采取协调合作的步骤，为社区组织工作的产生和发展奠定了基础，使社区社会工作具有了专业化和现代化的特点。

4. 睦邻组织运动

由于社会问题的不断出现，在慈善组织会社后，英美等国家又兴起了旨在解决社区问题的睦邻组织运动。睦邻组织运动起源于英国维多利亚女王时代，产业革命和政治革命虽然促进了工业化和城市化，但同时也造成了社会上财富集中于少数人手中，形成贫富悬殊的问题，一些社会科学工作者和社会工作者从研究和解决社会实际问题的目的出发，认为如果让受过高等教育阶层的一些人和贫民共同生活，不但可以使贫困者和富裕者打成一片，实现政治上的平等与民主，还可以使贫民获得接受教育和享受文化生活的机会；同时，知识分子深入贫民区与贫民共同生活，可以促使他们对社区中的贫穷等社会问题做更为深入的了解和研究并有助于社会问题的合理解决。

在这种背景下，汤恩比馆运动就应运而生。1884年，英国伦敦东部圣犹太教区的牧师巴涅特（Samuel A. Barnett）在贫民区首创了汤恩比馆（Toynbee Hall）。巴涅特是英国牛津大学毕业生，当时他工作的东伦敦教区是伦敦最为贫困的地区之一，有许多失业者、病患者以及住在污秽拥挤住宅里的人。为了解决这些问题，巴涅特发动当时就读于牛津、剑桥大学的贵族子弟前往该地区做社区研究，以便实际了解贫民的生活状况并寻找解决问题的对策，为贫民服务。当时，有一位名叫汤恩比（Arnold Toynbee）的牛津大学讲师，与巴涅特志同道合，誓为贫民服务以宣扬基督的博爱，但不幸因病而逝，年仅30岁。巴涅特为纪念这位亡友的伟大牺牲精神，为号召知识青年为贫民服务以继承汤恩比的遗志，于1884年约集友人在伦敦东区建立了一个"大学社区睦邻服务中心"（A University Settlement）并取名为"汤恩比馆"。这就是第一个睦邻组织。汤恩比馆睦邻组织一般有如下特点。

第一，服务中心或服务组织设立于贫民区，并为服务人员配备宿舍，以方便所有工作人员与社区内的贫民共同生活，很好地实践其"工作者与工作对象相亲相爱"的口号。

第二，在工作方案上，不制订具体的计划，而是视居民的实际需要而工作。

第三，在社区资源利用上，尽量发动当地人力，培养其自动自发、互助合作的精神，为地方服务。

第四，在运作方法上，把各地的睦邻中心作为当地的服务中心，尽量设法将本国及外国的文化向当地居民介绍，使之成为当地的文化中心。

汤恩比馆的做法、成绩及其所表现的精神，体现了社区社会工作在解决社区问题中的重要作用，睦邻组织迅速在各地展开，不仅成为英国社会改良运动的一种新潮流，而且成为别国社区改造和社区发展的一种方式。美国第一个社区服务中心是 1886 年由柯义特（Stanton Coit）在纽约创立的"睦邻公所"，最为有名的是 1889 年由亚当斯（Jane Addams）在芝加哥所创立的"赫尔馆"（Hull House），该馆不仅对芝加哥市民的生活改善有很大的贡献，而且对美国社会工作以及社区社会工作的发展也有很大的影响。赫尔馆成为当时美国最为著名的社区服务中心，而亚当斯则成为美国最为著名的社会工作者。

按照台湾学者叶楚生的观点，睦邻组织运动对社会工作发展具有如下几点意义（转引自徐震、林万亿，1999：51）。

首先，社会工作的目的在于寻求个人与社会生活的改善，其工作方式应该从个人与社会双方同时入手。

其次，社会工作应随时依据社区实际需要来安排工作，并要发动、组织或配合社会力量来共同工作。

再次，社会工作应该以整个社区为工作对象，并应该以促进全面的社区福利为目的。

最后，社会工作的实施方法，不仅可以运用个案社会工作方法，还同时发展了团体社会工作和社区组织（社区社会工作）两种工作方法。总之，睦邻组织运动为社会工作发展了新的服务工作方式，促进了社会工作的专业化。

我们认为，尽管上述叶楚生的概括是从社会工作的角度做出的，但是，从睦邻组织运动的运作过程看，其对象是整个社区以及社区居民；其方法是发动全社区的力量，调动全社区的资源，开展社区服务，推动社区组织；其理念是培养社区居民自立的精神和助人自助、互相关怀、互助互济的美德，甚至还提倡与追求权力和资源的平等；其功能是着力解决社区问题，减缓社区冲突。这完全符合社区社会工作的目标要求和工作方法。因此，从这个意义上说，睦邻组织运动也完全是社区社会工作的实践。

二　近现代工业社会和社会立法对社区社会工作的发展

随着西方资本主义工业化进程的不断加快，社会问题特别是贫富悬殊的问题、劳工问题等也日益严重，那些局部性、地方性、临时性的社会救助举措收效甚微。城市社区的工人罢工斗争不断，更加大了政府处理社会问题的难度。为了稳定社会秩序，西方国家政府创立了系统的社会福利制度，为现代意义上的社会工作包括社区社会工作奠定了制度基础。

1. 德国的社会保险制度

德国是世界上最早建立社会安全制度的国家。面对产业革命后所出现的新的社会问题，当时的首相俾斯麦一改原来对工人采取暴力镇压的手段，而是用较为温和的方法来保护劳工的权益。1883 年，俾斯麦政府以立法的形式强制性推行疾病保险，1884 年推行工伤事故保险，1889 年推行老年与残障社会保险。相对于以前的慈善举措，这些保险的主要特点是利用国家法律来强制推行和执行，采取了风险分担的保险原则，集工人、工厂主和政府的财力，保障了劳工在遇到疾病、伤害、老残、死亡等生活风险时的财力支持，从而对社会，特别是城市社区的稳定起到了很大作用。

2. 英国的社会福利制度

在英国社会福利制度的建立中，韦伯夫妇（Sidney Webb and Beatrice Webb）做出了很大的贡献。针对当时英国的社会与工业秩序问题，韦伯夫妇于 1909 年提出报告，主张社会福利与个人责任并重，实施强制性的原则。其最大的特点就在于构建了一个"预防的框架"，即对社会问题的防治，积极的预防要比消极的预防更为有效。1911 年，英国通过了《国民保险法》，1925 年通过了《寡妇、孤儿及老年人补助年金法案》，1934 年通过了《失业法案》，扩大和加强了社会保险的项目和内容。1942 年，牛津大学教授贝弗里奇发表题为《社会保险及有关服务》的报告书，提出社会保障的普遍性原则，勾画出全面社会保障的设想，该报告呼吁在自由社会之下，由国家办理各种有关人民生活与福利设施的社会安全计划，使每一个国民从出生到死亡，在平时或发生意外时，都能得到生活保障，这就是所谓的"从摇篮到坟墓"的福利国家模式。1948 年，在国民保险、工业灾害保险、国民健康服务、儿童家庭补助及国民扶助等法案相继制定生效之后，英国就步入了实施现代完备的全国性社会保障制度的福利国家阶段。

3. 美国的社会保障制度

自从 1929 年 10 月纽约股票交易所破产引起经济大恐慌之后，美国失业人数一直有增无减，致使政府的救济费用负担日见沉重。当时的胡佛总统仍固守古典自由主义信条，认为私人救济事业应该能继续为失业者解决问题。1933 年罗斯福总统就任后，改变了过去美国救济事业只由地方和私人办理的旧传统，开始了由政府负责办理全国性的社会救济与社会福利事业，先后设立了各种联邦救济行政机构，如联邦紧急救助总署、工程设计总署以及全国青年署等紧急救济行政机构。这样，就加强了民众需要一个"全国性计划"的观念，逐渐形成了以全国人民为对象，政府负责全国的社会福利行政的氛围与事实，为美国社会安全制度的发展铺就了一条新路。

1935 年，美国制定了历史上著名的《社会保障法》，标志着美国社会保障制度的正式确立。其内容涉及三个方面：一是社会保险方案，包括老年保险制度、失业补偿制度；二是公共分类救助方案，以老年人、贫苦盲人以及无依无靠的儿童为救助对象；三是卫生及福利方案，包括妇幼卫生服务、残疾儿童服务、儿童服务以及公共卫生服务等。

工业革命时期，德、英、美等国家社会安全制度的建立，一方面是工业化与城市化进程中社会的需要和呼唤；另一方面也反映了现代社会需要政府维护民众福利的进步观念，同时也说明，不同于传统的农业社会，现代工业社会中的个人抵御风险的能力大为下降，仅靠个体解决社会生活中无时不在的各种问题已经是不现实了，必须运用社会的力量，调动社会资源，发扬助人自助的精神来加以解决。

尽管工业国家社会安全制度的建立不能直接与社会工作和社区社会工作混为一谈，但我们认为，社会安全制度或社会保障制度的建立和完善为社会工作和社区社会工作的形成奠定了基础、创造了条件、提供了空间，直接推动了社会工作和社区社会工作的发展。

就社区社会工作的形成和发展来说，我们认为，工业国家社会安全制度的建立对其具有如下意义。

第一，确定和扩大了社区社会工作的工作对象。在中世纪，社会救助活动往往是宗教团体和慈善机构，被救助的人往往是慈善组织施舍、解救的对象，虽然当时也鼓励人们助人自助，但总的来看，能够得到救济和救助的人毕竟是少数。而现代意义上的社会安全保障制度则从法律意义上规定了全体公民都可以而且有权利得到救助，并且工业化、城市化国家居民的居住点区域性非常明显，这就为社区社会工作确定和扩大了工作对象。

第二，较好地调动了社区资源，使社区社会工作的救助活动更有计划性和目标性。不同于早先的群团组织在小范围内的相互救助，社会安全保障制度下的社区救助更具有"地区一盘棋"的特色，可以在更大的社区范围内调动社区资源，合理地运用和配置到需要的地区或方面，增强了计划性和目标性，也提高了社区社会工作的效果。

第三，强化了社区社会工作稳定社区发展、减缓社区矛盾的功能。社会安全制度的推行，努力从整个社会的角度来保障公民的正常生活不致为意外情况所影响，以保证社会矛盾的缓解和社会的稳定，这正和社区社会工作的功能相一致。无非是，社区社会工作功能在空间范围上主要体现在社区，而社会安全制度的功能主要体现在整个国家和社会。

第四，福利国家思想推动了社区社会工作的发展。"福利国家"一词最早出现在 20 世纪初英国的费边社。他们主张以温和的手段进行社会改革，为了达到社会公平，政府应该担负起在市场经济条件下个人与家庭所不能负担的责任。同时，福利国家还注重国民间或社会成员之间的互助合作精神，强调社会成员民主参与社会生活，参与和分享社会福利是每一个社会成员的权利，等等。这些思想的付诸实践或实际体现，在很大程度上要通过社区社会工作的具体落实，没有社区社会工作的具体操作，社会福利的理念就不可能具体化。因此，社区社会工作在落实社会福利的思想和措施上发挥了重要作用，其自身也在实践社会福利思想中得到发展。

第五，为社区社会工作的专业化发展提供了广阔的空间。在中世纪时代或稍后的时期，如果没有专业性的社区社会工作，以慈善组织为主体的救济活动，事实上也可以实施，因为毕竟区域小，对象少，能救济的钱物也少，少数专职或志愿人士也就可以开展工作。而社会安全保障制度是一个复杂的体系，虽然有法律作为依据，但无数的具体工作就必须依靠专业化、职业化的社区社会工作来承当。从这一点来看，社区社会工作的专业化和职业化也是社会安全制度下现代社会的必然产物。

第二节　专业化、职业化社区社会工作的
产生与发展

在社会工作发展的历史上，社区社会工作和个案社会工作、团体社会工作往往糅合在一起，难以完全区分，无论是早期的慈善组织时期还是后来的睦邻组织时期以及社会安全制度时期都是如此。并且，作为一门专业，社区社会工作得以确立也是较为晚近的事。这是因为人们面临的是社区内的各种社会问题，发扬助人自助的精神解决问题是大家的心愿，特别是一些组织及志愿人员的工作追求，为了解决社区问题，人们要对接受援助者做调查、核实，因人施助，做了大量的类似个案社会工作的事务。其实，把社区成员或居民作为工作对象，调动社区资源为他们解决问题，这本身也是社区社会工作的特征。不过，在较长的时间里，社区社会工作被淹没在个案社会工作中，直到 20 世纪 60 年代，以社区组织工作为代表的社区社会工作才剥离出个案社会工作，被大家作为社会工作的方法之一而接受。

一　专业社会工作的产生

一般认为，社会工作作为一门专业，还是 20 世纪初叶的事（徐震、林万亿，1999；王刚义，1990：9；王思斌，1998：36）。根据我们把早期社会工作同时看成社区社会工作的理解，社区社会工作的专业化也应该是 20 世纪初的事，尽管美国人直到 20 世纪 60 年代才承认和接受社区社会工作。

本节我们以社会工作为例探讨其专业化的过程，借以了解社区社会工作的专业化、职业化过程。

上面一节我们已经谈到，社会工作经历了一个漫长的孕育和发展过程，从某种意义上说，专业化社会工作的产生正是以往社会工作发展的一个逻辑结果。20 世纪之前的社会工作实践为专业化社会工作的产生奠定了坚实的思想基础和实践基础。当然，专业化的社会工作之所以产生，与 19 世纪末 20 世纪初的社会历史背景也不无关系。

19 世纪末 20 世纪初是西方资本主义国家工业化加速的时期。这一时

期西方工业社会已不同于 19 世纪以前的工业革命刚刚起步时期的情况，许多新的社会问题层出不穷。工业化的演进不断地破坏旧式的工业与生产模式，使许多原先的技艺成为过时的和多余的东西，同时，工业化进程还减少了许多传统农业和手工业职业特有的传统安全感，把大部分人置于变幻莫测的劳动市场当中，人们普遍感到缺乏安全感，致使失业和低度就业这一工业社会特有的问题成了难以治愈的"病症"。

伴随工业化过程的城市化进程是社会进步的一种表现，是现代化进程的必经阶段，但是，城市化初期的无序开发，特别是资本经营者唯利是图、急功近利地扩建工厂、新建城市，必然会导致社会结构的破坏和社会嬗变，导致许多人无工可做、无房可住、无钱可用，贫穷、流浪、犯罪等问题的出现也就很自然了。

面对大规模的社会问题，如果还像以前那样只是靠一些志愿者和慈善组织来加以应对，已经是力不从心甚至是无济于事了。在这种情况下，美国一些地方的社会工作者开始实践社会工作专业化、职业化的尝试与探索。

早在美国内战时期，就有一些女性进入社会服务领域，成为有较为固定职业的社会服务工作者。第一家受赞助的社会服务机构是美国卫生委员会的"特别救助部"，这是把社会服务当成一种职业的开始。1863 年，马萨诸塞州慈善委员会开始聘用有薪水的社会服务人员。因为在他们看来，当时物质的匮乏和不足、道德的堕落、偶然事件和疾病以及社会不公等造成的贫穷等社会问题，只有通过受薪的专门人士才能很好地加以解决。可以认为这就是专门化的社会工作者。1887 年，慈善组织会社在美国成立，该会社在成功地使用了数年的"友善访问员"之后，开始使用受过训练的人去和案主建立联系。1898 年，美国纽约慈善学院在纽约成立，并开办了为期六周的暑期训练班，训练带有薪水的、有专门化性质的"友善访问员"。1905 年，美国马萨诸塞州州立医院的卡伯特（R. C. Cabot）医师支持成立了医院社会工作部，使社会工作专业化开始具体化。

社会问题的复杂化和社会工作的专门化尝试，使人们逐渐认识到，以往没有受过专门训练、没有固定职业的工作人员与志愿人员，单凭爱心、善心、慈悲心和乐于助人的精神来解决诸多的社会问题，无论在人员的数量上还是在服务的水准上，都是远远不够的。在这种情况下，人们开始呼吁建立专业化和职业化的社会工作。1915 年，弗莱克斯纳（Abraham Flexner）在美国慈善与矫治委员会上提出了"社会工作是一个专业吗？"的问题，并提出了确认一个专业的六条标准①，并以此验证社会工作是不是一个专业。虽然按照这个标准来衡量，社会工作还不是一个专业，但弗莱克斯纳还是呼吁，要继续前进，把社会工作建设成为一个专业。

1917 年，玛丽·里士满（Marry E. Richmond）出版了《社会诊断》一书，她提出了一系列的原则来界定社会工作，试图使社会工作成为一套独立的知识。1921 年，玛丽·里士满再度指出社会工作需要一套伦理标准，并于 1923 年在全国社会福利会议上讨论出可供社会工作者使用的伦理守则。尽管玛丽·里士满所讨论的社会工作主要是个案社会工作，但因为《社会诊断》具有较高的专业和学术水平，而且成为"社会工作做什么的标志"，也正因为如此，她被人们誉为专业社会工作的创始人。

二　专业社会工作机构与培训

社会工作的专业化要求有专业的机构和教育与之相配套，20 世纪初，在美国，社会工作机构纷纷建立，开始了专业社会工作的培训和教育。

在组织和机构上，相继成立的社会工作机构，比如 1917 年的美国社会工作者协会；1918 年的美国医院社会工作者协会；1919 年的访问教师协会和美国专业社会工作者训练学校协会（于 1932 年改为美国社会工作学院协会，并于 1951 年与另一个社会工作学院协会合并为社会工作教育咨议会）；1926 年的美国精神病理社会工作者协会；1936 年的美国团体工作研究协会；1946 年的美国社区组织研究协会；1949 年的社会工作研究小组。1955 年，美国全国社会工作者协会成立，将原来的七个较为专门的社会工作社团合并，成为美国最大的社会工作者组织。这些机构的建立，标志着社会工作专业化的发展轨迹。

在专业属性的认可上，1957 年，格林伍德（E. Greenwood）提出，任何团体要具有五个特质才构成专业，这就是，一套系统化的理论体系；专业权威；社区的认可；一套规定的伦理守则；一种专业的文化。他认为，按此标准，社会工作已经具有专业应有的属性，然而，社会工作是否被公认为一门专业，还要等待考验和检验（徐震、林万亿，1999：61）。

---

① 这六条标准是：伴随个人责任的智能性操作；素材来自科学与学习；这些素材逐渐达成实用且轮廓分明；拥有可教育的沟通技术；朝向自我组织；逐渐在动机上成为利他性（徐震、林万亿，1999：58～59）。

与社会工作专业化相适应，各种形式的社会工作培训以及教育也纷纷进行。早在1898年，纽约慈善组织会社就成立了纽约慈善学院，开办了一个为期六周的暑期训练班，训练受薪的专职"友善访问员"；1904年，纽约社会工作学院成立；1910年，美国的哥伦比亚大学和芝加哥大学开设社会工作的有关课程；1912年，波士顿社会工作学院开设了医疗社会工作课程；1932年，美国社会工作学院协会颁布了社会工作教育的"最低限度课程"；1937～1939年，一些重要的教育政策规定，全部社会工作专业教育都将是大学水平的，而且需要两年的学习时间。

在此期间，各大学的教学和研究重点各不相同，但主要以两年制硕士班研究院为主，除了在校内上课研究之外，还很重视机构实地实习。

在社会工作教育的内容上，1940年之后，美国主要把其确定在这么几个方面：社会福利行政、个案社会工作、团体社会工作、社区组织、社会研究、医疗知识、精神病学和公共福利。后来的十几年里，社会工作教育的内容更被抽象为个案工作、小组工作和社区组织（社区社会工作）这样三位一体的课程。

1951年，霍利斯（Hollis）、泰勒（Taylor）发表报告，把社会工作教育看作一个连续体，要从大学教育开始直到研究生教育。受其影响，公立大学纷纷设立社会工作系科或成立社会工作学院。除继续开设硕士课程之外，还在大学部开设社会工作学士学位课程，并且在研究院中增设博士班，开设博士学位课程。

20世纪60年代以后，由于美国高度的工业化和都市化以及科学技术的突飞猛进，传统的宗教信仰及家庭观点受到严重的挑战，造成整个家庭形态乃至整个社会结构的改变，个人主义与存在主义盛行，形成了许多严重的社会问题。因此，对社会工作的教育和实务的需求日益扩大，社会工作教育和研究不断向深层次推进，加速了社会工作的全面、快速发展，并使社会工作的科学性不断得以提升。

三 专业化社区社会工作的形成与历史发展

从历史发展和起源角度看，社区社会工作与一般社会工作之主旨是一致的，因而都经过了从自发到自觉，从零散到组织，从低级到高级的阶段。邓罕（Arthur E. Dunham）在其1970年出版的《新社区组织》中，从四个方面归纳了社区组织发展的不同阶段（徐震、林万亿，1999）。我们也可以将其看作社区社会工作从兴起到专业化的历史演变过程。

1. 慈善组织时期（1870～1917年）

当时在欧洲普遍建立了慈善组织会社和睦邻服务中心，重点在于改善社会服务，同时也有相当浓厚的"社会控制"色彩。通过调查的方式，对"值得服务"的贫民提供服务，而那些"不值得服务"的贫民则被强迫留在救济院或习艺所中劳动。

在美国，1870年以后各市也纷纷以会社理事会的形式成立慈善组织。如1872年的纽约州立慈善救助会社；1873年的美国慈善及矫治会社（后来的美国社会福利会议）；1876年的美国第一个社会服务交换所；1886年的美国第一个社区服务中心，稍后改为大学社区服务中心；1908年的美国第一个社会机构委员会；1913年的美国第一个现代的社区基金会；等等。这些组织的成立，推动了社会福利机构的发展，为社区组织工作或社区社会工作的形成奠定了基础。

这一时期的社区工作方法是结合各慈善团体与救济机构，采取协调合作的方法，以促成社区问题的解决。在服务对象上，强调个别化原则，就是在城市的邻里等区域内，针对各个个人及家庭的不同需要与问题，提供切实的服务。

2. 社区基金会、社区委员会、联合会时期（1918～1935年）

第一次世界大战期间，美国成立了许多战时基金会，后来逐渐成为各地社区基金会、联合基金会等社区联合募捐组织的基础，成为支持志愿者提供服务的有效筹集经费的一种新方式。

这一阶段社区社会工作的特点是，社区福利和社区服务的基本职责由志愿团体转移到政府部门，公共福利大量地引用了"社区组织过程"的概念。1933年的联邦紧急救济总署和1935年的《社会安全法案》可以看成政府在社会公共福利方面开始采取措施并具有机构或法律保证。

与此同时，适应各团体机构之间关系的需要，亦成立了社区联合会，如社区联合募捐会、社区统一募捐会以及社区机构理事会等。它们以社区为单位，定期举行有计划、有组织的联合募捐，并设计彼此相互配合的发展计划，促进整个社区的福利。这不仅为志愿工作者提供了有效的经费来源，而且促进了全国性组织的建立。

在这一阶段，社区社会工作常常被称为社区组织工作，社区内的主要工作由社区服务组织承当。在经济低迷的情况下各基金会开展了轰轰烈烈的募捐工作并卓有成效，但在 1933 年经济危机后遗症出现的时候，还是由政府经费协助为主方才渡过难关。这个时候的社会救助和社会服务工作还不被认定为社会工作，具体从事服务工作的人自己也不认为是社会工作者。从一定意义上说，也影响了社区社会工作的发展。

3. 社区组织和社会福利时期（1936～1955 年）

从 1936 年至 1955 年是美国的社区组织与社会福利时期。受 1929 年经济危机影响，美国政府开始积极介入社会福利领域，因而，社会福利的基本责任也由志愿团体转向政府。与此同时，政府在推进公共福利计划时也大量引进了社区组织的原则和方法。如创立联邦级的机构"社会安全委员会"；成立"州计划"；建立工作标准尤其是公共救助的具体标准；扩展儿童福利服务至边远地区的儿童；等等。这在一定程度上促进了社区组织的发展。

根据台湾学者王培勋的概括，这一时期的社区组织即社区社会工作的主要发展线索或过程包括如下五方面。

第一，1939 年，兰尼（Robert Lane）在美国社会工作会议中提出一个报告，使社区组织的理论和哲学为大家所了解，工作方法也为大家所接受，从此，社区组织（社区社会工作）就与个案社会工作和团体社会工作同列为社会工作的三大方法。

第二，1946 年，美国社会工作会议成立社区组织研究协会，该会会员不限资格，对社区组织工作有兴趣者都可以参加。社区组织研究协会的主要贡献在于编辑和出版有关社区组织方面的书目，对各有关团体或机构进行联系。

第三，1955 年，六个社会工作团体联合成立美国社会工作人员协会。

第四，在 1939 年至 1945 年间，美国社会工作学院协会下的一个社区组织委员会，曾对社会工作学院所开设的有关社区组织课程做广泛而深入的研究，对社区组织的教学内容、观点的统一、个案的记录、图书目录等方面都提出了较有价值的建议。

第五，在二战期间，社区组织的机构如社区基金会、社区委员会、社区睦邻中心等发挥了很大的作用，与红十字会、社会安全总署、美国战区服务团、美国战争基金会、美国劳工联盟等机构都有合作项目（王培勋，1985：105）。

4. 专业发展与社区发展时期（1956 年以后）

1956 年以后，社区社会工作就进入专业发展阶段，在这一阶段，社会工作者和其他组织、计划与方案制订的工作人员开始更加明确地视自己为"专业工作者"，他们试图运用既有的知识和社会计划的理论，把自己看成"社会工程师"，以专家的知识去解决问题，并以果断的策略去影响决策和社会政策。而"社区行动"正是各种方法中最为重要的一种，后来成为"对贫穷作战"中的一环。

在这一时期，许多重要的方案和理论的发展都对社区发展产生较大影响。

福特基金会提供补助款给大城市的学校，以发展"学校－社区方案"。

克洛沃德（Richard Cloward）和欧林（Lloyd Ohlin）的犯罪理论提出，犯罪并非纯属个人的病态行为，而是经济、社会和教育机会的问题，需要由社区变迁来解决犯罪问题以及其他的社区问题。这一理论后来和在纽约推动的"青年服务总动员"结合，成为第一个"社区行动"方案，对社区发展起到了重要的作用。

1964 年，美国国会通过《经济机会法案》，并规定设立经济机会局以协调各有关部门解决贫穷问题。具体举措有"家庭计划方案"和"志愿服务团"等。这些组织和举措是以培养贫穷者的就业能力与创业精神为目标的积极性救助方案，旨在借社会福利以促进贫穷者摆脱困境的机会，因此可以说是经济性社会福利，是社会福利的新趋势，是社区社会工作的重要内容。

1951 年，联合国推出"联合国技术援助推广方案"，主要研究社区福利中心对社区生活的改善作用。1952 年正式成立"社区组织与社区发展小组"以推动社区发展。社区发展的目的在于推动社会变迁，改善生活条件，解决社会问题，增进社区福利。按照联合国的解释，社区发展是指"一种过程，即由人民自己的努力与政府当局的配合一致来改善社区的经济、社会、文化环境。在此过程中，包括两个基本的要素：一是由人民自己参加、自己创造，以努力改善其生活水准；二是由政府以技术协助或其他服务，帮助其发挥更有效的自觉、自助、自动、自发与自治"（徐震、林万亿，1999：249）。

此后，"社区工作"（社区社会工作）的名词概念相继出现在英美等国家的有关书籍上，并且"社区组织"与"社区发展"合成一个概念，以"社区组织与发展"、"社区工作"和"社区计划"等专有名词而出现。

20 世纪 60 年代是美国社区社会工作发展的黄金时期，因为当时美国社会面临学生运动、反越战运动、福利权益运动、民权运动以及贫穷、青少年犯罪、失业等问题，这就为社区社会工作提供了较为广阔的活动空间和工作范围。70 年代，美国政府对基层居民组织及社会行动的热情下降，对社会服务方面的资助也随之减缩。自 80 年代开始，美国已经将社区服务工作的重点转向一些有特别需要的社会贫弱群体，如少数民族、妇女、老人及精神病患者等。

在英国，20 世纪 60 年代的几份政府报告提出鼓励居民参与地区事务的重要性，而社区社会工作就被视为一种可以补充福利国家制度不足的地方工作，这就确认了社区工作的重要性。1971 年，英国推行社区发展计划，以改善城市居民贫民区内的社会问题。该发展计划的原意是加强和协调贫穷地区的社会服务，以及鼓励居民间的互助精神，与美国社区行动计划的经验相同，而社区工作者则一反计划的初衷，热衷于通过组织居民，挑战社会政策及制度。由于计划接受了一些激进思想，政府也在几年后逐渐减少支持，这一工作空缺最终由社会工作来接替。

1957 年，联合国开始研究社区发展计划在发达国家的应用，试图通过社区发展来解决工业化、城市化带来的一系列问题，并在美国和英国实施了这一计划。当前，全世界有 70 多个国家都在推行社区发展计划，为社区工作的开展提供了广阔的空间。

第三节　中国社区社会工作的发展

不同于西方社会，中国社会没有经过近代工业革命，其经济基础是自给自足的小农经济，社会结构特征是以生活和生产相重合的家庭为单位，家族、亲友、邻居结为生活共同体。因此，中国传统社会没有形成西方那样的城市社区社会工作。不过，社会工作起源于社会救济和救助，而我国的救济思想和救济事业也是古已有之。再加上 20 世纪 30~40 年代一些知识分子推动的社区运动，也可以看作社区社会工作的历史尝试。简单回顾我国社会救济思想和社区建设运动，对于理解我国的社区社会工作是大有裨益的。

一　中国古代社会救济思想与实践

我国是一个历史悠久的文明古国，人们历来重视相互间的帮助和接济，在漫长的历史发展阶段中，形成了丰富的社会救济思想，积累了系统的社会救济经验。

（一）古代社会救济思想

在中国古籍中，对于社会救济叙述得最为完善者，首推《周礼·司徒篇》和《礼记·礼运大同篇》。

《周礼·司徒篇》中提出："以保息六养万民，一曰慈幼，二曰养老，三曰振穷，四曰恤贫，五曰宽疾，六曰安富。"其目的是冀求达到一个和谐的大同社会，正如《礼记·礼运大同篇》所主张的："大道之行也，天下为公，选贤与能，讲信修睦。故人不独亲其亲，不独子其子。使老有所终，壮有所用，幼有所长，矜寡孤独废疾者皆有所养。男有分，女有归，货恶其弃于地也，不必藏于己。力恶其不出于身也，不必为己。是故谋闭而不兴，盗窃乱贼而不作。故外户而不闭，是谓大同。"

大同思想很好地把人们对社会中的互助互济、和谐相处、安稳生活的理想追求表达了出来，这一思想对中国的影响可谓源远流长，成为人们所期盼和追求的理想社会模式，也是后世社会救济的最高准绳。事实上，大同思想已经包括了后来的老人福利（老有所终）、儿童福利（幼有所长）、就业服务（壮有所用）、社会救济和残疾人福利（矜寡孤独废疾者皆有所养），从这一角度说，也可以认为是中国社会工作的最早构想。此外，孟子的"老吾老以及人之老，幼吾幼以及人之幼"和"推恩足以保四海，不推恩无以保妻子"的"仁政"思想，则为大同思想的落实做出了个体"内省"保证。

"大同"只是一种理想，要付诸实践不可能依赖国家和政府，所以，中国的社会救助或救济事实上大多是由家庭和家族以及邻里之间来部分实现的。只有在发生全局性的天灾人祸，在家庭和家族所不能及的地方，国家和政府才发挥其作用，其起到的作用只是国家统治和社会治理上的"仁政"罢了。

（二）中国传统的社会救助结构和力量

上面提到，尽管大同思想是中国社会工作的最早构想，但其实施主体还是在民间。在传统中国社会，社会救助和照顾力量可以从以下四个方面加以理解。

1. 血缘关系下家庭与家族的互助和互济

家庭是社会的细胞，也是社会结构中的基本单元。在农耕社会，家庭的主要功能是从事农业生产。由于生产力的极为低下，往往要以较多数量的劳动力来协同耕作才能保证基本生活的粮食需要，这就直接决定了中国农耕社会中几代同堂的大家庭和同族共聚居的大家族。在对外相对封闭的情况下，家庭成为个体的经济及安全中心。

一旦遇到什么不测，血缘关系基础上的家庭和家族成员之间的互助和互济就成为义不容辞的责任。中国人很重视血缘关系，家庭和睦、家族兴旺是人们所期盼的。有些大的宗族甚至可以留有部分专门的钱物来接济、照顾族人中的老弱病残者。因此，从这个角度看，血缘关系不仅像一条纽带把家人和族人天然地联系在一起，而且像一张安全网，最大可能地保护了家庭和家族中的弱者，在一定程度上减小了社会的压力。

不过，数代同堂的大家庭以及集经济、政治、宗族于一体的大家族不会太多，因为这是以雄厚的物质基础和政治势力为后盾的，一般百姓家庭不大可能具备这些条件。在大多数情况下，血缘关系上的互助互济所起的作用并不大，而必须要依赖于地缘关系上的邻里同乡照顾。

2. 地缘关系上的邻里同乡照顾

家庭和家族以外的伦理关系首推地缘关系基础之上的邻里关系。中国人的乡土观念培育于家族关系共处一土的传统信念之上。地缘关系是人们互动的纽带，这是因为在传统农村社会，人们的生产、交往活动范围相当狭小，有限的地域范围成了人们业缘、情缘以至姻缘关系的活动空间。不同空间关系上的人们，一般是很少甚至是几乎不可能产生互动的。

地缘关系的情感——乡情，牵动和维系了人们之间的互动圈。在共同的地域里，大家有共同的语言、信仰、生活习惯、社会规范，这样就很容易使人们之间的关系情感化，久而久之，逐步形成了浓厚的地缘意识——老乡观念。不用说同村中的居民有"远亲不如近邻"的意识，就是远离家乡在外，同乡亦有"老乡见老乡，两眼泪汪汪"的亲近情结，成为人们交往中说不清道不明而又确实存在的纽带。至于同乡组织也更是具有地缘关系的色彩，从同乡商人对抗土著与他籍商人到为同乡增医施药、兴办义学，积极发挥同乡互助精神，等等，地缘关系起到了十分重要的作用。

3. 共同需要和志趣照顾

在中国传统社会，还有一股不可忽视的民间照顾力量，这就是"同舟共济""志趣相投"的自助组织。最为明显的是以行业原则组成的志愿社团——行会。在中国近代史上，不少商会和行会往往以行业为联系纽带，把有共同利益的人组织在一起。这类行会在维护同行的经济利益、调解商业纷争、订立行规训练学徒、介绍熟人寻求职业等方面，提供了基本的经济照顾和服务，在很大程度上免除了人们的后顾之忧。

4. 宗教组织及信仰的照顾

由于宗教特别是得到很多中国人接受的佛教和道教有教导人行善积德的积极社会功能，所以宗教在传统中国的社会救助中起到了很大的作用。尤其是宗教在促进人与人之间的关怀上，能起到独特的作用。

就佛教而言，济度世人是以其教义理论为基础的。佛教徒的主要修行德目是"六波罗蜜"（六度）与"四无量心"。"六度"是"布施、持戒、忍辱、精进、禅定与般若（智能）"；"四无量心"是"慈、悲、喜、舍"四种心态的充量至极。这些德目包含两种内容：其一是促使个人解脱的智慧与修持；其二是对于众生的同情与救济。可见乐善好施还不仅是一种泛泛的宗教情操，更是完成其宗教目标的必经途径。

就道教而言，其修行宗旨首先在于以尊道贵德为中心思想，然后分修外功与内功。外功以积功累德、布善行仁、安己利人、和平共处、身心舒泰、却病延年为目的；内功则以习静服气、修摄养生、清静无为、长生久视为目的。此中的积功累德、布善行仁，就是支配道教徒推行福利、救助他人的重要思想。

宗教的乐施救济服务在传统中国的例子不胜枚举。如唐朝自武后长安年间（701~704年），设置"悲田院"和"养病坊"，前者收容孤儿、老人及穷苦人；后者收容病患者，所需经费均由官府支付，管理和经营则由佛寺僧尼承当。宋朝时，成立"居养院"于寺观之内，专门收容鳏寡孤独者，并由僧人管理。当时的寺庙往往是贫苦无亲的人死后寄柩的地方（黄威廉、颜文雄等，1985：191）。而乐善好施更是虔诚佛教徒的重要操守。

（三）中国古代的社会救助制度

据台湾学者徐震等观点，我国的救贫制度在周代就已趋于完备，从国家到地方，都有较为完善的救助体系，从总体上看，大致有如下几个方面（徐震、林万亿，1999：65~69）。

1. 保息六政

《周礼》记载，大司徒以"保息六养万民"，这就是慈幼、养老、赈穷、恤贫、宽疾、安富。这六个方面涉及今天的儿童福利、老人福利、就业服务、社会救济、医疗保健、社会安全等社会工作项目。

在周代，还以"本俗六安万民"：美宫室、族坟墓、联兄弟、联师儒、联朋友、同衣服。用现代的话来说，就是包括住宅建设和精神伦理建设。福利的真义应该是物质与精神兼有，整体和个体兼顾，政府与民众并举。为使民众能够生得其所、活得愉快、死得安详，不仅要慈幼、养老，而且要振穷、恤贫、疾宽、安富来配合，还需要以本俗来呼应。

《周礼》中还有记载，以"荒政十有二聚万民"："散利"以给粮食；"薄征"以减租税；"缓刑"以省刑罚；"弛力"以息徭役；"舍禁"以释山林之禁；"去几"以去关防之纠察，使百货流通；"眚礼"以减少吉礼；"杀哀"以节凶礼；"蕃乐"以闭藏乐器而不作；"多昏"，礼薄而自婚配者自然增多，男女间得以相互保护；"索鬼神"以祈祷神灵保护民众；"除盗贼"以遏民害安良民。

当然，由于我国历史上，在政治上以人治为主，缺乏法治保证，往往人存而政举，人亡而政息，再加上各地相对封闭，政令难以畅通，因此，像类似"保息六政"的举措并没有形成一种普遍与常设的制度，而只能是施予性质的救济。

2. 九惠之教

类似现代社会的救助举措的除《周礼》中记载的外，还有《管子》中关于"九惠之教"的记载。

管子认为，居上为政，应以安定社会为主要任务。有土之君，在临民之初，即应发政施仁。在《入国篇》中，管子说："入国四旬五，行九惠之教。一曰老老，二曰慈幼，三曰恤孤，四曰养疾，五曰合独，六曰问疾，七曰通穷，八曰赈困，九曰接绝。"从这"九惠"来看，在一定程度上类似于现代社会实施的老人福利、儿童福利、社会救助、医疗服务、婚姻咨询、健康服务、创业服务、就业服务、义亲奉祀[①]等。如果能够做到这些，那么就可以使每一个民众能够"仰足以事父母，俯足以畜妻子，乐岁终身饱，凶年免于死亡"，从而达到福利民众的目的。

从上面的"保息六政"，联系到现代社会保障，可以认为，社会救助不仅是人类社会发展过程中不可或缺的环节，而且在其内容上，各国、各

---

① 政府为激励人民对国家之忠勤，凡为国捐躯无子嗣奉祀者，由政府拨款予其亲族故旧，供祭祀之用。

个时代，都有着惊人的相似之处。

3. 仓廪制度

古代统治者历来以农耕为重心，人们都知道"民以食为天"，无粮则天下必大乱的道理。反映在社会救助上，则有各类为荒年准备的仓廪制度。

（1）常平仓

从汉朝开始就有了常平仓，而且经久未衰。汉宣帝设常平仓，当粮价低的时候，适当提高价格购买储存起来，到粮价高的时候再适当以低价卖给老百姓，即所谓"常持其平"，相当于我们现代的"平抑物价"。其保护老百姓的利益之积极作用是不容低估的。然而常平仓运行了一段时间后，也产生了负面作用。因为价格的高低为一些官员的营私舞弊打开了方便之门。不过，尽管有其弊端，但至少到南北朝时期，常平仓还在沿用。

（2）义仓

义仓是将由政府课税或由富户义捐的粮食储存到仓库里，由官府派人管理，遇到荒年或青黄不接时，出仓以赈济难民，属于赈济性质。这种制度在隋代以前称为"义租"，隋文帝设义仓，唐代更为发达。宋太祖根据"取有余补不足"的原则，下令各地设置义仓，以备凶歉。后来因为官员的腐败和渎职，义仓逐渐废设。

（3）社仓

这是由人民自行组织，或由政府督导人民办理类似一种农贷合作组织的救济设施。具体为，由各地人民捐集粮食，或由政府贷给粮食，在各乡设仓储存，遇凶年或青黄不接时以救济邻里贫户。

以上三种仓廪制度都是历代政府与百姓用来平粜、借贷或散发粮食以济贫与救荒的经常性设施，虽然各有长短，但在救助贫民、稳定社会上是起到很大作用的。

4. 乡约制度

乡约制度是我国古代社区组织的创举。所谓"乡约"，即住在邻近地区的人共同遵守的规约。在北宋，就有所谓的"吕氏乡约"，是宋代蓝田吕大钧及其兄弟、邻里亲友以书面的形式约定而发起的。其内容分为德业相劝、过失相规、礼俗相交和患难相恤四大项，后经朱熹推行至全国。"由于乡里民众自订规章，作政府律令之辅助，而由入约者彼此信守，虽无民主之名，但已有民主之实。'吕氏乡约'其纲止于四条，而人生善恶功过。可法可戒之事已尽在其中，见之今日，用作社区研拟公约之依据，仍有可采之处。"

（徐震、林万亿，1999：69）

明朝王阳明亦订有"南赣乡约"，以移风转俗、嘉善惩恶而传世，其内容涉及组织、场地、人选、任务、程序等。"从自动自发、组织教化及结合政经等三个方面看，我国乡约均合于现代社区发展的基本要求。"（徐震、林万亿，1999：69）

二　20 世纪上半叶的乡村社区建设运动

中华人民共和国成立前我国较为专业化的社区社会工作以 20 世纪 20～30 年代的乡村建设运动为代表。该运动在当时十分盛行，前后有六百多个团体参加，其中著名的有晏阳初的定县平民教育实验区、梁漱溟等人创立的山东邹平乡村建设研究院等。

1. 晏阳初的定县平民教育运动

乡村建设的历史最早可追溯到 20 世纪初的河北定县人米迪刚在家乡翟城村搞的"村治"实验。20 世纪上半期，晏阳初等人组织的中华平民教育促进会，开始在定县进行农村教育的改进实验。

晏阳初（1893～1990）出生于四川巴中县，1916 年赴美留学，获耶鲁大学、普林斯顿大学硕士和路易斯维尔大学博士。在第一次世界大战期间，他到法国为华工服务，看到华工大都是文盲，而又大多各顾自身利益，即认为"愚、贫、弱、私"是中国人的四大病根。回国后，晏阳初于 1923 年到北平开展平民教育运动。

1923 年，晏阳初在北平与陶行知、蔡元培等人发起组织中华平民教育促进会并任总干事。晏阳初认为，中国的问题实际上就是一个农村问题，因此，平民教育的重点应该主要放在农村。他设计的工作系统是：通过社会、家庭和学校，实行文艺、生计、卫生和公民四大教育，提高中国民众特别是农民的知识力、生产力、强健力和团结力。晏阳初等人把全国分为华南、华北、华东、华西、华中、西北和东北七大平民教育区，每一个区都设有平民教育分会。为了集中人力和财力并以点带面，他们把工作的重点放在河北省定县。

定县是中国近代乡村建设运动的发源地，有很好的群众基础。1926年，平民教育促进会选定定县翟城村作为第一个平民教育实验区，1930年，他们又把翟城村的经验推广到全县，并将全县作为实验区。针对农民的"愚、贫、弱、私"，平民教育促进会主张开展"以文艺教育以救农民之愚，以生计教育以救农民之贫，以卫生教育以救农民之弱，以公民教育救农民之私"，提出了家庭的、社会的、学校的三种教育方式和调查、研究、实验、表演、推行五个步骤。定县教育在1930年制定了十年规划，前三年完成文艺教育，第二个三年完成生计教育，后四年完成公民教育，各个时期又分别实行卫生教育。后因1937年抗日战争爆发而停顿。

定县教育集中了大量知识分子，花了大量的财力，亦取得了一定的成效。在当时，全县设立了保健员网，建立了农村保健站，开办了保健院，建立了巡回医疗队，推行了节制生育，从社区社会工作角度看，应该说是较早具有专业性质的。晏阳初本人也在1943年5月美国各国高等学术机构举行的哥白尼逝世400周年纪念大会上被选为"世界上为社会贡献最大、影响最广的十大名人"之一。

2. 梁漱溟的乡村建设理论与实践

梁漱溟（1893~1988），生于北京，著名学者和社会活动家。1929年任河南村治学院教务长，并接办北平《村治》月刊，1931年在山东邹平创办山东乡村建设研究院，新中国成立后历任全国政协委员。

梁漱溟认为，近代中国社会问题，其根本原因是文化失调。中国现代化只有走改造文化、民族文化自救的道路。要进行民族自救，关键在于乡村建设。所谓乡村建设，不仅是拯救一个垂危的农村，更是拯救整个民族，从某种意义上说，乡村运动就是一场大规模的建国运动。按照他的想法，乡村建设就是要建设一个既重视伦理关系，又能吸收西洋人重团体的长处之组织。在这个组织的领导下，重建中国文化，走一条农工结合的道路，即"从农业引发工业，农业工业为适当的结合；以乡村为本而繁荣城市，乡村都市为自然均实的发展"，中国才能现代化。

在具体的乡村建设实施方面，梁漱溟认为最为重要的是乡村组织建设，要培养乡村的力量就要启发智能、促进组织。这个组织就是中国古人所谓的"乡约"的补充改造。梁漱溟非常欣赏北宋"吕氏乡约"中的德业相劝、过失相规、礼俗相交、患难相恤，认为其充满了中国人"人生向上"的精神。要本着这种精神成立一个伦理情谊化的组织而又以人生向上为目标的一个组织，即要形成地方自治。在这种思想指导下，他们在乡村建设运动中开展了不少帮助农民助人自助的社区社会工作。

尽管平民教育运动和乡村建设运动不是严格意义上的社区社会工作，但一些社会活动家倡导的深入农村社区进行社区组织和建设，帮助农民解决贫穷等问题，实际上已经起到了社区社会工作的作用，在我国社区社会工作的发展历史过程中可以看作一个里程碑。

三　20 世纪 50 年代后我国的社区社会工作以及开展社区社会工作的客观必然性

1956 年，随着三大改造的完成，我国进入了社会主义阶段。为了加速发展工业化和加强对社会的组织动员能力，再加上苏联模式的影响，国家实行计划经济，同时推行单位体制。与落后的小农经济条件下靠家庭、家族解决问题的思路相反，政府力图靠组织力量解决人们遇到的生活方面的问题。政府不但成为全部社会资源的占有者，也成为解决各种社会问题的责任人，成为一个全能型的政府。在这种体制下，政府通过其代表者——各类组织和单位，并通过国家干部，以行政程序和手段向人们提供生存资源和力所能及的帮助，从而形成靠行政框架解决社会问题的模式。这样，专业性的社区社会工作在计划经济条件下就失去了存在的必要性。

与此同时，在 20 世纪 20～30 年代就创立的有关高校的社会工作教育也遭到了灭顶之灾。经过院系调整，社会工作和社会学、心理学等专业一同被取消，从事社会工作教学、研究和实际工作的人员也不得不转行。这一中断就是 30 多年，以致我们的社会工作教育在目前还处于较为滞后的状态。

虽然长期以来，国家和单位也不断地开展扶贫、救助等工作，但是由于"单位人"的限制，以及忽视了专业社区组织和社区工作与发展的作用，再加上把社会问题过分政治化，以致其作用并不明显，积累了大量的社会问题。

改革开放之后，一些具备条件的高校陆续恢复和建立了社会学专业和社会工作专业，专业性的社会工作教育逐步扩大规模并走上正轨。目前，我国正处于社会转型时期，计划经济管理体制下隐藏的社会问题日益暴露，许多问题已经不可能单单靠政府的行政手段来加以解决；随着改革的深入发展，"单位人"向"社区人"转变，社区成为解决社会问题的主体，这些都成为社区社会工作专业化开展的客观条件。

我国现阶段以及相当长一段时间内所面临的突出社会问题有如下几种。

一是贫困问题。虽然改革开放之后，我国城乡居民的生活水平有了很大程度的提高，但是值得注意的是，人们之间的收入差距拉得越来越大。由于多方面的原因，城市社区和乡村社区的相对贫困者还大量存在，甚至还有部分绝对贫困者。① 如何解决这个问题，帮助他们尽快脱贫致富，社区社会工作应该能发挥重要的作用。

二是失业问题。随着市场经济的快速发展，我国的失业和半失业现象已成为不争的事实。从微观上看，失业是企业根据市场需求以及利润最大化原则及时调整生产要素后对员工的减员带来的直接现象。从宏观上看，失业是整个社会产业结构大调整以及科技份额增大、管理权限下放等因素的间接结果。失业应该说是市场经济条件下正常的社会、经济现象，我们不能仅仅把它看成资本主义的特有产物进而将其视为洪水猛兽。② 需要特别提到的是，不仅城市社区存在失业问题，农村社区同样也存在失业问题。由于农业劳动生产率的提高、土地资源的不断减少、新生劳动力的不断增多，农民无田可种、种田无利可图也成为不争的事实。再就业成了农民的一个新问题，尽管他们自己并不一定把此叫作"再就业"。

三是老龄化问题。我国早已进入了老龄化社会，现正处于老龄化深度发展时期。这一方面是社会发展、经济发展、科技发达的表现；另一方面，对社会也造成较大的压力，比如老年人医疗、赡养等保障问题。这个问题解决得如何直接关系到社会的秩序安排，关系到劳动力的再生产，因此需要采取多种积极的措施。

四是青少年犯罪问题与"两劳"释放人员的教育安排问题。在社会经济大发展的今天，各种犯罪特别是青少年犯罪问题还是一个较为常见的社会问题，这一问题严重影响和干扰人们的正常社会生活，破坏社会的正常秩序。过去我们看待青少年犯罪以及"两劳"释放人员过于简单化，认为他们的犯罪是由于放松思想改造，事实上，犯罪特别是青少年犯罪有较为复杂的原因，其中就有社会心理方面的因素。而通过专业的社区社会工作，往往能较好地解决这一问题。

上述存在的各种社会问题在当前不可能单由政府、企事业单位以及家

---

① 笔者就南京市的绝对贫困做过研究，参见周沛（2000）。
② 笔者就失业和下岗问题做过理论上的探讨，参见周沛（1999）。

庭来解决。可以认为，社会问题的社区化必须通过社区发展和社区组织的方法来应对，这便是专业社区社会工作。尽管目前社区社会工作的发展较之发达国家与地区仍存在一定的差距，但毕竟时代已经赋予我们任务和机遇，本土化的社区社会工作必定能在中国的城乡社区生根、发芽、结果，为我国的社区发展和社会进步做出应有的贡献。

第四章 社区社会工作的理论基础和价值体系

与其他任何学科一样，社区社会工作作为一门应用学科，也必然有其理论基础和哲学价值取向。理论基础构成了社区社会工作的专业特征和学科性质，链接了社区社会工作与其他有关学科的内在关系；哲学价值取向确定了社区社会工作的目标和意义，从人生观、价值观的高度，从伦理和道德的角度来处理和解决社区及其居民所面临的各种问题和矛盾。本章就社区社会工作的理论基础与历史发展、哲学价值理论以及社区社会工作和其他学科的关系等方面加以概要讨论。

第一节 社区社会工作的理论基础

无论是在预防和解决社会问题的实践中还是在学科的探讨和研究中，社区社会工作都必须有一定的理论学说和思想观念的指导。即使是在早期的慈善救助和社会安抚中，也有其帮助人脱离困境、尽量安置难民的理念，更何况专业化、职业化的社区社会工作，缺乏理论基础是不可想象的。

一 社区社会工作的理论发展

在社会工作的发展历史上，具体的社会工作实践大多是以社区及其成员为对象，因此，在很大意义上说，社会工作的发展历史也就是社区社会工作的发展历史，尽管作为社会工作的方法之一，但社区社会工作得到学术界承认是较为晚近的事。如果这一观点成立的话，那么，西方社会工作理论的发展阶段在一定意义上也可以看成社区社会工作理论的发展阶段。当然，作为社会工作的方法之一或社会工作的一种类型，社区社会工作也有属于自己的理论观点。

（一）西方社会工作理论发展阶段

在西方国家，社会工作经历了一个从没有理论指导到自觉采用理论指导，从理论的单一化到多元化，从主要借用单一的心理学到借用心理学、社会学、认识论等多学科的理论这一发展演变过程。王思斌主编的《社会工作概论》参照大卫·豪（David Howe）之《社会工作理论导论》，提出社会工作理论大致有七个阶段（王思斌，1999：61~63）。

第一个阶段是调查阶段，这是社会工作的最初阶段。在这一阶段，社会工作者主要关注的是他们所从事的实际工作而很少对之做理论上的思考。社会工作主要是一门助人的艺术，社会工作者在这一阶段主要是起调查者的作用。

第二个阶段是精神分析学阶段。一些社会工作者认识到社会工作不应是一门艺术，而应是一门科学，因而开始采用一定的科学理论来指导自己的工作实践。这一时期唯一被社会工作者采用的理论是精神分析理论，社会工作几乎被等同于精神分析工作。

第三个阶段是精神分析派与功能主义学派并立的阶段。20世纪30~50年代，一些美国社会工作者逐渐形成了一种与精神分析学派不同的社会工作观，即功能主义学派的新社会工作观。功能主义认为，个体的行为主要是他当前所处的环境的结果，这既包括环境也包括社会工作机构的功能。在一种结构性和社会性的关系中，个体能够改变其自己。因此，社会工作的任务不是对服务对象加以治疗，而是要与服务对象一道，建立一种有助于服务对象潜能发展的积极的、开放的相互关系，使服务对象的能力与行为发生变化。社会工作过程的中心也不再是社会工作者，而是服务对象本人。

第四个阶段是获得阶段。20世纪60年代，社会工作者采用了多学科的理论，如心理学、社会学等，这被视为社会工作健康发展的一种标志。

第五个阶段是盘点阶段。由于社会工作理论在数量上迅速发展并增加，到了20世纪60年代，许多社会工作者感到有必要对这些理论做一次清点、整理和评估，以便对社会工作的"家底"有一个确切的把握。

第六个阶段是理论统一阶段。20世纪70年代，许多人相信所有的社会工作理论及实践都有共同的目标和关怀，一些体现了社会工作本质的共同概念原理与技巧能够从现有的各种理论与实践中抽取出来，系统理论就应运而出。系统理论试图用"社会功能"这一概念把各种理论与方法结合起来，但也遭到一批人的攻击和批评，认为其是超前的、不充分的和虚幻的。

第七个阶段是理论归类阶段。在这个阶段，多元理论并存被当作一个既定的事实，社会工作者不再去追求构造统一的理论框架，而是通过对多种理论的整理与归类，使理论空间有序化，结果是产生了许多不同的理论分类模式。现在，这些模式分类仍然是西方社会工作者把握社会工作理论世界的基本工具。

（二）社区工作理论

1976 年，依云斯（R. Evans）对社会工作理论做了整体分类，认为社会工作专业理论可分为"实务理论"和"实践理论"。具体来说，"实务"是较狭义地指具体的工作手法、技巧以及有关的原则、规范等，因此，"实务理论"主要是指那些指引社区工作者在具体执行工作时的理论。而"实践"一词则含义较广，"实践理论"可以理解为对社会工作人员从事社会工作的宏观环境分析，也就是指引社区工作者介入工作时的较高层次规范。

拜雅士（P. Bryers）把社会工作的二分法用来阐释社区工作理论，认为"实务理论"是"指引社区工作者达到某些具体成效的既细致清晰，又经过试验的理念。这些理念是由实务中衍生出来的"；而"实践理论"则包括了应用社会科学知识基础的理论。著名的社区工作学者谭马士（D. N. Thomas）则更为简单而具体地以"知其然"（know-how）来说明"实务理论"，以"知其所以然"（know-why）来说明"实践理论"（甘炳光、梁祖彬等，1998：80）。

社区工作理论在英美两国的发展可溯源至 19 世纪末英国和美国的"安置所"（settlement houses）运动。20 世纪 60 年代，英国推行"社区发展计划"，美国推行社区组织和社区行动计划，这些都对社区工作理论的发展起到了相当大的作用。后来，社区社会工作又引入了社会学中有关国家性质、社会结构及本质、城市政治、社会变迁、社会运动等方面的内容，使社区工作理论由原来的研究单一社区的微观层次演进到研究地区和国家整体关系的宏观层次。

据香港学者冯国坚等人的观点，20 世纪后期，英美两国的社区工作文献大多属于"实务理论"研究，而有关"实践理论"的讨论则很少。这是因为"实务理论"的建立往往是社区工作者从工作实践经验中总结而来，而且"实务理论"大多以某一特定社区为研究对象，只能是较为微观层次的讨论。而"实践理论"则援引了政治学与社会学的宏观分析角度，可以使社区社会工作者分析和研究社区与社会整体的密切关系。近些年来，社区理论亦出现了由微观向宏观层次的"实践理论"转变之趋势（甘炳光、梁祖彬等，1998：81）。

　　社区社会工作者对社会的理解是"实践理论"的重要内容，不同的学者对这种理解有不同的称谓，有人将其称为"情境理论"（context theory），有人将其称为"社区社会工作理论"，还有人将其叫作"社会分析"。社区社会工作的开展或对社区社会工作的认识受制于经济体制和社会政策等方面，如社区社会工作关注社会上的资源分配情况，关注政府及市场在资源分配上扮演的角色。一些学者对此类问题做过专门研究，下面我们就几个影响社区社会工作的理论做一简要介绍。

　　1. 新保守主义

　　新保守主义形成于20世纪70年代的英美等国。在70年代，经济衰退和通货膨胀使西方国家面临巨大的压力。如何解决社会问题，采取什么样的措施，不同的学派有不同的观点。较为占主流的是一种保守的观点，笼罩着一股保守的气氛，人民将其称作新保守主义，以区别于19世纪盛行的保守主义。新保守主义的主要观点表现在几个方面。

　　第一，认为自由市场制度是解决社会问题的有效途径。新保守主义追随19世纪古典经济学派的看法，强调只有通过自由市场制度的力量，才能解决社会存在的问题。他们认为，人都是自私的，但只要有自由市场，只要个人肯付出努力，就会有社会效益出现。他们反对政府对市场运作有太大的控制，指出政府的责任只是维持治安和抵御外来侵略而不必干预经济活动。

　　第二，强调助人自助的精神。新保守主义认为，自由市场制度为社会上的每一个人提供公平的发展机会，人人皆有自我照顾的责任，而行使自我照顾的制度就是家庭。也就是说，个人必须自助，家庭也必须对成员的福利承当责任。强调个别家庭应负起照顾的责任，而不应该依赖他人或社会，这是新保守主义很重要的一个观点。

　　第三，社会福利必须采取选择性原则。新保守主义并不主张推行社会福利制度，其理由是，推行社会服务或社会福利，必然会产生高昂的费用支出，在需求不断增加的情况下，社会福利就会出现供不应求的情况。而且，需要社会福利的人和那些纳税或供款以支持社会福利的人之间必然出现矛盾。换言之，付款的人希望税率降低，享受福利的人却希望得到足够的服务，虽然两者可能是同一个人，但因为站在不同的立场，矛盾仍然存在。所以，为了解决这一问题，就必须使享受社会服务的人直接承担全部或部分社会服务的成本。为此，新保守主义认为社会福利应该采取选择性的推行方式，即只供给在社会中不能自助的人士，其他人必须透过市场或依赖家庭来满足自己的需要。

我们认为，新保守主义的观点对于社区社会工作来说具有一定的启示，特别是助人自助的精神，就是社会工作以及社区社会工作的基本精神，其选择性原则与社区社会工作之帮助需要帮助的人的宗旨也是相吻合的。不过，其否定社会福利制度在全社会的建立，是明显不适应当代社会发展之需要的。

2. 多元主义

多元主义从20世纪50～60年代开始流行于英美等国，其主要观点如下。

第一，社会上存在不同的社会群体，利益是联结社会群体的主要力量。与新保守主义的观点相似，多元主义认为，各种不同的社会群体都会保护自身的利益。但是只要其利益没有受到损害，他们之间也不会有什么冲突；不过如果其利益受损或受到威胁，社会群体就会组织起来力争。当争取到利益之后，这些组织又会慢慢瓦解。社会上不同的组织就是这样不断形成和瓦解的。

第二，不同的社会群体拥有不同的资源，致使其具有不同的影响力。多元主义认为，不同的社会群体在金钱、知识、地位、组织等方面的资源拥有上是不一样的，这也决定了他们的影响力不同。因此，工商企业家等阶层的影响力远远超过一般工人阶层。当然，潜在的影响力和实际的影响力是不同的，多元主义强调，真正的影响力只有在正式运用或付诸行动时才能够算数。因此，不同的资源是不会积累的，社会上的资源不均并不表示社会上存在不公平的机会及影响力，而只是反映了社会的多元化现象。只要不同的社会群体有公平的机会发挥其影响力，不公平是可以接受的。

第三，调节自由市场，使不同的社会群体能公平竞争。与新保守主义相似，多元主义认为自由市场能够提供公平的机会，让不同的社会群体体现出自身的利益。他们主张在不干预他人权益的情况下，一切行为都可以容忍。为了追求平等的机会，多元主义还支持社会改革，而不只是紧抱保障自由的原则。

第四，社会问题或社区问题的成因，主要是社会低下阶层缺乏足够的资源，以及社会缺乏相关的制度，他们的利益、兴趣和意见不能得到发挥。

在社区社会工作中，社区工作者要了解社区情况、收集资料、做好规划，以解决社区问题，这是社区策划模式的重点。在社区行动模式之下，社区工作者运用有关政策或制度，调动社会资源，协助有需要的社会群体解决问题，这些都有多元主义的影子，和多元主义的主张相类似。

3. 新马克思主义

20世纪70年代，西方社会面临石油危机，福利国家制度也面临挑战，一些学说纷纷出现，对社会福利制度提出了批评，新马克思主义就是其中的一个代表。

新马克思主义的主要观点如下。

第一，福利国家中的贫富差距仍然很大。新马克思主义引用大量的资料来证明，福利国家制度并没有从根本上改变社会结构和资源分配状况，低收入阶层的收入在整个社会分配中只占很小的比例，社会上贫富悬殊现象仍然很突出。虽然西方国家采用累进税制，但由于法律上的漏洞，如跨国公司的特殊地位和种种个人入息免税额等，那些赚大钱的高薪阶层所交付的税款并不多，相反，形形色色的间接税和销售税却使底层群众负担沉重。而社会保险税金的给付，中下阶层必须从收入当中扣除，高薪阶层却往往由雇主代付，这也就成了他们附带的福利之一。如此看来，新马克思主义认为，虽然福利国家建立的初期很多社会服务只限于低收入者，但随着社会福利制度的推广和扩大，社会福利最大的受益者不是低下阶层，而是收入较高的中产阶层了。

第二，福利国家制度只是执政者社会控制的工具，社会不公平是资本主义生产所造成的。新马克思主义认为，低下阶层对政策的制定大多缺乏参与的权利，他们提出的意见也得不到重视。资本主义以利润（剩余价值）为生产目的，使社会低下阶层收入不高，缺乏消费品，教育不能普及。低下阶层就是领取社会保障金也往往带有惩罚性，要受到诸多限制，有时连行动自由也受到约束。例如，领取失业金要被限制不得到某某度假区；又如，离婚妇女领取援助金，个人私生活也必须受到监视；等等。这些都必然使社会动荡不安，生产关系不能得到延续。

第三，福利国家的问题之根本是生产工具（生产资料）和资源掌握在少数人手中。新马克思主义认为，政府代表的是少数人的利益，所以，无论社会福利制度如何扩展，其基本性质并没有改变。为了扭转这一状况，新马克思主义号召处于低下阶层的劳动者组织起来，争取控制和掌握生产资料，以改变现有的社会结构，改变社会不公的问题。

在新马克思主义的构想中，他们希望透过民主选举来推翻执政的保守政府，另行组织更能代表劳动阶层利益的政府。而真正能代表人民利益的政府，必须把重要的经济活动国营化，这样才能拥有社会资源，并使社会资源达到改善人民生活的目的。在他们看来，现代工业社会存在的问题并不是资源不足，而是分配不平均，所以，只要资源得到合理的分配，人民的整体生活水平就可以提高。新马克思主义并不同意新保守主义提出的私营化和选择性的办法，他们坚持认为，虽然普及性的社会福利制度并不完善，但只要加以积极改善，取消对受助者的不利限制，完全可以使低下阶层得到实惠。

就社区社会工作而言，新马克思主义强调将社区组织和工运组织联系起来，争取共同的利益；强调要反省个别社区行动的政治性和社会控制功能，以谋求社会的根本变革，至少，可以为减缓资本主义社会的矛盾寻找一个"安全阀"。

4. 社区民主主义

社区民主主义在 19 世纪就已经流行，其又被称为社区社会主义、激进自由主义和无政府主义。英国社区社会工作协会在 20 世纪 70 年代讨论社区社会工作的学派时，就直接指出社区民主主义是社区工作的一个重要学派。

第一，社区民主主义强调要建立人人能参与决策的制度。社区民主主义认为，自由市场并不是体现个人自由的最佳制度，因为自由市场只是鼓励个人互相攻击。因而，一方面，集体自由和个人自由是互相对立的；另一方面，个人必须依赖互相合作的群体才能生存。这个两难局面必须得到协调，那就是建立容许人人都能参与决策的制度，因为个人的参与是保障个人自由及利益的必要条件。

第二，建构新社会有多种必要条件。不同的社区民主主义者对新社会的构想也有不同，但大体上有几个必要条件：按劳分配、参与式民主决策机构、小规模多功能的制度等。

第三，可以用不同的方法促成制度的建立。社区民主主义者对新制度的建立有不同的主张，但无非集中在如温和的演变、暴力革命等方面，其共同之处在于，每个参与者都要主动投身于变革社会的过程，参与式民主决策是变革社会过程中所不可或缺的元素。

5. 新女性主义

新女性主义是 20 世纪 70 年代后期社区社会工作的一个重要流派。新女性主义关注男权制度对两性的影响，尤其是对女性的压迫，使在具体的社区社会工作的实施过程当中，妇女问题成为一个重要的工作对象。

新女性主义认为，妇女需要扮演一个照顾者的角色，这往往限制了她们在社会上和社区中的发展。女性在未婚时普遍从事全职工作，而婚后则多从事兼职，以便有时间照顾家庭。等到子女成长后，妇女虽然可以再次投身全职工作，但职位及薪金已经不能和以前相比。由此可见，妇女在职业发展方面是受到较大制约的。其他还有同工不同酬、行业歧视、收入偏低等多种制约因素。诸如此类的问题存在，使妇女的生活圈子狭窄，活动空间及个人发展受到限制，导致不少妇女有情绪低落、精神抑郁等疾病。新女性主义认为，这些社会问题的出现，多与男权制度有关，因而要改变男权制度，使社会迈向两性平等。

新女性主义分为自由主义女性主义、社会主义女性主义和激进女性主义，不同的流派对于男权制度的成因及改变方法有不同的理解。自由主义女性主义认为，男权制度的成因在于社会教化，因此要谋求文化上的渐变。社会主义女性主义认为，资本主义生产是一切问题的核心，男权制度亦从属于资本家的利益，妇女在家的无偿劳动，促进了劳动力的再生产，并降低了成本。变革资本主义制度，建立社会主义制度，成为社会主义女性主义解放女性的重要步骤。激进女性主义则认为，男性对女性的控制是男权制度出现的原因，只有取消男权制度才是改变女性困境的良方，还有部分激进女性主义者更提倡同性恋，拒绝同男性交往。

到 20 世纪 70 年代，女性主义在英国社区工作界受到重视，促进两性平等成为新女性主义社区工作者的工作目标。在社区工作的服务对象中，妇女占有很大比例，她们因为本身曾经是或现在还是照顾者角色，与家庭较为接近，因而对社区的事务非常关心，她们是社区内活跃的参与者。新女性主义者进一步发展了女性主义社会工作，推崇以女性主义为指导原则的社工介入方法。在关注和解决社区问题的时候，女性主义观点能够深入探讨男权是不是社区问题的成因之一，这无疑扩展了社区社会工作的范围。

二　社区社会工作的思想渊源——"利他"和"助人"观念的发展

尽管社区概念和社区社会工作是工业社会后才出现的，但其助人自助的思想则源远流长，无论在西方还是在东方都是如此，这也说明了人类社会发展过程中的共性。

（一）中国的社会救助观念

在第三章，我们从历史发展的角度就中国的社会救济思想与实践做了简要介绍，这里主要从在中国思想史上有较大影响的思想流派的角度做扼要交代。

1. 儒家大同思想

儒家思想源远流长，其大同思想对后世的社会救助有着很大的影响。我们可以从孔、孟、荀三家的有关言论中得到儒家大同思想的精华。

孔子主张财富平均分配，其著名的观点是"不患寡而患不均，不患贫而患不安。盖均无贫，和无寡，安无倾"（《论语·季氏》）。在孔子看来，平均是最为重要的，只有平均才能和睦，才能使社会安定而无倾覆的危险，做到了分配上的平均，就没有什么贫穷问题了，也不必担心贫穷。孔子的"贫穷标准"是相对的，到底有没有饭吃，有没有衣穿，吃穿的质量如何，这都不重要，但关键是要分配公平。孔子的这一"平均主义"思想曾受到现代人的批评，但从社会服务和社会福利的角度以及社会稳定的角度来看，其积极意义还是很大的。联系到《礼记·礼运》中对"大同"社会的描述，以及孔子"小康"概念的提出，可以认为儒家创始人的社会援助思想和社会稳定观念是较为确定的。

孟子主要提出了"仁政"思想。"不忍人之心，斯有不忍人之政……恻隐之心，仁之端也。"（《孟子·公孙丑上》）恻隐之心就是"不忍之心"，就是充满着对别人的同情心理，这是孟子的"性善论"的哲学基础。孟子还提出了"出入相友，守望相助，疾病相扶持，则百姓亲睦"（《孟子·梁惠王上》）的社会互助观，与恻隐之心相联系，构成了其社会福利思想的基本内核。

如何才能使人们的生活得到保障呢？孟子提出了"制民之产"的主张，在《孟子·梁惠王上》中，孟子说："不违农时，谷不可胜食也……五亩之宅，树之以桑，五十者可以衣帛矣。鸡豚狗彘之畜，无失其时，七十者可以食肉矣。百亩之田，勿夺其时，数口之家可以无饥矣。"如果"制民之产"，让老百姓有固定的财产或资产，那么，老百姓就可以"仰足以事父母，俯足以畜妻子，乐岁终身饱，凶年免于死亡"。实质上，孟子已经看到从事物质生产是社会保障的基础和根基，其思想是有积极意义的。

与孟子的性善论不同，荀子是性恶论者，认为人都有追求物质生活的欲望，而在这种追求过程当中，必然会发生争夺、犯上、淫乱，最终与辞让、忠信、礼义等格格不入，所以说人性是恶的。但他也认为人的行为并非不可改，其主要办法就是对人民进行精神文明教育——礼乐教育、物质文明建设——"节用裕民"，就是节约开支等费用，使人民富裕起来。这样，就可以做到"天下必有余，而上不忧不足。如是则上下俱富，交无所藏之，是知国计之极也"（《荀子·富国》）。从荀子的有关论点来看，社会的稳定和百姓的安居乐业只能建筑在发展生产的基础上，这是以"富国裕民"为最终目标的。

2. 墨家兼相爱思想

墨翟是墨家学派的创始人，墨家是孔丘以后很有影响的学派。墨翟生在一个"大国攻小国""大家乱小家""强劫弱""众暴寡""贵傲贱"的"天下大乱"的时代。他认为，天下之大乱的原因是大家"不相爱"。如何改变这种状况？墨子主张要"兼相爱、交相利"。"兼相爱"就是不分人与我，爱人如己，不能损人利己；"交相利"可以理解为互惠互利。

墨子相信，"天下兼相爱则治；交相利则乱"，所以，"天下之人皆相爱，强不劫弱，众不暴寡，富不侮贫，贵不傲贱，诈不欺愚"《墨子·兼爱》。为了使大家能够做到兼相爱、交相利，墨子主张"有力者疾以助人，有财者勉以分人，有道者劝以教人。若此，则饥者得食，寒者得衣，乱者得治。若饥则得食，寒则得衣，乱则得治，此安生生"（《墨子·尚贤》）。这里不难看出，墨家的兼相爱、交相利的思想充满着乐善好施、安稳天下的精神，从现代角度看，也就是已具备社会工作的基本精神。

3. 法家实利思想

法家主张富民以富国。"王者藏于民……民富君无与贫，民贫君无与富"，"国富者兵强，兵强者战胜"（《管子·治国》）。要做到富民强兵，其要点在于富民，即藏富于民，只有做到了富民，才能使国富兵强。这种发展生产、富裕民众的思想实际上对于稳定社会是有很大的积极意义的。

法家的著名人物商鞅非常强调要调节贫富悬殊，以图强国。他认为，

"治国之举，贵令贫者富，富者贫。贫者富，富者贫，国强"（《商君书·说民》)。这一思想或设想虽有平均主义之嫌，但也不失为一种通过平均财富而使国家社会安定的方法，同时使"贫者富"的过程就包括济贫在内，可以认为是社会救助的举措。

对于社会救助，韩非子提出了他的不同见解。他认为，"今上徵敛于富人以布施于贫家，是夺力俭而与侈惰也，而欲索民之疾作而节用，不可得也"（《韩非子·显学》)。这就是说，现在君主向富人收取财物来分给贫穷人家，这是夺取勤劳省俭的人的财物来供给奢侈懒惰的人，这样的话，要想督促人民努力耕作和省吃俭用，那就是不可能的了。

韩非子的这种担心也不是多余的，任何社会举措都有其两面性。就社会救助、社会服务而言，在给贫困人员带来生机的同时，如果没有相应的制度化措施，也往往可能带来负面效应，如韩非子所说的奢侈懒惰现象。就是在 20 世纪的西方工业国家，其社会保障制度非常完善的情况下，也被人指责过是"养懒汉的制度"，以至于某些国家和地区至今还坚持选择性原则而非普遍性原则。不过，我们认为，尽管社会服务和社会救助可能会带来一些负面效应，但不能因此而因噎废食，把洗澡水和小孩一起倒掉而否定社会救助。社会救助和社会工作是社会发展过程中必需的举措，尤其在现代社会更为如此。

（二）佛教的社会福利思想[①]

佛教自东汉从印度传入中国，以大乘佛教为主流，形成了中国式的佛教，如禅宗、天台宗、华严宗等。佛教渗透到民间，倡导佛教行善的功德论，使之大多有促进民间社会福利事业的功能。佛教的福利思想，自然也是当今社会福利思想的基础之一。

1. 布施

佛教很是强调"布施"，什么是布施呢？大乘佛教认为，"以己财事分与他，名之为布；己惠人，名之为施"。概而言之，给人以财物而惠及他人，就是布施。按佛教的说法，尽可能地施财产于别人，给别人方便，就等于给自己以方便，自己最终也会得到福报。

2. 福田

所谓福田，就如农夫在地里播种一样，必然有秋收的回报，同样的道

理，多行善事于前，将受诸报于后。不同的佛教流派对福田有不同的分类，《大智论》把福田分为怜悯福田、恭敬福田；《优婆塞戒经》认为有福田为三类——报恩田、功德田、贫穷田；华严宗认为福田为五种——恩田、敬田、德田、悲田、苦田。不管如何分类或解释福田，佛教的这种"行善事必有善报"的观点对于人们相互救助，对于社会服务实践的积极意义是非常明显的。

3. 无尽

"无尽"，梵语意为公德，以宗教情操把传法比喻为如"无尽灯"一样，以一灯燃着千万灯，光明普照，自利利他。在这种观念的支配下，隋唐时代就有僧人经营寺院从事社会福利事业，并颇有成就。

4. 慈悲

梵文把"慈"解释为友情和纯粹的亲爱之情；"悲"为哀怜、同情之意。慈悲就是"大慈与一切众生乐，大悲拔一切众生苦"。佛教高僧都是发大慈大悲之心，所以把赈济、养老、育婴、医疗等救济事业看成发慈悲的外在表现。

5. 放生

放生就是戒杀的表现，佛教《梵纲经》中就有不杀生戒律。不杀生的理由是：平等，一切众生平等，不可杀；轮回，一切众生都可能是自己前生的父母兄弟姐妹，更不可杀。所以放生之慈悲可以拔苦兴乐。放生是佛教的戒律，当然不可能要求每一个常人都要这样做，但是其众生平等以及慈悲为怀的观念对于社会救助和社会服务是有直接推动作用的。

6. 报恩

佛教主张一切众生平等，提倡报恩。这与孟子的"老吾老以及人之老，幼吾幼以及人之幼"的思想相当接近。当然，社会工作不可能有报恩的目的，不过现代生活中所通行的"与人方便，自己方便"倒是很能诠释这一点。

（三）基督博爱的福利思想

耶稣是基督教的创始人。他承袭希伯来人认为人们应该公平享有物质的社会思想，是一个救济贫穷、救助死亡和安抚孤寡的人。虽然基督身体力行，不主张以物质福利诱引人向善，而要以精神的爱入升天国作为最高的善，但事实上，现代的社会福利措施也不仅仅是生理上的满足，更重要的是要使服务者身心平衡，注意其心理的健康。《圣经》中有"应当爱你的邻舍"这样的话，劝人应当用善意爱众人，而对于不幸和困苦的人，均应施以怜悯的爱心。

尽管基督教宣扬的是唯心主义和有神论的世界观，但是其利他、奉献、博爱与救人救世的精神以及以爱心助人和与人为善的思想，都是社会服务过程当中极为重要的思想基础，也是社会工作的理论基础。

三　社区工作的内在根据——需要及需要理论

我们已经讨论了社会救助的有关思想和观念，为什么要进行社会救助呢？这是因为有社会问题的存在，社区成员有物质和精神上的需求。社会工作与社区社会工作就是为了满足人们各种需要而开展的一系列服务活动，它是以人的需要作为其理论基础的。为此，熟悉需要理论，研究个体、群体以及社区的需要，是开展社区社会工作的前提。

（一）需要及满足需要的手段是人类社会得以形成与发展的前提条件

需要是人和动物所共有的，按其本质看，可以分为自然的需要和社会的需要；按其内容看，也可以分为物质的需要和精神的需要。人类在维持其生命和延续种族的发展过程中形成了一些本能的需要，同时又在共同的社会生活中产生了各种社会性的需要，更为重要的是，人类不仅有物质的需要，还有精神的需要。而且，不同的个体、群体或社区还有各自不同的需要，形成了一个需要结构或需要体系。

马克思主义认为，人们为了创造历史，就必须要生活下去，而为了生存和生活，首先就必须要有一种需要，即需要衣食住行以及其他东西。有需要就有生产，生产能满足需要，因此，"第一个历史活动就是生产满足这些需要的资料，即生产物质生活本身。同时这也是人们仅仅为了能够生活就必须每日每时都要进行的（现在也和几千年前一样）一种历史活动，即一切历史的一种基本条件"。"任何人如果不是同时为了自己的某种需要和为了这种需要的器官而做事，他就什么也不能做。"（马克思、恩格斯，1960：31~32、286）。在马克思、恩格斯看来，人类的需要是社会得以发展的必要前提。

为了满足需要，人们就要从事物质资料的生产。需要不是一次性的，一种需要满足了，必然会产生新的需要。"已经得到满足的第一个需要本身、满足需要的活动和已经获得的为满足需要用的工具又引起新的需要。"（马克思、恩格斯，1960：32）新的需要又引起新的生产，新的生产又去满足新的需要，这就构成了人类物质生活资料和生产资料的生产与再生产。整个人类社会历史就是通过这种再生产过程而发展完善的。因此，从这个角度上看，需要以及满足需要的手段——物质资料的生产和再生产——是整个人类社会得以形成和发展的前提条件。同理，需要以及满足需要的过程和措施，也是社区社会工作的内在根据。

（二）需要的特点、层次与规律

无论是自然属性的需要还是社会属性的需要，无论是物质需要还是精神需要，人类的需要都有其共同的特点、层次与类型及规律性。

1. 需要的特点

第一，需要的客观性。人类的一切需要虽然都是通过主观愿望表现出来，而且主体还可以根据其价值观念有所选择，但是需要在内容实质上是客观而非主观的。这是因为，从主体上看，人们有什么需要，总是受社会物质生产条件和社会关系的制约和限制，需要总是对某种东西或某种对象的渴求，并不是想要什么就会存在什么，换言之，主体需要的产生受制于客观条件；从客观上看，需要的东西或对象是客观产生和存在的，如果是根本不存在的虚无缥缈的东西，也不可能引起人们的需要。

第二，需要的社会性。既然需要是受制于社会客观关系和客观条件的，因而需要就具有了社会性。人的需要随着社会实践的发展而不断产生和得到满足，在需要形成和满足的过程当中，伴随许多社会的、心理的、知识的、审美的等方面的要素，以至于形成不同层次的需要。如果离开社会以及社会交往，人的多种需要就不可能形成，也不可能得到满足。

第三，需要的价值性。所谓价值，就是某一客体对某一主体来说有多大作用，主体对客体的努力值得不值得。需要的价值表现在两个方面：一方面是需要者需要什么，怎样实现需要的价值取向；另一方面是该需要在社会中受到的价值评价。在现实社会中，由于人们所处的地位不同，各个个体的生活经历、文化水平、理想追求以及世界观、人生观等不尽相同，因而其需要价值也就各不一样。同样的一种需要，对某些人来说可能价值很大，但对另一些人来说则可能价值不大甚至毫无价值。

第四，需要的发展性。正因为需要具有社会性，因而需要又随着社会实践的发展而发展。需要得到满足就会形成新的需要，在无数次"满足"与"形成"的过程中，需要自身也得到了发展，逐步趋于复杂化和多样化。

2. 需要的层次与类型

不管是物质的需要还是精神的需要，都是由一定的层次结构所构成的。了解需要的层次结构，对于社区社会工作实务是很有帮助的。

恩格斯曾经把人的需要划分为三大层次，这就是：第一，生存需要，即人为了活下去而对衣食住行等的追求，这是人的基本需要；第二，享受需要，即对较丰富的物质生活资料与精神财富的追求，这是在生存需要基本满足的基础上出现的需要；第三，发展需要，即充分表现脑力与体力，自身全面发展的需要。恩格斯认为，人的生存、享受、发展三大方面的需要，是一个不断地由低级向高级发展的过程，这就是，"人们首先必须吃、喝、住、穿，然后才能从事政治、科学、艺术、宗教等等"（马克思、恩格斯，1972：574）。生活需要即人们获得基本生存条件的需要，是人们从事精神活动和社会活动的物质保证。当人们的基本需要满足了，享受需要与发展需要就会滋长。

美国著名心理学家马斯洛在20世纪40年代提出了需要层次理论。他认为，人的需要互相联系，总是表现为一定的序列性和上升性，可以排成一个优势层次，即如下五点。

（1）生理需要。这是人类为维持自身生命的最为基本的需要。马斯洛认为只有这些需要满足到足以维持生命所必需的程度之后，才能激励人们去追求其他需求。

（2）安全需要。安全需要是指为保障人身安全不受损伤，为摆脱疾病和失业的危险，为减少经济的损失和意外事故的发生而产生的需要，如职业的保障、社会保险、财产安全等。

（3）社会交往需要。人生活在社会群居的环境中，需要与同事、同伴保持良好的关系，希望得到友谊、忠诚和爱情，渴望归属某些团体，希望接受他人与被他人接受，希望帮助别人并受到别人帮助。

（4）尊重需要。马斯洛认为，人的归属一旦得到满足，他就会产生自我尊重和被别人尊重的需要。这一需要包括希望自己有实力、有成就、有地位、有名誉，能受人赏识、重视，为社会所承认等。

（5）自我实现需要。这是马斯洛需要层次的最高需要，是一种心愿，是个人的成长与发展，发挥自身的潜能，实现理想与抱负的需要。这是一种追求，是个人能力得到极大发挥的内在的驱动力量。

按马斯洛的观点，人的需要构成了一个从低级向高级发展的阶梯，当一切需要都未满足，那么最低需要更为突出。当一种需要得到满足之后，更高层次的需要就会占据主要地位，成了人的行为的激励因素。马斯洛把五种需要划分为两个等级：第一个等级是生理需要和安全需要，这是较为低级的需要；第二个等级是社会需要、尊重需要和自我实现需要，这是较为高级的需要。高级需要使人能从内心得到满足，而低级需要则只能使人从外部得到满足。

哈佛大学的戴维·麦克莱兰认为，人们在工作中有三种需要，这就是：对权力的需要、对归属的需要和对成就的需要。

（1）权力需要。有些人对权力怀有高度的需要，最基本的特征是竭力向往影响和操纵控制他人，而且自己具有强烈的不愿受他人控制的欲望。

（2）归属需要。有归属需要的人具有建立友好亲密的人际关系的愿望，希望从被人接纳中得到快乐，并尽量避免因被某团体拒绝而带来痛苦。这类人的特征是经常关心和寻求维持融洽的社会关系，希望获得他人的友谊，结交知心朋友，在社团活动的亲密接触与了解中得到乐趣，并乐于帮助和安慰危难中的伙伴。

（3）成就需要。具有高度成就需要的人有强烈的成功愿望，寻求挑战性的工作，寻求适当难度的目标，敢于承当责任。这种人渴望自己将从事的工作做得更完美，更有成效。

3. 需要的规律性

社区社会工作面对的社区居民有各种各样的需要，而需要的产生与满足有一定的规律性，认识和掌握需要的规律性是我们做好社区社会工作的重要条件。

（1）需要的满足有一定的量化界限。这主要是从物质需要方面而言。某种物质需要达到什么样的程度才算满足呢？在不同的时代或不同的社会关系中，其标准是不一样的，不同的人的要求和标准也是不一样的，满足需要的量化界限只能在一定的社会历史条件下得到确定。换言之，人们各种需要的量化界限都是由具体的国情和社情所决定的。如我国城市社区对贫困居民的界定大多有具体的量化标准，即以划定贫困线的方式来确认贫困者和社会救助的对象。不过，贫困线的划定又是随着社会经济的发展和变化经常变化的，是一个不确定的因素。社区社会工作者要及时了解和掌握社区满足需要的量化界限，做到心中有数，以使工作能够有的放矢。

（2）社会主体的需要体系或层次都有自己最迫切、最突出的部分，即需要体系的重心。就是说，在一定的需要体系当中，在某一个时期，总有一个需要的重心或主导。该需要的存在就制约了其他需要的外显而使其处于萌芽或不发达的状态。当然，所谓需要的重心，只是某一时期、某一阶段上的相对重心，而不是一成不变的。当某一需要得到满足之后，即达到所谓的满足饱和界限之后，其他的需要就会突出外显出来。按照需要上升规律和需要层次理论，人们的需要是不断地向高层次提升的，这不仅表现为需求重心从低向高上升，还表现为需求的饱和界限也不断地向上发展。比如，在某一时期，人们的需要重心是解决温饱问题，只要能吃饱就行了，而到了一定时期，人的需求就不是吃饱的问题，而是吃好的问题。就连什么是吃饱、什么是吃好，其需求标准或饱和界限也是不断向上变化的。因此，在社区社会工作中，要注意研究一定的社区和对象的需要重心，区别不同的需要饱和界限，以使社区社会工作更有针对性和实效性。

（3）需要饱和的累积效应。当某种需要能得到充分满足的时候，其就能得到较快的发展，处于较为活跃的状态；当某种需要不能得到充分的满足时，它就处于不活跃的状态。比如改革开放之前，社区居民对住房的需求长期被压抑，不仅不能解决住房问题，还制约了房地产业和建筑业的发展。而改革开放之后，特别是20世纪90年代以后，随着国家政策的调整，居民的住房需求越来越旺盛，不仅大大改善了社区居民的住房，而且拉动了建筑业、房地产业的快速发展，居民对住房的需求也越来越多，要求也越来越高。社区社会工作的重要任务之一就是尽可能地使社区居民的需要得到满足，为此，我们完全可以运用需要饱和累积效应，积极创造条件，正确引导、刺激居民的合理需要，这不仅可以尽可能解决社区成员的实际问题，还可以通过刺激需求来拉动社区的经济建设和社会发展。

（4）新的需要不断产生。马克思、恩格斯在《德意志意识形态》中就指出，人类为了生存，就必须从事生产，当一种需要满足之后，还有新的需要，为了满足新的需要，还要进行生产，这就是物质资料的生产和再生产。可见，现有的社会、经济条件不断地培育与诱发出一些新的需要，而新的需要又是人们产生社会、经济行为的新的推动力。这就是社会得以发展的基本前提条件。以社区居民的住房为例，正是由于大家有改善居住条件的强烈愿望，才推动了城乡住房建设，改变了社区的面貌。随着社会的发展，人们的新的需求也会越来越多，对社区社会工作来说，"助人自助"的内容会不断增加，范围也会不断扩大，这就要求社区社会工作者更要深入实际，做好调查研究，全面把握好社区需要的新趋向，最大限度地满足社区居民的需要。

从很大意义上说，社区社会工作就是通过了解社区成员现实的需要，激发、引导和发展人们的合理需要并为之提供服务；制止、削弱某些不合理的需要，保持社会稳定。从上面对需要的特点、层次与类型及规律性的简要介绍看，社区社会工作离不开需要理论。掌握好需要理论，对于克服简单的救急、救济等原始方式，提升社区社会工作的水准，对于社区社会工作科学化、职业化、专业化，都有极为重要的理论意义和现实意义。

第二节　社区社会工作的哲学基础和价值取向

哲学是系统化、理论化的世界观，哲学可以为人们提供方法论基础，从宏观的角度对自然、人类社会和人类思维做规律性的思考和探讨。在认识社会和社会实践的过程当中，哲学又往往以价值的形式探究和处理社会问题和社会现象。作为一项助人的专业工作，社区社会工作面对的就是各种各样的社会问题与社会现象，也必然要受到哲学世界观和价值取向的指导和影响。

一　社区社会工作的哲学基础

哲学是最为古老的学问之一，人类进入阶级社会以后，就出现了哲学世界观。在古希腊，哲学就是智慧学，是聪明的学问。在中国，"哲人"就是指智能卓越的人，后人对一些了不起的思想家往往尊称为"先哲"；"哲理"就是关于宇宙和人生的原理或道理，不仅表现在"坐而论道"的学术讨论上，还表现在对社会、对人生的领悟上。

哲学是时代精神的精华，作为最一般层次上的哲学，对人们认识社会、解决问题起着世界观和方法论的作用。哲学的指导作用并不是教人如何具体地去做、怎样去做某种工作，或应该得出一种什么样的认识和结论，而是表现为宏观层次的观点、原则和方法，也就是一种抽象层次上的理念和基本的世界观或基本的理论前提。这些基本的理念和理论前提是各项具体工作的理性基础。

根据社区社会工作的特点和内容，我们认为社区社会工作的哲学基础可以概括为认识论、辩证法、人生观、伦理观和社会观等几个方面。因为这些哲学观点能够很好地为社区社会工作提供观点、原则和方法，是社区社会工作的基本理念和基础。

（一）社区社会工作中的认识论

认识论是哲学思想中的重要部分，其主要观点是，人们对客体的认识不是一次完成的，要经过若干次的再认识，任何认识都不可避免地带有时代的局限性，对世界的探究是无止境的。

社区社会工作包括社会工作的形成和发展是一个过程，人们对它的认识也经过了一个过程。随着经济的发展和社会的变迁，随着农业社会向工业社会的过渡，社会上出现了许多与传统农耕社会所不一样的问题，如失业、工伤、贫困、流落街头等现象，如何认识和解决这些问题，其中就有哲学认识论问题。

英国 1601 年的伊丽莎白济贫法就是基于这样一个认识或理念：任何教区都不希望有新的和更多的贫民出现，教区（地方社区）对贫民负有不可推卸的责任。伊丽莎白济贫法的基本假设是人应该自食其力。在此基础上，伊丽莎白济贫法建立了"贫民习艺所"以使贫困者能自食其力，后来的慈善会社和青年会等，也都是本着自己的问题自己解决的原则建立起来的。从这些举措中我们看到，济贫的方式、方法是建筑在基本理念或理论的基础上的。

随着工业化、城市化、现代化进程的加快，不少新的社会问题也逐渐出现了。个人向"社会人""社区人"的转变，使单个个体已经无力对付他所面对的社会问题。在这种情况下，社会应该担负起解决包括个体在内的社会问题，这已经是现代社会得到绝大多数人所承认和接受的哲学理念，也是人们对不断发展的社会和不断发展的社会工作之认识的不断深化。这种新的哲学观念促使了社会工作以及社会福利制度上的一场革命。自二战以后，西方发达工业国家纷纷建立了较为完善的社会保障制度，社会工作以及社区社会工作也相应地得到快速发展，这些都是基于某种哲学理念的推动。

即使有些学者不赞同所谓的福利国家制度，有些国家和地区不推行"普及性"的社会福利而是推行"选择性"的社会救济，但其中同样有其哲学理念作为基础。如新保守主义就主张社会福利应该采取选择性的推行方式，即只对社会里不能自助的人士提供服务，其他人必须透过市场或通过家庭来满足自己的需要。他们指责福利国家是一个"养懒汉"的机制，认为人民的权利只限于那些与生俱来的东西，如言论、思想和信仰自由等，而一些必须依靠经济发展才可实现的目标如教育、医疗服务等就不能视为权利。他们甚至尖锐地指出："一个人的需要变成一种权利，是 20 世纪最大的异端。"（周永新，1995：69）

我们看到，就福利国家制度而言，与持普遍性原则的人一样，主张选择性原则的人同样具有其哲学理念和观点，也就是他们的主张甚至实际工作，都有其哲学认识论基础。当然，尽管新保守主义等学派否定福利国家制度，但他们并不否认也不能否认助人自助的社会工作，因为社会问题的存在和解决是客观事实与客观需要，这也是一个对客体的认识问题，是无法回避的。同时，帮助需要帮助的人，这也是一个基本的哲学认识与哲学理念问题。

（二）社区社会工作中的辩证法

所谓辩证法，就是用运动的、发展的、变化的、全面的观点来认识世界和处理问题。运动、发展、变化是客观事物自身的属性和存在方式，矛盾是事物发展变化的根源。所以，主观辩证法是对客观辩证法的反映。辩证思维在人们认识和实践过程中起着十分重要的作用，对于人们认识的正确与否，实际工作的成功与否有着深远的意义。恩格斯说过，缺乏辩证思维，就连两件最基本的事情也不能联系起来，因为，"辩证法是关于普遍联系的科学"（马克思、恩格斯，1972：521）。

与哲学认识论联系在一起，社区社会工作也贯穿着辩证法。

先看社区社会工作本身的发展。社会工作的基本宗旨就是助人自助，怎样来帮助他人，在不同的时代和不同的社会环境下，会有不同的认识，因为救助的对象和社会条件不一样，救助的方式方法也就不一样。在前工业社会或工业社会之初，社会救助只是由慈善机构组织进行的零星、分散的公益活动，社区社会工作只能是作为萌芽或初级状态的形式而存在。在工业社会，由于社会问题的增多，个人抵御各种风险的能力减弱，社会工作包括社区社会工作就不是可有可无的，而是一项职业化、专业化的学科和工作。这都是客观实际情况发生了变化的缘故。

再看社区社会工作者的工作实施。社区社会工作的过程也就是社区社会工作者与社区居民或服务对象的矛盾处理过程。社区社会工作者与服务对象之间是互为条件的矛盾统一体：作为社区社会工作者，他要解决的是帮助他人；作为服务对象，他要解决的是得到帮助。两者缺少任何一方都不可能构成矛盾统一体，也就不可能解决矛盾。在具体的实施过程中，社区社会工作者必须根据不断变化的社区情况，处理好与服务对象的矛盾，解决好服务对象的问题，其中，哲学辩证法和辩证思维起到极为重要的作用。

（三）社区社会工作中的人生观、社会观和伦理观

所谓人生观，就是人们对人生幸福、苦乐、荣辱、生死以至婚姻、家庭等的看法。所谓伦理观，就是人们关于行为准则、人们相互间和人们对社会、国家的义务等方面的观点。所谓社会观，就是人们对人类社会的根本看法，包括社会结构、社会发展、社会问题等。人生观、伦理观和社会观在很大程度上决定了人们对社区社会工作的认识和操作，决定和影响着社区社会工作的信念、理想、抱负、目标、价值、规范与原则等。

如前面提到的对社会福利制度的争论，究竟是坚持普遍性原则，让所有的公民都能得到社会服务和社会保障；还是采取选择性原则，只是让那些不能依靠自己的力量解决自己问题的人得到社会保障，这与社区社会工作的理念与原则有着很紧密的关系，其背后的哲学基础就是人生观、社会观以及伦理观。换言之，不同的哲学思想基础对社会保障制度的模式设置，对社会工作包括社区社会工作的认识和理解，都会有不同的认识。坚持普遍性原则者之哲学基础是，人生活在世界上是平等的，所有公民都有权获得基本生活保障，国家应该承担风险。主张选择性原则者之哲学理念是，每一个人都应该自食其力，只有确实需要照顾的人才值得去照顾，而那些能通过自己的努力解决问题的人是没有必要去施加社会服务的，否则就会形成"养懒汉"的制度。

对于1601年伊丽莎白济贫法，持不同的哲学理念，不同的人也有不同的观点。如英国马尔萨斯在其《人口原理》中认为，《济贫法》是供养穷人以创造穷人，以致人口快速增长，而养活人口的粮食却得不到增加。马尔萨斯认为，如果没有《济贫法》，"虽然个别的很严重的艰苦事例可能会更多一些，但是一般人民的全部幸福就会比现在大得多"，因此，他主张用十分缓慢的步骤来废除《济贫法》（马尔萨斯，1996：36）。

恩格斯在其《英国工人阶级状况》一书中指出：《济贫法》是有其消极的一面，比如有使人懒惰之嫌，但"在当前的社会关系下，穷人自然不能不成为自私自利的人，如果工作或不工作生活条件都一样，那末他在二者之中当然要选择后者。但是从这里只能得出这样的结论：当前的社会关系是糟透了的；而决不能得出像马尔萨斯派的委员们那样的结论：贫穷就是犯罪，应当用威胁的手段来对它"（恩格斯，1957：575）。可以看到，恩格斯把济贫过程中的存在问题归结为社会关系而非济贫过程和贫民本身。出现懒惰、不愿意工作等状况并不主要是贫民个人的原因，而是社会关系和社会制度的原因。很明显，恩格斯的立场是站在劳动人民一边，并没有也不可能否定社会救助。

由上可见，不同的哲学思想与哲学理念决定了对同一个问题的不同认识，就是历史上各个时期的政府社会政策，在一定程度上也不能不受各种思想和各种观点的影响。对社区社会工作的影响也是如此，要不要以及如何操作社区社会工作，其背后都有哲学理念的支配和影响。

与此同时，对于社区社会工作者来说，具备良好的辩证思维水平和较为敏锐的分析社会问题的目光以及科学的方法等哲学素养，对于认识问题、解决问题，更好地做好社区社会工作是大有裨益的。社区社会工作研究是社会工作实务和社会工作教育的推动力，研究工作就是调查与分析，这都离不开科学的方法论的指导，离不开哲学的辩证思维。否则，如果抽掉哲学基础，社区社会工作只能是就事论事式的头痛医头、脚痛医脚，不可能把社区社会工作推上更高的层次。

二　社区社会工作的价值基础

人道主义宣扬以人为本，把人的尊严和价值放在十分重要的位置，其所要达到的理想目标就是人人平等，进而达到社会公平与社会公正。这与社区社会工作的最终目标完全一致，因此，人道主义和社会公平自然成为社区社会工作的价值基础。

（一）社区工作与人道主义

人道主义是一种把人类追求真、善、美，把人的权利、价值和尊严放在首位来考虑的哲学价值观念。人道主义提倡关怀人、尊重人、以人为中心的世界观，在历史上是一种进步的哲学思潮。

人道主义起源于欧洲14世纪至16世纪的文艺复兴运动。这场以复兴古希腊和古罗马文化为目标的人文主义运动很快就发展成一种人道主义或人本主义运动。当时，一些先进的思想家为了摆脱经院哲学和教会思想的束缚，提出了人道主义的口号，作为反对封建主义和宗教统治的

武器。到了 18 世纪法国资产阶级革命时期，一些人曾把人道主义的原则
具体化为"自由""平等""博爱"的口号，对于资本主义的发展，对于
弘扬科学和理性的光辉，促进科学技术和社会的全面进步起到了重要作
用。特别是其以抽象的形式所提出的"人""人权""人性""人道"等概
念，不仅是反对封建宗教文化的锐利思想武器，还构成了人类优秀文化的
组成部分。

人道主义以人为中心的哲学价值观念构成了其哲学上的人本主义、经
济上的自由主义、政治上的民主主义和伦理上的人道主义。人道主义所提
倡的人的价值、人的生存权、发展权等对社区社会工作有很重要的影响。

"人道主义"和我国古代宗教及思想家所提出的"仁爱""兼爱""慈
悲""博爱"等较为相似，其基本概念如下。

第一，承认每一个人生而平等。任何人，不论其生活环境、社会地
位、宗教信仰、政治党派如何，都应该享有与其他人相同的生存权利。这
就是最为基本的人道主义平等原则。

第二，人类行为具有平衡其需要和环境之间关系的功能。每个人都是
一个生物的、心理的与社会的有机体。人类行为有不断调和人类需要与其
环境平衡的一种功能。

第三，人类生而自由。社会由人所组成，人是社会文化和社会制度的
创造者和制定者，社会的责任在于保护个人、关心个人，因此，每一个人
在不侵犯他人自由的前提下，应该享有宗教信仰自由、言论、出版、集
会、游行等方面的自由。为了倡导和体现人道主义，要尊重个人、团体以
及社区内各种不同的生活方式。

第四，基于人权、人道和仁爱，个人之间、社会和个人之间要互相帮
助，共同发展。个人和社会是相互依赖的，因此个人和社会彼此都有责任
维护彼此的发展。为了达到人道主义的"人权"等理念，对于个人所遇到
的各种困难，社会应该帮助解决。

第五，通过各种努力，预防社会病态、社会罪恶的发生，改变社会不
公平的状况。强调自我帮助、自我发展作为个人成长和社区组织合作的模
式，这也是人道主义的表现。

第六，人人都有尊严，必须得到尊重，不管他是富有的还是贫穷的，
健康的还是病弱的，正常的还是反常的，适应社会的还是反社会的。因
此，社会对那些遇到困难的人要给予人道的帮助，以保障这些人应该享有

的人类尊严。

第七，所有的人都有追求自由平等、自我发展、自我决定之幸福生活的权利，在一个现代民主自由的社会里，人人都应享有生存权、工作权、健康权、居住权、教育权、休闲权、参政权等（徐震、林万亿，1999：87～88）。

社区社会工作以帮助人、为社区居民解决实际问题为宗旨，这与人道主义的上述基本概念是相一致的，换言之，社区社会工作中包含许多人道主义的基本概念和基本价值。

（二）社区工作与社会公平和社会公正

社会公平与社会公正属于同一个层次上的概念。社会公平着重反映社区成员分享社区资源和发展机会上的平等性，如同样的教育机会、就业机会、同样的参与权以及知情权等；社会公正则着重强调社区成员在问题解决、社区服务、社会福利等方面的无区别性和无歧视性，如不管什么层次的社区成员，都能得到社区内的公益照顾，任何问题的解决都能和他人一样得到平等的解决，都能享受到应该得到的社会福利，等等。

如果一个社会没有社会公平，那么就没有社会公正可言；同样，如果缺乏社会公正，也不可能做到社会公平。社会公平和社会公正既是对真、善、美事物和现象的支持和爱护，又是对假、恶、丑事物和现象的反对和憎恶；既能平等面对社区群众，又能公平、公正地解决社会问题，还能弘扬社会正气，这正是社区社会工作的目的之所在。

改革开放之后，我国逐渐解决了温饱问题，达到了小康水平，正向着现代化迅猛发展，但是不可否认，在一部分人先富起来的过程中，也出现了社会分配不公、贫富差距拉大的现象。深化改革带来的经济结构的调整，使许多职工下岗失业而走入了社区，这些人大多数往往面临生活、就业、医疗等多方面的困难，成为城市的新贫困者。这里面不排除有社会不公平、不公正的原因。一些掌握社会稀有资源和难得发展机会的人，以及钻了政策空子的人富了起来，造成了城市贫困者很强的"相对剥夺感"和"相对失落感"。他们往往认为自己是改革中的失利者，认为社会对他们不公平、不公正而产生一些低落甚至抱怨情绪，很大程度上影响了社区的稳定与发展。对这部分所谓"弱势群体"，仅仅靠送温暖工程、再就业工程是远远不够的，而社区社会工作就是解决社区问题的一个好途径、好办法，也是解决和推崇社会公平和社会公正的有效举措。

三　社区社会工作的价值体系

价值是表示主体和客体相互关系的哲学范畴。主体是指个体、群体和人类社会，客体指主体的认识和实践对象，价值就是表示客体或客观事物对于主体的存在和发展所具有的作用和意义。换言之，价值就是事物满足人们某种需要的客观属性。我们说某件事有没有价值或价值之大小，从主体角度说，就是看客体对主体的作用和意义如何；从客体角度说，就是看主体对其认识和实践的程度如何，因此，价值是主体和客体的统一。

从以上对价值的简单界定可以看出，所谓社区社会工作的价值体系，实际上和社区社会工作的哲学理念基础是同一层次或同一类型的问题。社会生活中的价值主要是对人生基本问题的回答，对社会重要事件的评判，对人和事的是与非、善与恶、美与丑的判断，对人生信仰的认定，等等。这样，价值就成为一种信念、态度、人格、理想等方面的评判和取向。

社区社会工作的价值体系包括社会价值、目标价值、手段价值和职业道德价值四个层次。

社会价值是整个社会所崇尚的基本价值，是社会工作价值体系的基础层次，它对整个社区社会工作有一个决定作用和导向作用；目标价值是确立社区社会工作本身目标的价值，受社会价值所规定，同时，又反过来规定手段价值；手段价值是一种带有操作性的价值，是从目标价值中派生和发展出来的，是目标价值的具体实现；职业道德是社会工作的伦理价值，与社会价值、目标价值以及手段价值都有关联；社会价值构成职业道德的基石，目标价值构成职业道德的核心，手段价值构成职业道德的主体（王思斌，1998：66）。

社区社会工作价值观与社会工作的价值观一样，它发端于对于一种理想状况的追求。价值观对于社区社会工作者来说非常重要，因为它是社区工作实践的灵魂和方向，是工作的动力之所在。社区社会工作价值观涵盖的范围相当广泛，总体上说主要包括人的价值、社会价值以及人的价值和社会价值二者之间的冲突和协调，具体来说包括人的尊严和价值、正义和自由、制度取向、平等、民主、群众参与、互助合作与互相依赖、社会责任感等。

（一）社区社会工作关于人的价值

人的价值是社区社会工作中一个非常重要的价值信念。尽管社区社会工作的空间范围是社区，但是对象是社区居民，因此它所关心的始终是人的状态和处境。对社区问题的解决，事实上也是以人的尊严和价值为哲学基础的。

人的价值是人的存在和发展的意义之所在，不同的理论和学派对人的价值和尊严的认识也不尽一致。

基督教认为，人是充满罪恶的，只有通过与上帝建立一种和谐的关系，通过皈依基督教才能获救。佛教认为，人是在生死苦海里拼命挣扎的芸芸众生，生死有命，富贵在天，只有通过吃斋念佛，净心修炼，才能到达无余涅槃的极乐世界。显然，宗教的人生观是消极的、被动的，它们都重死不重生，重来世而不重现世，并没有体现人生的真正价值。

作为社会人，人与周围的事物和现象发生着各种各样的关系，其中就包括价值关系。所谓价值关系，就是指外界事物所具有的满足人的需要的特性和功能，外界物是客体，人则是主体，价值就是客体满足主体需要所具有的用途和积极作用。与其他存在物不一样，在价值关系中，人不可能仅是价值客体，而是既可以是价值主体，又可以是价值客体。作为价值主体，人具有要求满足自身需要的特性；作为价值客体，人又具有通过其自身的实践活动创造物质财富去满足自身和他人的需要的特性。人的价值关系中表现出来的这种二重性是人的价值的最显著的特点。

人的价值不仅表现为价值关系中的主体与客体，即需要的满足者与创造者，还表现为人的自身价值，这包括：一方面，人的生存权是最为基本的，人的生存状态是最应该珍惜的，人的价值存在于现世而不是所谓前世与来世；另一方面，作为社会的一分子，人应该受到社会的关怀和保护，社会有责任为社会人提供和保障其受教育的权利、就业的权利、劳动的权利以及医疗保障等一切基本的生存与发展的权利。

当然，在拥有一系列基本权利的同时，人还负有责任。责任是权利的伴随物，它既是权利的表现，又是权利的承诺，责任既反映权利，又包含义务，权利和责任是一个问题的两个方面。从这两个方面考虑，人的责任包括对自己的责任，对他人的责任，对群体和社区的责任，以及对社会、对国家的责任。对于个体来说，这些责任又表现在两个方面：内在和外在。内在责任对个体自身而言，就是对自己的责任。坚持人的权利就是对自己最大的负责。外在责任指个体对他人、对社会的责任和义务。权利和义务是统一体的两个方面，不可能只有权利而不尽义务，对他人、对社会，个体要尽责任、尽义务。

第一，相对于其他个体，这是一种关系责任。作为一名社会公民，遵守社会公德，保护公共设施，爱护自然环境，这些都是个人对他人应该负的责任。

第二，相对于群体和社区，这是一种组织责任。任何人都生活在一定的群体中，在一定的社区范围内活动，因而必须按照一定的组织文化规范行事，并且认同组织目标，为了组织的整体利益而奋斗、奉献。群体和社区为个人提供了社会归属、社会支持和社会保护。因此，对群体和社区的责任包含对他人的责任，也包含对个人的责任。

第三，相对于社会和国家，这是一种社会责任、政治责任、法律责任以及道德责任。国家是一种最高级的社会结合，社会代表个人，国家代表社会，个人有义务要服务于社会、贡献于国家。国家利益是最高利益，如果个体只是关注自身的个人利益而不关注社会和国家利益，那么他就缺乏起码的社会责任、政治责任、法律责任和道德责任，而且最终其个人利益也得不到保证（王思斌，1998：320～321）。

（二）社区社会工作关于社会的价值

马克思主义认为，人们在生产活动中相互作用就形成社会。"社会——不管其形式如何——究竟是什么呢？是人们交互作用的产物。"（马克思、恩格斯，1972：477）在人们的生产力发展的一定状况下，就会有一定的交换和消费形式，在生产、交换和消费发展的一定阶段上，就会有一定的社会制度。

生产力的不断发展，直接推动了人类社会的发展和进步。劳动创造财富，人民群众是历史的创造者，是社会发展的主体。个人要对社会尽责任和义务，社会是人生的活动舞台，对活跃在这个舞台上的活生生的人同样也负有责任。

第一，社会担负着对人教化的责任。从"自然人"到"社会人"并不是一个自发的过程，而是有一个社会教化、社会认同的过程。换言之，没有社会，人也就不可能达到社会化。

第二，社会有供养其公民的责任。虽然人民群众是物质财富和精神财富的创造者，但是作为一个具体的个体，没有社会提供相应的物质和精神支持，如一定的经济制度和福利制度、一定的社会环境等，他的生存和发展是难以保证的。就是说，离开了社会，离开了他人，任何个体都是难以存在于社会的。所以，社会对其公民的生存发展具有很大的责任，如果缺乏保护公民生存和发展的制度和机制，这样的社会就会出现经济的甚至政治的危机。

第三，保护公民的责任。作为"自然人"，是很难保护自己不受外界的侵害的；而作为"社会人"，他最大的也是最安全的庇护伞就是社会，保护公民的安全免受自然的、经济的等方面的侵害，是社会不可推卸的责任。

从特定意义上说，社区社会工作一方面是凸显人的价值，为"社区人"服务以满足他们的需要；另一方面也是发挥社会的功能，体现其保障社区居民，促使社区良性发展的价值，最终达到个人价值和社会价值的统一。

（三）　社区社会工作中个人价值和社会价值的统一

社区社会工作体现的是个人价值和社会价值的统一。一方面，个人作为人的存在就要有个人的尊严，要自尊、自信、自爱、自强、自立；另一方面，社会应该能提供保证个人尊严、满足个人需要的物质的与精神的条件和手段。如果没有这两方面的统一，所谓人的存在也是不真实的。

人的价值有其社会价值和自我价值两个不可分割的部分，自我价值是社会价值的必要前提，社会价值是自我价值的外在体现。一方面，个人必须努力对社会尽责，尽可能地奉献自己的才能和智能，为社会做出奉献和贡献；另一方面，社会应尽可能地创造条件，使人的自我价值得到保证，即为满足个人发展自己的个性和才能的需要提供必要的物质和精神条件。因此，一个人如果完全脱离社会，不为社会做贡献而一味强调社会、他人对他的尊重，强调个人需要的满足，这是不合理也是不可能实现的。人的价值是权利和义务、享受和奉献、消耗和创造的统一。只讲权利不讲义务，只讲索取不讲奉献，只讲享受不讲创造，或者相反，都是对人的价值的片面理解。同样，如果一个社会漠不关心民众的利益，把民众的个人利益和个人价值与社会利益和社会价值割裂开来，这在现实中也是行不通的，最终必然压抑民众的需要，制约社会的发展。

在现实社会中，无数个人通过参与社会劳动，在实现个人价值之同时，也实现了社会价值。个人不仅获得了自己的物质和精神需求，而且参与了社区建设，推动了社会的发展。社会在其发展过程中，也为无数个人提供了展现自己的活动舞台，为个人价值及社会价值的实现提供了条件。因此说，个人价值和社会价值最终是统一的。

个人价值和社会价值的统一表现在如下四个方面。

第一，个人发展是社会发展的前提，社会发展是个人发展的条件。二者是互为条件、相互制约的关系。

第二，个人的健康、教育、成长、幸福和发展是社会所追求的重要目标。个人的这些需要和需求与社区的发展、社会的进步之目的是统一的。我们无法想象个人的健康、幸福以及全面发展和社会发展的目标是相矛盾的。

第三，个人所遇到的生活、生产问题之解决，是社区和社会稳定发展、良性运行的必要条件。在现代社会，个人所遇到的具体问题已经很难以自己的力量来解决，因为现代社会的个体已经从"自然人""单位人"转变为"社会人""社区人"，不解决好他们的问题，社会发展就失去了基本前提条件。

第四，社区的和谐和发展与社会的稳定和进步，为个人的健康发展和价值的实现提供了良好的外部环境。没有社区的繁荣和社会的稳定与发展，就不可能有社区居民和社会大众的安居乐业，在这里，个人问题的解决完全是与社区和社会的发展联系在一起。

第三节　社区社会工作的知识体系

无论是理论研究还是实际运作，社区社会工作都是一个较为综合的知识体系。了解和熟悉社区社会工作的知识体系，对于社区社会工作者是十分必要的。

一　社会工作知识体系的发展过程及社区社会工作知识体系的认定

一般说来，19 世纪以前的社会工作者只是所谓的"提供财务支持的人"，几乎谈不上有什么知识体系和方法。在社会志愿者和救助者眼中，被救助者只是被动的财物接受者，而施救者的任务就是实施财物援助，此中用不着有什么知识基础。1903 年，英国社会学学院开始正式训练培养社会工作员，社会学知识开始对社会工作产生影响。1917 年，玛丽·里士满（M. Richmond）出版《社会诊断》一书，虽然采用医学上的"诊断"概念，但是该书仍然以社会学的观点，强调了社会因素在了解个人行为中的重要性。这一时期的社会工作主要以社会学知识为基础。

1917 年之后，精神分析心理学和精神医学的"诊断""治疗"等所谓

"医疗模型"开始应用到社会工作中,出现了所谓"精神医学的洪流"(psychiatric deluge)时期,社会工作接受了许多精神医学的概念。

1940年之后,人类学、社会学、社会心理学等相继介入社会工作,丰富和扩大了社会工作的知识基础并使之呈现多元化。1960年之后,政治学、经济学、公共行政等知识纷纷成为社会工作的研究知识体系之内容。20世纪70年代之后,系统理论、生态学等新学科又进一步发展了社会工作的知识体系。

从社会工作的知识体系发展过程我们可以认定,由于社区社会工作只是社会工作的一种方法或一种类型,二者间存在内在与本质的联系,无非是随着社会的发展和社区问题的凸显,社会工作更加细化具体化到一个区域范围而言,因此说,社区社会工作的知识体系在很大程度上是和社会工作的知识体系相一致的。如果说社区社会工作的知识体系与社会工作知识体系之不同点的地方,无非是表现在有关"社区"方面的知识上而已。

二 社区社会工作知识体系特点

社区社会工作作为一门以社区及社区居民为对象的助人活动和专业工作,并不能以社会工作萌芽时期的单靠慈善之心和怜爱举措为其专业基础,在现代社会,社区社会工作要建筑在科学性和有效性的基础之上,要有较为系统的知识体系作为其理论和实践基础。只有这样,才能使社区社会工作适应现代社区发展的要求。

和社会工作的知识体系一样,社区社会工作的知识体系应该包括三方面的特点。

第一,以人为中心的知识体系。社区社会工作是协调、调动和分配社区资源,以达到帮助人、关心人、理解人,并解决社区人的问题,推动社区人发展之目的。因此,社区社会工作的知识基础必然包括一系列关于人与社区人及其社会行为的知识,如社区与社区人的成长、需要、行为,以及人的价值、人的心理和生理特征和社区人的特点等。这里涉及社会学、心理学、经济学、消费学、医学社会学等学科。

第二,以分析问题和解决问题为中心的知识体系。社区社会工作者的主要责任就是分析社区存在的问题、帮助社区成员解决问题。为此,社区社会工作者必须客观而细致地了解社区存在的问题、认真地对待问题、科学地分析问题、积极而有效地解决问题。为了很好地分析和解决社区问题，社区社会工作者需要有较为系统的知识体系作为分析和解决问题的基础、手段和方法，而不能只凭经验和感觉办事。这就需要他们掌握管理学、组织学、社会学、心理学、经济学、社会福利、社区理论等多方面的知识。

第三，以助人为中心的知识体系。助人自助是社会工作的基本宗旨，亦是社区社会工作的基本宗旨，助人是社区社会工作的初衷和目的，也是社区社会工作的过程。解决问题是一种助人方式，但解决问题并不就是助人。从现代社会工作的要求来看，助人并不是社区社会工作者帮助受助人解决问题的单向活动，而是社区社会工作者同受助人合作、沟通与互动，共同克服困难，帮助他走向正常处境的过程。并且，助人不仅表现在物质的援助上，还表现在精神的鼓励上，取得受助者的认同和接受。这就需要助人者艺术化的助人技巧和广阔的知识面，以做到从心理上去接近人、帮助人，做好受助人的思想工作，与受助者保持密切联系和合作以得到受助者的尊重和信任。其中，社区社会工作者的工作方法和技巧是十分重要的，这也构成了社区社会工作的知识体系。

三 社区社会工作的知识体系构成

鉴于社区社会工作的助人性、服务性、利他性和实务性，我们认为，其知识体系应该是综合性的。英国学者史蒂文森（Olive Stevensen）在分析社会工作理论的结构时指出，社会工作的知识体系大概由三个主要部分组成。第一是宏观理论，这是关于人、人与社会的关系、社会工作的本质等问题的理论；第二是中层理论，包括对某一社会工作任务的理论阐释以及如何从事社会工作的介入理论；第三是实践理论，即关于社会工作的过程、方法及技巧的经验和知识。因此，一些学者也就把社会工作的知识体系构成分为理论知识、介入知识和工作知识（王思斌，1998：83～86）。

之所以说社区社会工作的知识体系是综合的，这是由社区社会工作的对象、目的和宗旨所决定的。社区社会工作的工作领域和范围较为广泛，涉及社区、社区资源、社区人、社区经济、社区文化、社区发展、社区服务、社区福利等多方面的内容，因此，不能单以某一个或某些学科或知识作为社区社会工作的知识体系，而必须涉及多学科多知识的综合，以此构成社区社会工作的基本知识体系。

（一）社区社会工作与社会学的关系

在社区社会工作的知识体系中，与社会工作联系最为密切的就是社会学。社会学分为理论社会学和应用社会学两大类别，理论社会学包括社会学理论、社会学说史以及社会思想的研究。应用社会学则是社会学理论与方法在某一具体社会领域的结合及对其特殊规律的认识和阐释。社区社会工作是运用社会学的知识帮助有困难的社区群众解决问题的专业性活动，它与社会学中对社区的研究和对社区问题的解决，以及推动社区发展、促进社会进步的理念和方法十分接近。

从历史上看，社区社会工作发展初期，其教学和培训往往被置于社会学之中。20世纪初，英国就是在社会学领域开始培训社会工作者，美国的社会工作也发端于社会学。20世纪40年代以后，随着社会学学科的发展，社会学对社会现象包括对社会问题的解释力也逐渐增强，这些都与社区社会工作的目的和宗旨有共同之处。

在社会工作的教育中，大多数高校将社会工作课程设置在社会学系，将其看作应用社会学的一部分，并且有若干课程与社会学课程相重叠，因此说，社区社会工作与社会学有着极为密切的联系。

社区社会工作与社会学密切联系之第一个原因是，二者的研究对象和研究问题相近或相同。社会学研究社会结构、社会变迁和社会问题等，特别是应用社会学，以社会学理论为分析问题的框架，对工业化、城市化、现代化过程中越来越多的社会和社区问题极为关注并将其作为研究的对象。用社会学的理论研究现实社区问题，是社会学特别是应用社会学发展的一个趋势。

社区社会工作是随着工业化、城市化的快速发展，社会问题不断社区化、多样化、复杂化、福利化，在原来的社会工作的基础上细化出来的一种社会工作方法或一个分支。社区社会工作并不面对全部的社会生活，它面对的是社会发展过程中不断发生的社区问题，如老年人问题、青少年问题、失业和贫困问题、社区建设和社区发展问题等。所有这些都和社会学的研究对象或关注点是相同的，无非是，社会学包括应用社会学着重从社会学理论和学理上分析研究问题，而社区社会工作则着重从实务的角度去处理和解决社区问题，其分析和解决问题的方法和途径要比社会学更为直接，更为具体，更能接近"社区人"。如果说社会学着重的是分析和研究社会问题，那么，社区社会工作着重的则是分析和解决社区问题。况且，社区社会工作的实务操作还要以社会学等理论为其知识基础。

社区社会工作与社会学密切联系之第二个原因是，社会学知识在社区社会工作中有着较为系统的运用，社区社会工作也为社会学理论的发展和充实提供了实证材料。

从很大程度上说，社会学是一门综合性学科，它面对的是整个社会而不是社会的某一个领域，社会学关于社会结构的理论、关于人与社会关系的理论、关于社会互动的理论、关于人的社会化和人的成长理论、关于社会问题的理论、关于社会变迁和社会发展的理论、关于社区的理论等，都为社区社会工作的开展提供了理论和学理基础，社区社会工作则从中吸取理论精华和知识基础。

社区社会工作的开展，也为社会学发展提供了实证材料。社会学理论来源于社会实践又服务于社会实践，从一定程度上说，社区社会工作就是很好的社会实践与社会服务。社区社会工作在其运作中面对着十分丰富且复杂的社会问题，在处理和解决这些问题的过程中，必然会积累、总结出一些带有规律性的东西，把这些规律性的东西上升到理论性的概括，不仅丰富和发展社区社会工作，也为社会学的发展提供了理论素材和实证材料。

当然，社区社会工作与社会学的超乎寻常的联系并不意味着其仅仅是"依附"于社会学而与其他学科或理论相隔离，社区社会工作与其他诸多学科和理论也有着密切的联系，社区社会工作集多学科和学说之长，使其不断丰富和充实自己并具有相对独立性。

（二）社区社会工作与经济学、政治学的关系

经济学通过对生产、分配、交换、消费等环节的研究，揭示经济运行过程中的规律，以有效地配置社会和自然资源，激发劳动者的生产积极性，提高劳动生产率和经济效益，生产出更多的物质产品为社会服务。政治经济学的研究对象是生产关系，其主要任务就是揭示客观经济规律，从人们在一定的生产关系中的不同地位和差异来看，经济上的不平等就决定了社会和政治上的不平等。

从经济学所探讨的具体经济运作过程来看，社区社会工作与经济活动有着极为密切的联系。其一，经济运行过程中必然伴随就业和分配等环节上的不足和缺陷。就业不足或失业是工业社会市场经济条件下正常的经济、社会现象，这是因为，首先，市场经济的目标在很大程度上就是追求利润最大化，在某些行业或某些产品不能适应市场需求而"无利可图"

时，停产、减产、减员应该是明智之举；其次，由于技术进步的加快、资本有机构成的提高，产业结构调整，劳动者特别是蓝领阶层失业变得更为经常性。所以说，失业是工业社会市场经济中的伴生现象。当一个成年人面临失业，不能以劳动收入对自己和家人的生活提供保障时，他就必然面对着贫困。此外，从分配角度看，社会分配的不公，也会使一些人处于贫困的境地。在现代社会，失业者和贫困者流向社会实际上就是走向了社区，这就给社区社会工作增添了新的工作对象。

其二，经济发展中的不平衡性必然伴随贫困现象。贫困现象在现代社会是一个挥之不去、去之又返的棘手问题。即便发达国家和地区，同样存在贫穷或贫困问题。就是在生活条件全社会都有很大提高和改善的条件下，贫困问题还是同样存在，这就是所谓的"相对贫困"现象。无论是绝对贫困还是相对贫困，其产生的原因往往都很复杂，但是从经济学的观点来看，贫困就是由资源掌握的差别和分配的不公以及在生产关系中的不同地位和作用所导致的。对于贫困问题的解决，又是社区社会工作的最为根本、最为"原始"的目标。

之所以说社区社会工作与经济学有密切的联系，就是由于很多社区问题的解决仅仅靠"助人自助"的社会工作模式还不能真正解决，因为社区问题的产生和形成有其经济因素的原因，故而社区社会工作必须和经济学联系起来加以考虑。比如，社区社会工作要解决社区内的贫困问题，就必须对形成社区贫困的原因进行经济学分析；又如，社会救助的解决方式也与经济学知识密切相关，比如可以采取救济的方式、社会有偿或无偿服务的方式，也可以采取提供就业岗位的方式，以及帮助其发展生产、提高经济效益，以达到生产自救的目的等。

政治学是研究人类政治行为的科学，它以国家、政府、权力分配以及政治组织为主要研究对象，在现代政治学中它涉及一切权力现象，即在各种场合中的权力产生及权力运行等。从宏观上看，政治学研究国家的政治制度，这种以党派政治为基础的政治制度决定了社会中的权力分配以及由此带来的利益在不同阶级、阶层、社会集团中的分配。从微观上看，政治行为可表现为一个组织、机构、群体中的分配、管理与控制、决策过程以及利益分配偏向。

社区社会工作与政治有着密切关系。第一，社区及社会问题的出现与政治学所研究的社会政治制度、权力分配、阶层和阶级利益等有关联。政治制度的缺陷和社会权力的不等以及阶层、阶级的利益冲突等都会引起大量的社会问题，在现代社会，许多社会问题又是以社区问题的形式而表现出来。解决政治上的弱势群体面临的问题，也是社区社会工作者的重要任务。

第二，社区社会工作过程中所涉及的对象，也存在政治因素。从社会政策的制定与推行到社区社会工作系统机构内部的管理、为受助者争取正当权利等方面，无不包含着政治内容。社区社会工作经常需要依靠政治包括思想政治工作的力量，来帮助解决社区问题。

第三，社区社会工作的目标之一，就是为一定的政治制度服务。社区社会工作做好了，社会稳定，人们安居乐业，这就达到了很好的政治目标。同时政治任务和政治目标的实现，也经常需要社区社会工作的参与和保证。

总之，离开对政治的研究和了解，要做好有效的社区社会工作是不可能的。

（三）社区社会工作与法律和行政管理的关系

法律是国家意志的体现，是调整人们行为和社会关系的规范，从终极意义上说，法律依靠国家的强制力来保证其实施。社区社会工作与法律的关系主要表现在两个方面。

第一，依法办事是社区社会工作的前提和依据。社会工作包括社区社会工作不仅需要丰富的经验、完善的理论，而且需要相应的法律作为其基础。比如在社会福利保障、社会风俗改进、基层社会民主自治等方面的工作，只有在社会管理法治化的基础上才能很好地健全和发展起来。至于社区社会工作的立法和社会管理法治化则更是必须依赖法学的理论指导才能实现和提高。我国社会工作包括社区社会工作还处于发展的初级阶段，除经验不足、理论不够以外，还缺乏相关的法律规范措施，这是一个需要着力解决的问题。

第二，社区社会工作的实践也伸展到法律领域。随着社区社会工作与社会工作的不断发展，如何解决越来越多的新的社会问题，有些已涉及法律法规的制定、司法行政以及律师执行任务等方面。为此，社区社会工作更需要充实法理和法律知识，提高法学理论水平。

行政管理学研究的是行政管理中的科学理论和规律。从一定意义上说，社会工作和社区社会工作就是发挥着行政管理和社会管理的职能，在社区社会工作中，社会行政是极为重要的一部分。社区社会工作要应用行政管理学的原理进行行政管理，行政管理学的理论也要吸收社区社会工作行政管理的内容。社会工作行政是社区社会工作法律法规与政策转变为各项社区服务的过程。它包括社会工作运用行政组织、行政领导、行政决策、行政手段、行政措施、行政咨询、行政信息、行政反馈、行政监督、人事和财务行政、物资行政等方面的原理和原则，以提高社区社会工作的功能和效率。

（四）社区社会工作与心理学的关系

社区社会工作以人为本，解决的是具体的社区人的问题。事实上，社区人面对的问题不仅仅是物质方面的，在一定意义上说更有精神方面的。况且，物质和精神方面的问题又会在心理上反映出来，表现为情绪上的焦虑或精神疾病。社区社会工作如果对心理问题视而不见，则会加重问题解决的难度，如果社区社会工作能够重视心理问题，吸收心理学的知识，则能够起到事半功倍的效果。

人与人之间、群体与群体之间的交往和共同的行动，都存在种种不同的心理现象。个人心理原因主要产生于社会环境的影响，按照社会化理论，环境中的不良因素长期作用于个人，就会对其产生消极影响，产生抑郁、孤僻、自我封闭、狂躁、心理疾病甚至会造成变态人格等。心理问题在现代社会中是不可忽视的，在现代社会，人们的心理压力增大，心理的脆弱程度增加，心理及健康方面的问题越来越多。随着社会的变化急剧，人与人之间关系的冷漠也在不断冲击着人们的心灵。在我国，社会转型时期各种利益矛盾错综复杂，社会结构的变迁对人们的心理、行为都造成了很大的影响，无论是城市社区还是农村社区，人们都面临一定的就业、医疗、养老以及多方面的工作压力和生活压力。这些都成为社区社会工作所要研究和解决的新问题。因此，社会工作在调整和矫治社会行为失调和偏差时，需要借助心理学和社会心理学对个人和群体的心理分析，并应用心理学和社会心理学的原理原则来对社会成员提供社会服务。

社会工作运用了许多心理学以及社会心理学的研究成果来完善其工作模式、方法与技术。如生命周期理论把人的生命过程分为八个阶段，并认为在不同发展阶段人们会有不同的需要，从而产生与之相关的心理压力，甚至会造成心理危机，而社会及个人的任务就是要迎接挑战，战胜危机，顺利成长。

就社区社会工作而言，虽然社区社会工作是从社区入手，动员社区的内外资源以解决社区问题、满足社区需要、促进社会福利的过程，但是其直接或最终面对的还是作为"社区人"的个体，因此，心理学通过对个人和群体的疏导工作，必定能对社区社会工作起非常重要的作用。

首先，社区社会工作在解决社区个体所面对的具体社会问题或困难时，需要运用心理学的知识和方法对工作对象做心理调适，把物质援助与精神支持以及心理疏导结合在一起，以形成一个综合的社区服务体系。

其次，社区社会工作对心理学的运用，可以增强社区凝聚力。社区社会工作以社区组织、社区发展为手段，追求社区意识、社区凝聚力的强化和社区一致行动的达成。在社区社会工作中，社区成员之需求的表达及共同需要的形成是有效推行社区工作的起点，而社区意识、社区凝聚力的形成是社区工作的关键，在此基础之上才会有社区发展计划和社区行动。同时，只有社区意识觉醒和社区凝聚力形成，社区发展的动力才是内在的、主流的，这种发展才有扎根本社区土壤的生命力。社区意识的觉醒和社区凝聚力的形成是一个复杂的社会心理过程，必须要通过社区成员之间广泛而深入的互动及有目的的社区教育，通过个人、群体及社区心理层面上开展的社区社会工作而达成。

第五章　社区社会工作的介入模式

美国学者罗斯曼（J. Rothman）于 1979 年对美国的社区社会工作实践经验加以总结，提出了社区社会工作的三大模式，即地区发展模式、社区策划模式和社区行动模式。罗斯曼的模式划分法在西方社区工作实践中较为典型，得到了大多数学者的认可。对于"地区发展"（Locality Development），有学者认为会使人产生该发展模式只是运用在地理社区上的感觉，而事实上，社区工作往往不是仅仅局限在某一地域，除地理社区外，还有功能社区，所以，他们认为不如以社区发展模式代替（苏景辉，1997：33~34）。我们也持这一观点，采用社区发展的概念。

第一节　社区发展模式

一　社区发展模式的概念、假设与目标

社区发展模式从词源上来讲来自联合国的"社区发展"概念，主要指第三世界国家的经济社会文化条件的改善，需经由社区居民的共同努力并配合政府当局一起来实现，经由社区发展促进社会发展。罗斯曼认为，社区发展模式假定社区事务可通过社区居民的广泛参与来应对。社区发展模式是在一个社区之内，鼓励居民通过自助及互助的方式，广泛参与社区事务，解决社区问题，推动社区发展的社区工作介入模式。其工作重点表现在：民主的工作程序、志愿合作、自助互助、培养社区工作领导人才以及社区教育等。

社区发展模式的基本出发点是基于滕尼斯关于"社区"的原始界定。在滕尼斯眼中，社区是一互动频繁、关系密切的人类生活共同体，此类的社区形态长期以来是人类生活的主要形式。基于此，社区发展模式假定人

类的本性是倾向于合作而非竞争，并且是乐于沟通、交往和参与的，人与人之间的互助是社会生活的常态，社区本亦是居民互动参与的重要载体。然而随着工业化、城市化的推进，利益与契约成为维系人们之间的主要纽带，人与人之间的关系越来越倾向于冷漠化，人们的行为动机更多出于利益而非情感，社区也逐渐失去了互助和谐的特征，成为只是孤立封闭的居住区。在复杂的社区问题面前，个体的力量显然微不足道，个人问题与社区公共事务均难以得到解决。因此，社区工作的重要任务即是要重新回归社区的本质，重赋社区居民的个人自助和参与能力，重建社区居民之间的良性互动交往，重塑社区团结友好的良好氛围，基于此，促进社区发展与社会进步。

根据罗斯曼的观点，社区工作的目标可分为任务目标和过程目标两大类别。任务目标是解决特定的问题，满足特定的需求，完成具体的任务；过程目标则是协助社区居民战胜困难，提升居民能力，培养他们关心社区、参与社区以及互助合作的生活态度。因为社区工作的开展、社区问题的解决，没有社区成员的大量配合和支持是不能实现的。在制定任务目标的同时，社区发展模式要求社区工作者要非常重视过程目标，在自助、团结、合作的基础上去解决社区问题，运用民主程序进行社区决策，以提高社区的保障能力和发展水平。因此，注重居民参与及互助的社区发展模式更加注重过程目标的实现，其目标主要包括：第一，增进居民对于他们的问题与需求的普遍意识和关心；第二，为发展居民的来往和良好的邻里关系提供机会；第三，鼓励居民参与社区事务；第四，促进居民的互助和合作；第五，发展地方领袖和人力资源（林香生、黄于唱，2002：30）。

二　社区发展模式的策略与方法

社区发展模式的基本行动策略特征是"让我们一起共商问题的解决"（林香生、黄于唱，2002：31）。在社区发展模式中，社区工作者与社区居民一起，找准制约社区发展的主要问题与重要问题，通过社区协商的过程，初步达到应对相关社区问题的共识，并一起付诸社区社会工作的具体实践。

因此，社区发展模式更强调共识性方法的运用，即通过沟通协商而达成一致的协议或者方案，而尽量避免竞争与冲突。社区发展模式的主要策略是引导社区内所有的个人、团体参与社区发展计划，让绝大多数社区成员有机会来关心和讨论社区问题，决定社区需求并提出解决问题的行动方案。其具体的方法可包括：第一，通过广泛的社区宣传，引导居民对于某一问题的共同关注；第二，开办居民会议，就某个社区议题进行沟通与协商，尽量达成一致的决策；第三，通过广泛的社区动员，发动社区居民与社区工作者一起参与相关社区事务和社区活动，使社区居民亦成为社区治理的主体；第四，经由社区参与，培养社区居民能力，发掘社区志愿者资源，培育社区领袖；第五，协调社区各组织的关系，促进各组织之间的对话与协作；第六，经由社区参与及社区事务的应对，孕育孵化新的社区组织。

三　社区发展模式中社区工作者角色与服务对象范围

在社区发展模式中，社区工作者的最重要的角色是使能者。由于社区发展模式的核心关键词即"居民参与"，因此通过各类方法与技巧，启发社区居民的社区意识以及对于社区问题的关注，鼓励居民通过自助与互助，达成共识，共同参与社区问题的解决，是社区工作者的中心任务。社区发展模式强调社区工作者应"与社区居民同做"，促使社区任务目标实现的同时，达至促进居民能力提升与关系改善的过程目标。社区工作者的使能者角色主要表现为：第一，启发催化，即激发社区居民对于问题的辨别与关注；第二，组织联系，即促进社区居民之间彼此的沟通与交流，为居民互助和参与提供机会和平台；第三，激励增能，即鼓励居民积极参与，挖掘居民潜能，提升居民个人能力；第四，孕育孵化，即通过促进社区参与，培养社区志愿者与社区领袖，孵化社区社会组织。

在社区发展模式中，从空间上看，社区发展模式中的服务对象通常是指一定地域实体，例如城市居民社区、农村村庄等。从功能上看，还包括各种协会团体。但从具体落实看，社区发展模式中的服务对象则主要指社区居民，只有他们才是社区发展的主体，也是社区发展的原动力。

四　社区发展模式的评价

社区发展模式的核心理念即促进居民参与以应对社区问题并提升自身能力，其优点主要包括：第一，社区发展模式是一种"以人为本"的工作方式，关注社区居民个人能力的提升，强调服务对象的个人自决与自助，有利于增强居民自我形象、自信心及自主性，拓展居民的人际网络；第二，社区发展模式强调共识性策略方法的运用，鼓励社区居民之间沟通与互助，有利于减少冷漠，增进社区归属感与凝聚力，促进社区团结，回归社区本质；第三，社区发展模式启发居民表达自身的意志，促进社区居民协商，鼓励居民参与，本质上是基层民主的具体体现；第四，社区发展模式强调和平与合作，避免竞争与冲突，与中国人的重"和"的文化传统相契合。

社区发展模式也存在其局限性，主要表现在以下几方面：第一，社区发展模式强调共识性方法的运用，而不同居民之间达成共识的过程是居民之间相处磋商、相互妥协的过程，往往需要缓慢推进，耗费较长时间才能实现，这样的工作模式可能与成本效益原则相背离；第二，社区发展模式过分强调温和性与协作性策略的运用，避免冲突与竞争，然而有时社区内部的不同利益群体的诉求难以调和，难以达成共识；第三，社区发展模式强调居民的自助，通过居民的参与，形成共识，共同努力来应对社区事务。然而社区居民自助及参与可能会受到诸多方面的限制与制约，比如缺乏参与能力，缺乏相关资源，缺乏社区领袖，等等；第四，社区发展模式强调通过居民自身努力，共同解决社区问题，但是这类方法模式往往只能触及一些影响面较小的问题。而实践表明，社区问题本身可能更多地不只是从社区层面来解决应对，单凭社区本身的资源和居民参与，并不能彻底解决社区问题，而政府的相关政策与立法的介入是必备条件。

五　社区发展模式相关案例

南京市雨花台区翠竹园社区互助会①

南京翠竹园社区互助会于 2009 年萌发，2013 年成立南京雨花翠竹社区互助中心，2015 年成立南京互助社区发展中心，以相信、参与、承担、互助为价值观，以丰富居民生活、挖掘社区领袖、倡导社区结社、提升公益意识、提高幸福指数为愿景，以促进居民的参与感和志愿者精神，促进家庭社会向社团社会转型为使命，是一个致力于社区互助参与营造的专业社会服务组织。

---

① 案例来源：根据百度百科、澎湃新闻等相关网络资料整理。

　　翠竹园社区是位于南京市雨花台区的一处高档小区，共有居民 3000 多户 8000 余人。社区本身拥有完备与配套良好的文化娱乐体育设施。然而，与大部分城市居民小区一样，社区往往只是居民地理上的住所，居民之间缺乏彼此的互动与联系，而呈现冷漠与疏离的状态，社区良好的硬件条件并不能充分吸引居民的广泛参与。基于偶然的机会，社区的网球爱好者在社区论坛召集成立了网球俱乐部，创立了社区的第一家自组织。随着网球俱乐部的扩大，参与者的其他服务需求和参与热情亦被同时激发了。在社区领袖吴某的倡导下，翠竹园社区从 2009 年开始成立了社区互助会，成了居民间互助的平台。2011 年社区互助会注册为民办非企业组织，拥有了法人资格。2013 年进入南京市雨花台区社会组织孵化中心孵化，成立了南京雨花翠竹社区互助中心。2015 年成立南京互助社区发展中心。

　　由翠竹园业主自发组织的社区互助会借鉴了国外成熟的社区营造模式，为愿意提供帮助和希望得到帮助的邻居提供平台，鼓励邻居之间架起一座信任、参与的桥梁。翠竹园社区互助参与模式秉承"相信、参与、承担、互助"的价值观，以两大原则、四方联动、五大运营规则为指导，通过生活杂志、微信公众号、互动吧等立体化传播渠道传递社区信息，以现代化的管理模式进行社区营造。同时提出"四方平台"概念，即翠竹园社区居委会、业主委员会、仁恒物业、社区互助会四方联动，齐抓共管。社区互助会自成立以来，举办了多项大、中、小型活动。互助会中的社会组织从成立时的一个互助式的家庭教育小组——无敌少儿团，发展到现今拥有九项社区营造产品和一个微中心的规模。九项社区营造产品包括无敌少儿团、小小建筑师、明志书屋、社区体育健身俱乐部、彩虹屋、社区沙龙、社区学院、居家养老、社区帮扶社区，这些社区营造项目与各种人群的生活紧密联系，深受社区内居民的喜爱。社区微中心是一个由社区内十多个小小建筑师和他们的家长以及二十多个大学生志愿者在社区内一个不起眼的地方打造出来的 100 多平方米的精致、有趣的社区交往中心 We-Center，功能已经涵盖书屋、茶文化交流、老年书画、居家养老、美食课堂、社区厨房、社区组织发展等。随着越来越多的人参与进来，WeCenter 的活动越来越多，如国学俱乐部、老人微信学习班、四方平台会议等，各项活动和沙龙层出不穷。

　　为了推广互助会模式、促进中国社区发展，2013 年 12 月，互助会按照 ISO 质量管理体系认证要求，正式出台社区互助会操作手册 1.0。2014

年 10 月，互助会进驻南京大方社区。在操作手册 1.0 指导下，大方社区现有社区组织 47 个。2015 年 6 月，互助会进驻无锡太湖国际社区，在 3 个月内先后成立 40 余个富有活力的社区自组织；2015 年 11 月，互助会成立镇江市社会组织发展促进中心，为支持型社会组织和专项型社会组织提供全生命周期的服务。2016 年，对成都市社区总体营造进行经验交流与技术指导。2016 年研发发布社区互助会操作手册 2.0，指导全国 2000 多个社区实践社区互助参与总体营造模式，让更多的社区居民拥有更幸福的生活。

翠竹园社区互助会可看作中国社区发展模式的典型案例。在社区领袖吴某的倡导下，社区孕育了多个社区自组织，激发了社区居民的参与热情，并进一步促进了社区居民之间的沟通、交流、互助与分享。通过参与，社区居民的需求得以满足，获得感得以提升，并且促进了社区居民能力提升与社区组织的构建。翠竹园社区互助会模式成为可复制的一类中国社区发展模式。

第二节　社区策划模式

一　社区策划模式的概念、假设与目标

策划即"谋划""规划""出谋划策"之意，是指针对未来的事务而做出当下的理性决策。策划首先是一理性化的过程，是策划主体根据相关现状、资源与信息，依循事物发展变化规律，预测可能的目标与效果，依此选择最优方案并形成具体的行动计划与步骤的过程。策划的本质是理性决策的过程。此外，"面向未来"亦是策划的显著特征，策划的对象必然是未来的事项，过往的历史与当下的现实不能被策划。社区策划模式是运用理性化的策划的方法，利用相关技术手段，应对社区事务，解决社区问题。社区策划模式认为，每一社区都存在一系列的主要问题，比如社区独居老年人用餐问题、社区残疾人康复设施缺乏问题、社区环境恶劣问题等，这些问题必须逐一得到解决。因此，社区工作的主要目标就是解决社区内的主要问题。

社区策划模式假定社会环境与社区问题是错综复杂的，一般社区居民由于未掌握专业的知识与技巧，往往难以独立应付，因此需要专业社区工

作者依循理性的技术手段进行专门的策划，以解决社区问题。社区工作者经由理性化的策划过程，可做出符合成本效益原则的决策，并且高质高效地推行方案与计划，以达至社区工作的目标。社区策划模式同时还假设社区工作者通过详细的社区调查，可以清楚地体察社区的问题与社区居民的需要，可以代替居民做出契合其需求的精准化决策。

从目标来看，社区策划模式显然更注重任务目标的实现，即以解决实质的社会问题为主要工作取向，因此，其目标的选定要紧密结合社区发展的实际，围绕社区发展的主题制订计划。社区策划的过程首先即是针对某一具体社区问题的调查、探索、分析的过程，基于此，以探究应对社区问题的最优方案，而后采取系统化的步骤与手段将方案付诸实践，以期解决社区问题，满足居民需求，即实现某一具体的社区社会工作任务。

二 社区策划模式的策略与方法

社区策划模式的基本行动策略特色是"精准调查探究社区问题，并采取系统化的计划来应对"。从社区工作的角度看，社区策划涉及的是社区内存在的各种具体问题，如老年人问题、医疗问题、青少年问题、贫困问题、失业问题等。为了凸显社区工作的专业性和规律性，在制订社区具体的计划时，必须充分考虑到这些与社区居民生活息息相关的内容。在社区策划模式中，共识性策略与冲突性策略均可以运用。社区工作者应根据具体的社区情境，做出理性的判断与决定，选择最优化的方案与行动计划并付诸实践。

社区策划模式的具体过程可包括如下九个部分。第一，厘清组织的使命与目标。不同的社区组织定位目标不同，其具体的工作对象与服务重点则不同，了解与厘清组织的目标使命，是开展社区策划的基本出发点。第二，社区分析。社区工作者应以社区调查为基础，针对社区的要素、特征、功能、环境、资源、问题等进行具体分析，这是社区策划的前提。第三，界定社区问题。基于社区分析，清晰界定某个具体的社区问题，明确社区问题的性质与影响范围以及利益相关方等。第四，辨识居民需求。以调研分析为基础，精准辨识在某个社区问题情境下的居民诉求，以期做出契合居民需求的策划。第五，确立目标及目标达成标准。确定社区策划的总体目标与具体目标，并尽量以可度量的指标等将目标明晰化。第六，制订、比较并优选服务方案。根据社区资源、机构定位、社区问题以及居民需求，围绕社区策划目标，制订系统化的服务方案及具体化的行动计划。同时比较不同方案的"成本－效果"与"成本－效益"，筛选高成本收益的方案。第七，试验并优化方案。拟定方案之后，先小范围地进行方案试验，评估方案的实际运作状况，根据具体情况，调整并优化原有方案，而后才可以正式付诸实践。第八，执行方案。根据优化调整好的方案，调动人、财、物各类资源，具体推行方案，同时做好服务质量的监控与服务对象的反馈等工作。第九，评估方案。在服务方案推进一段时间或者执行完毕以后，对方案进行过程评估、成果评估与效益评估，以确定社区社会工作的成效，彰显社区社会工作的价值，提升居民认同，同时亦是社区工作者绩效考核的重要依据。

三　社区策划模式中社区工作者角色与服务对象范围

在社区策划模式中，社区工作者主要扮演的是专家角色。所谓专家，即对于某一领域精通并有独到见解的人。在社区策划模式中，社区工作者作为专家，掌握了专业的社区工作方法，具体从事社区调查、社区诊断、社区研究、社区分析、信息收集、资料汇总、组织运作、组织联络、成效评估等工作。社区策划模式中社区工作者的定位是"为社区民众而做"，而非像在社区发展模式中那样的"与社区民众同做"（苏景辉，1997：40）。专家角色的具体表现为：一是社区调研者，社区工作者需要清晰理解社区与社区居民的基本状况，以此作为策划的基本依据；二是项目规划者，社区工作者结合社区现状与需求，运用专业技术手段，规划设计可行的服务方案与计划；三是项目管理者，社区工作者应负责整个社区策划项目的管理工作，协调资金、人员、设施等资源，并同时做监督与反馈工作。

在社区策划模式中，服务对象可以是地理社区，也可以是功能社区。服务对象被视为服务的消费者，而不是社区服务方案或目标的决策者，即那些接受并使用方案的社区居民，那些享用社会策划成果（如社区老年服务、残疾人福利服务等成果）的人士。

四　社区策划模式的评价

综上，社区策划模式是专业社区工作者运用专业方法，理性化地进行社区服务项目并具体推进的过程，其本质是社区工作者主导的社区项目运作。社区策划模式的主要优点表现在：一是社区社会工作项目的推进以社区工作者的专业性为保障，可有效提升社区服务的质量；二是社区社会工作项目主要由社区工作者来进行规划设计与具体执行，而不需要社区公众的广泛参与，也不必经历漫长的讨论过程，其达成决策及推行方案的效率比较高。

社区策划模式的主要局限性表现在：一是社区策划模式强调专家决策与执行，而不注重社区居民参与以及个人能动性的发挥，可能导致居民的被动性与依赖性，其个人的能力得不到增进；二是社区策划模式假定社区工作者作为专家能体察理解社区居民的需求，并策划出机构与社区工作者所认为可行并合适的方案，社区工作者依据自己的规划与设计为居民提供服务。而这些服务可能并不一定与居民需求完全相契合，而导致居民对于活动参与的积极性不高，对于服务使用的意愿降低。

五　社区策划模式相关案例

"常乐小居"蜗居老人精神关爱项目①

实践社区：浙江省舟山市普陀区××社区

项目概况：××社区有很多因住房条件限制，不得不住在车棚的特殊群体"蜗居老人"，这些老人的生活环境单一，多以与周边同群体老人聚集聊天为主要娱乐活动，随之产生的是车棚周边的噪声扰民问题；为丰富蜗居老人的精神生活，同时解决噪声扰民问题，社区利用小区空闲资源打造长者休闲活动空间"常乐小居"，为蜗居老人开展精神关爱项目。

项目特色：特殊性，项目重点关注社区特殊弱势群体蜗居老人的精神需求。该群体老人因生活环境的特殊性，较之普通老人的生活质量存在一定差距，特别是在精神生活方面比较匮乏。项目针对老年人心理层面的关爱和服务进行介入。

共享性，利用小区空闲资源，对空间进行功能营造，建立新的长者休闲娱乐场所，并将资源共享给蜗居老人，提升该群体老人的精神生活品质。

融合性，项目除空间营造外，通过专业小组工作方法，开展蜗居老人互助小组活动、社会交往小组活动，加强长者的情感支持，同时使社

① 案例来源：幸福社区项目展，搜狐网，https://www.sohu.com/a/207033985_817897。

区特殊长者感受到社区关爱之余，也促进居民之间的相互融合，改善邻里关系。

××社区针对社区特殊弱势群体蜗居老人策划设计了具体的服务项目。该项目以社区分析与社区调查为基础，针对特殊群体蜗居老人精神文化方面的需求进行了社区服务方案规划与设计。社区工作者通过专业化的工作方法与手段，开展个案辅导与小组工作，并促进社区环境改善，致力提升该老年群体的精神生活品质，可视为社区策划模式的具体实践。

第三节　社区行动模式

一　社区行动模式的概念、假设与目标

社区行动模式亦称为"社会行动"、"抗议行动"或者"冲突模式"。在一些国家与地区，不少利益团体、工会、政治组织等均可能采取社会行动的方式来争取自身权益。社区行动模式即在社区社会工作领域下的社会行动，该模式假定社区存在一群弱势群体，需要被组织起来，与他人联合，并根据社会正义或民主的理念，对政府或社会提出适当的要求，如资源的增加或合理的对待等。关于社区行动模式，香港学者的界定较为全面。他们认为，社区行动是组织社区受到忽视、压迫或受政策不合理对待的无权、无助、无资源的低下层群众，通过集体行动，采用非常规的途径，较多运用冲突对峙的策略，争取第三方支持，以伸张居民权益，向当权者争取群体的自身利益，以期获得可应用的资源，使社会权力、地位及资源得到合理的再分配，并在此过程中提升参与者的社会意识，改变他们的无能及无助感，达成更公平、更合理的社会（甘炳光、梁祖彬等，1998：136~139）。社区行动的本质并不是要对社会进行全面改革，更不是要推翻现存的社会制度而进行的革命，其只是在现行的制度框架下，为一小部分社会弱势群体或者利益受损者争取权益，改善不公平、不合理的社会政策，最多仅是有限度的社会改良。从总体上说，社区行动模式在于结合社区力量，以寻求权力和资源的再分配，推动社区发展。

社区行动模式假设社区也是权力与阶层的组合，社区中存在不平等、不公平的社会问题，社区内有两个主要阵营：当权者和无权者。当权者主

要指政府部门、大企业、大商家等，他们拥有强大的权力或权势，能够影响一般群众的生活。无权者则是一些无权无势的弱小市民，尤其是低下阶层的市民，他们由于缺乏资源与能力，而居于社区边缘，处于被剥夺状态。利益与权力的不均衡在一定程度上导致了社区问题的产生，而此类冲突或者问题难以通过和平协商的方式来解决或缓和，只能通过对峙性或者冲突性策略来解决。处于底层的群众有权利争取公正与民主的资源与待遇，他们需要被组织起来，采取集体行动，以争取公平的对待。

社区行动模式的目标同时关注任务目标与过程目标。总体来看，社区行动模式是要通过集体行动，改变不合理的社会政策，实现一定程度上的社会改良。从任务目标来看，社区行动模式强调在社区工作者与底层群体的共同努力下，争取社区资源的合理分配，使处于弱势的群体能够改变自己的处境，其本质即是帮社区弱势群体解决一个个具体的社会问题，比如帮助社区贫困老年人争取特殊的福利补贴，帮助社区残疾人争取社区康复设施的完善，帮助社区流动儿童争取公平的教育资源等。从过程目标来看，社区行动模式也是社区弱势群体共同参与的过程，经由集体行动，底层群众亦可增进社区意识，提升能力，拓展网络，实现一定程度上的增能。

二　社区行动模式的策略与方法

社区行动模式的基本行动策略特色是"让我们一起行动起来，来争取更加公平合理的对待"。社区行动模式所关注的问题就是弱势群体所面临的困境，而这些困境往往难以通过温和的协商性策略加以应对，因此，社区行动模式主要采取冲突性策略，以唤醒社区弱势群体的抗争意识，通过集体行动，争取社会公众的支持，倡导社会政策的改良。

社区行动模式依循激进性原则而逐步推进。香港学者认为，根据冲突的烈度，社区行动模式的具体策略方法可包括四种形式，即对话性行动、抗议性行动、对抗性行动与暴力性行动（甘炳光、梁祖彬等，1998：144～146）。对话性行动是最为温和的行动策略，底层群众与其对立方针对问题的解决存在分歧，但是双方之间并未完全失去信任，仍有通过对话说服对方的机会与可能，具体可通过游说、约见、谈判等方式开展。然而由于基层群众资源的有限性，在很多情况下，当权者可能未必接受谈判对话，此时即可进一步采取抗议性行动。通过曝光、请愿、签名、游行、静坐、记者招待会等方式吸引传媒关注，暴露不公平、不合理之处，争取社会公众的同情与支持，以此向其对立方施加压力，迫使其因尴尬、内疚、良心而做出相应的让步。若通过抗议性行动仍未达至目标，则可将行动进一步升级为对抗性行动，即通过组织群众，采用集体行动直接影响对方的利益或者令对方的组织机构不能正常运作，而迫使对方担心有所损失而做出让步，具体表现为罢工、拖欠、公开违背等。而暴力性行动大都属于缺乏严密组织下的情急之举，表现为抛掷物品、追打等行为，这类行为在华人社区较少发生。

社区行动模式的具体推进可分为酝酿期、宣传组织期、行动期、总结期四个阶段。酝酿期的主要任务是找出群众的共同关注点，进行初步的资料搜集，评估群众的反应及其参与意愿，评估对立方可能的反应，初步制定社区行动的目标与计划。宣传组织期的主要任务是通过召开居民会议或者居民大会广泛宣传社区问题，物色核心领袖，推举行动代表，成立行动小组，共同制订具体的行动计划，团结一致，鼓动居民的抗争士气。行动期即具体通过对话性、抗议性或者对抗性行动，与对立方谈判，争取第三方支持，吸引传媒关注，以迫使对方做出让步。在行动期，社区工作者应敦促行动小组定期向居民披露行动的进展，并积极动员居民参与，提升居民士气，同时经常评估行动进展，维系居民之间的良好关系。总结期即在相关状况得到改善、问题基本得到解决以后，社区工作者赞赏与肯定居民所付出的努力，并与居民一起评估检讨社区行动的成败得失与经验教训（甘炳光、梁祖彬等，1998：153）。

三　社区行动模式中社区工作者角色与服务对象范围

在社区行动模式中，社区工作者的主要角色是行动的倡导者和组织者。社区工作者首先致力于提升社区弱势群体的问题觉醒与社会意识，使其了解自己本应享有的基本权利，增进其共同解决问题的信心，倡导通过团结行动来争取合理的权益。同时，社区工作者应积极组织弱势居民的集体行动，发掘社区领袖，争取第三方支持，争取更加公平与民主的待遇，争取其应有的权利和权益，通过共同行动改良不合理的社会政策。

社区行动模式的服务对象通常是指遇到各种困难甚至伤害的社区中的下层民众，他们特别需要社区工作者的协助和救助。这些人可能是地理社区中的个体或群体，也可能是功能社区中的个体与团体，即他们或是生活在某一个地域空间内，或是生活、工作在某一个团体组织中。他们是"不良制度、不善的系统下的牺牲者或受害人"（苏景辉，1997：43）。

四 社区行动模式的评价

社区行动模式的主要优势有如下几点。一是社区行动模式可以有效吸引群众参与。该模式所运用的集体行动的方法往往声势浩大、引人关注，可以有效吸引对于相关问题有共同不满情绪的居民参与及投入。二是社区行动模式善于培养社区领袖。社区行动往往需经由社区领袖的组织带动才能顺利推进，通过集体行动，社区领袖可以进一步培养组织分工、游说谈判、团队合作等领导能力。三是社区行动模式有利于增进弱势群体的尊严感与权力感。社区弱势群体通过参与集体行动，共同努力达到目标，以自身努力改善自身处境与状况，可提升其个人自尊与自信。四是社区行动模式可以有效解决相关问题。通过大规模的群众集体行动，可引起广泛的社会关注，可以使对立方产生较大的压力而做出让步，而较为快速解决问题。五是社区行动模式可带来社会转变。通过自下而上的倡导与呼请，集体行动的方式可以使政府与社会公众认识与理解社区弱势群体的处境，从而使政府做出有利于弱势群体的社会政策的改良。

社区行动模式的主要缺点有如下几点。一是集体行动过程中可能被利益集团操控。社区行动模式的突出特征即是组织群众通过集体行动来向当权者施压并争取权益，但是这类方式可能吸引对当权者不满的利益集团的关注，他们可能会通过资源支持等方式操纵参与社区行动的群众，从而将社区行动引导至相关政治目标上。二是社区行动模式可能激化矛盾。社区行动模式主要运用冲突性策略，尤其是可能运用更加激进性的对抗性行动，有可能进一步激化双方矛盾，加剧对立情绪，使对立方完全采取不合作的态度，而导致形势陷入僵局。三是与中国内地国情的匹配度不高。社区行动模式发端于西方国家，其与中国内地的政治结构和社区治理情境的匹配度值得商榷。首先，中国是单一制的政治结构，维稳是国家的主要目标之一，对于社区行动的容忍度有限；其次，中国的社区工作大都是基层政府工作的延伸，具有行政化倾向，组织社区行动与政府抗争，会造成社区工作者自身的角色冲突；最后，中国民众的社会心理深受儒家思想影响，倾向于息事宁人、和谐忍让的处世方式，较少运用冲突性策略解决问题。

五　社区行动模式的相关案例

单位型社区住房冲突问题中的社区行动模式的运用①

社区冲突的缘起：住房权利的被剥夺

X 社区是一个由一所地方性大学所筹建的单一式单位型社区，随着社区体制的改革，X 社区的房改制度也进行了改革，有一部分住房是福利分房，一部分是集资建房，学校按一定的级别，每年给学校的教师分配住房。冲突就以此为开端。

在 2003 年 9 月，S 学校后勤处公布分房人员的名单，并安排了具体签房的日期，可是快要到签房日期时，却没有任何解释，就通知说暂不分房，下次分房日期待定。这使这些等待分配住房的大学教师感到自己被剥夺了住房权利，而且没有任何解释，使他们有一种受愚弄的感觉，几个大学教师就去找相关领导讨个说法，但领导的态度很温和，并答应尽快解决这个问题，这些大学教师就没有再采取任何行动，这个问题作为一个潜在的冲突暂时被搁浅了。

社区冲突的累积：参照群体利益的比较和社区公共权力的资本化

由于从 2003 年到 2005 年两年没有分配住房，在 2003 年以前已经得到住房的教师每个人拥有两套住房，一套住房自己住，另一套住房出租，以获得额外的收益。而那些在 2003 年本应分到住房的教师看到只比自己早来一年或两年的教师不仅住上了三室一厅的房子，还获得了额外的收益，而他们却连基本的居住权利都没有，当他们将自己的处境与这些参照群体的处境进行对比时，就感受到了极大的不公平，这便导致了潜在冲突的升级。

对于教师来说，令其愤懑不平的是，一些干部将手中掌握的社区公共权力当作追求个人私利的工具，化为攫取积累个人财富的"资本"，即以权谋私。管后勤的干部为了自己获得钱财而私下里收受贿赂，将房源预支出去了，这引起了这些教师的极大愤怒。

社区冲突的解决：社区行动模式的运用

1. 酝酿期和宣传期

在 X 社区无房教师中，有一个教师的妻子吴某是一位社区工作者，她

────────────

① 案例来源：张荣艳（2006）。

看到这种冲突如不采取理性的集体行动是很难解决的，因此她将社区行动模式的策略运用到这个问题当中。

首先她让丈夫将理应分到房子而没有分到房子的教师召集在一起，召开了一次非正式的座谈会，物色到了一个核心领袖曾老师，他是在1992年来到学校的，按条件他是可以在2003年分到一套三室一厅的房子的，但是由于当时三室一厅的房子只剩六楼，他年老有病的父母和他一起住，因此他没有要，想等到下一批再分，没想到一等就是两年多，因此他特别急需分到房子，而且他口才比较好，说话具有煽动力，所以大家一致选他作为他们的领袖。同时又选出了10个代表组成这次冲突的关注组，这10个关注组的成员在一起又制定了一系列的行动。首先他们决定去找管分房的直接领导，和他进行谈判，如果谈判不成功，他们将继续找管后勤的上一级领导进行谈判，如果还不行的话他们会再扩大影响，迫使学校领导进行谈判并做出让步。

2. 行动期

首先X社区教师采取的是对话性行动。曾老师带着他们关注组的几个成员以及周一上午没课的老师找到了负责分房的江处长，江处长没有给他们任何机会，说自己还有会要开，你们下午再来吧，他们下午去的时候，江处长的同事说他出差了，要等一个月才能回来。

这些老师感到非常生气，他们决定采取下一步抗议性行动。他们找到了学校的一份文件，根据〔2004〕校务字第92号文件可以看到学校还应有150多套住房闲置，这就表明学校不是没有房源，而是有足够的房源，而且他们也查到了20名通过非正常渠道入住的人员名单。并且为了扩大影响，他们四处动员那些在2005年以前应该分房子的教师参加到他们的队伍中来。后来有一个王老师说学校还有一些原校办工厂的工人，学校对他们承诺到了一定工龄，他们也会享受集资分房的待遇，但是到2003年的时候也没有分配住房，这时曾老师就让王老师去联系这些工人，尽其所能，帮助他们增强维权意识，争取把这些和他们具有共同利益要求的工人联合起来，形成一个具有共同目标的行动共同体，扩大声势，给学校领导造成一定的压力，在压力团体的加压下，学校肯定会考虑他们的正当要求。

通过一周的动员，曾老师将原有2003年需要分房子的52名教师和2004~2005年需要分房子的42名教师以及原校办工厂的51名工人共145人都动员起来，在关注组草拟的一份分房呼吁书上进行了集体签名。时隔一周，他们几个代表拿着这份有集体签名的分房呼吁书找到了学校的主管后勤的副校长，副校长感到事态严重，为了稳住他们，答复他们会尽快解决。教师们的条件是必须在一周内公布房源，安排出分房的时间，否则他们将采取进一步的行动。

又隔了一周学校还没有采取任何行动，于是他们将行动进一步升级，进入了对抗性阶段，由51名工人在行政大楼外集体静坐，上午有课的教师集体不上课，这使学校开始重视这些教师的要求，在当天下午将房源通过网络公布出来，并承诺马上安排时间分房子。终于在公布房源的第五天学校安排了分房的时间，并如期将房子分配了下去。此项为期两年多的社区冲突终告结束。

本案例是社区行动模式的典型实践。案例中的高校可看作一单位型社区，学校的无房教师与职工是利益受损者，经由社区工作者的倡导，他们联合起来开展集体行动，向校方即当权方争取自身的合理权益。在集体行动中，物色社区领袖、成立行动小组、制订行动计划均是必要的基本策略。在争取住房权益的社区行动中，参与者分别采取了对话性行动、抗议性行动与对抗性行动，最终迫使校方重视无房老师的诉求，如期分房，关于住房的社区冲突得以解决。

第四节　社区社会工作三模式的比较

社区社会工作的三大模式由罗斯曼提出，香港学者林香生等将三模式加以综合比较，较为清楚地勾画出三模式之区别，具体见表5-1。

表5-1　社区社会工作三模式比较

项目	社区发展	社区策划	社区行动
关注点	社区居民能力的建立	社区问题的技术化解决	社区资源与权力的再分配
基本行动特色	广泛社区人士的参与去决定和解决他们自己的问题	通过搜集问题的事实及资料以做出理性的行动决定	将事件具体化，凝聚并组织居民采取集体行动以争取权益
策略方法	共识建立：社区团体和利益派别间的沟通及讨论等	共识或冲突的方法	冲突方法：谈判、争取第三方支持、请愿游行等

项目	社区发展	社区策划	社区行动
社区工作者的主要角色	使能者、促进者	专家、资料搜集和分析者、计划推行者	倡导者、组织者
适用范围	当社区居民同构性较高，或意见比较容易取得一致时	当社区问题较为复杂，非一般社区民众所能自行应付时	当各团体之间矛盾突出，不容易协调各方利益时

资料来源：林香生、黄于唱（2002：37）。

　　社区工作分为社区发展、社区策划和社区行动三种模式，社区工作者要能针对不同的状况而运用不同的模式，以协助社区民众解决问题。当社区居民同构性较高，或意见比较容易取得一致时，可以运用社区发展模式；当各团体之间矛盾突出，不容易协调各方利益时，可以运用社区行动模式；当社区问题较为复杂，非一般社区民众所能自行应付时，就需要采用社区策划模式（苏景辉，1997：45）。社区处在不断的发展变化之中，社区工作者要根据社情的发展适时采用不同的模式解决不同阶段的问题。所以，社区工作者要有能力来分析社区的状况，然后采用合适的模式去解决问题。在具体的社区社会工作实践中，这些模式也是相互交织而使用的，在任何一模式中，其他不同的模式也可以发挥重要的作用，要防止只是用某一特定的模式而排斥其他模式的工作倾向，即应注意模式应用中的弹性。

第六章　社区社会工作的基本方法、过程及原则

作为社会工作的主要方法或形式，社区社会工作必须协调社区内个人、群体与社区之间的关系，调动社区内外资源，满足个人和群体的需要，促进社区的综合发展，推动社会进步。由于立足点和工作对象的不同，社区社会工作就有与个案社会工作、团体社会工作不同的方法、过程及原则。

第一节　社区社会工作的基本方法

方法是为某项工作的开展、任务的完成或目标的实现而采取的某种或某些方式和手段，是为任务和目标服务的。毛泽东主席非常形象地把任务比作过河，把方法比作桥或船，他指出："我们不但要提出任务，而且要解决完成任务的方法问题。我们的任务是过河，但是没有桥或没有船就不能过。不解决桥或船的问题，过河就是一句空话。不解决方法问题，任务只是瞎说一顿。"（毛泽东，1991a：139）社区社会工作一般被认为是社会工作的三大基本方法或形式之一，也就是说，是达到社会工作之目标的手段之一。社区社会工作面对的是整个社区内的居民和组织，具有发动社区群众、动员社区资源、解决社区问题、减少社会冲突、加强社区建设、优化社区治理、提高社区凝聚力等多方面的重任和目标，因此，确定和分析社区社会工作的方法是十分重要的。

尽管有不少学者和教材认为社区组织和社区发展与社区社会工作是同一个概念，很多时候可以互换使用，但也有一些学者认为，社区组织和社区发展是社区社会工作的两个基本方法。我们认为，从基本功能和过程的

角度看，社区组织和社区发展是达到社区社会工作的基本目标，即调动社会资源、解决社区问题、促进社区进步等方面的基本手段和方法。因为只有通过社区组织和社区发展的方法和途径，社区社会工作才有可能调动和充分利用社区内外的资源，才有可能提高社区居民的社区意识，增强社区凝聚力，最终促进社区问题的解决，推动社会进步。

一　社区社会工作的基本方法之———社区组织

就社区组织而言，霍伯斯认为，社区组织是美国都市地区新发起的社会改造运动，它是为了解决工业化带来的技术与社会变迁所产生的问题而采用的一种方法。其作用是通过新的服务形式，缓和社会不安的情况，协助社会中的团体和个人更为有效地解决社会问题。社区组织的方法可以对处于不利地位的团体和个人提供社会福利服务，满足其各种社会需要。克拉莫和史佩齐亦认为，社区组织是一种干预的方法，其经由专业的变迁媒体来协助由个人、团体与组织构成的社区行动体系，投入有计划的集体行动，以解决社会问题（徐震、林万亿，1999：225～226）。

1. 社区组织界定

社区组织是社区社会工作的基本方法之一，也是全部社区社会工作过程的组织保证。中外学者特别是西方学者对社区组织的认识也不尽一致。但在总体上大致可分为两大类：一类认为社区组织是社区工作的一种方法或一个过程；另一类认为社区组织只是社区内的组织系统。

从第一类，即社区组织是社区工作的方法或过程来看，不同的学者对社区组织也采用过不同的名称，如"社区小组"（Community Group）、"居民组织"（Resident Organization）、"邻舍组织"（Neighbourhood Organization）、"基层组织"（Grassroots Organization）等。

英国约克大学的毕查（H. Butcher）认为，"社区小组是一个集体。这个集体由成员自愿组成，通过提供新服务或影响外界团体的政策，以达到最主要的目的——推动社会转变。这些集体的会员、活动甚至总部，均以社区为基础（Community-based）"。

德维夫斯（A. G. Twelvetrees）认为，"居民组织可泛指不同的组织，小至由一群邻舍组成以争取改善设施的集体，大至代表不同地区利益、提供社区中心，以及满足文化、教育、社交需要的庞大官僚组织。在现实生活中，组织的形成多是始于由一群人聚集在一起以达到特定的目的，继而渐渐发现有发展其他活动的需要"。

金力恒（J. V. Cunningham）和高娜（M. Kotler）对邻舍组织的界定是："一群有奉献精神的人，一起改善所属的社区，亦即小区域里有延续性的志愿组织。它们提供服务、做出倡导及预防社会解体。邻舍组织提供机会给居民学习成为市民及政治领袖。它们多有广泛的、非单一的目标。邻舍组织之间的最大分别是策略的不同。"（冯国坚、朱昌熙，1998：188～189）

上述三种定义都是以地域居民为基础的居民组织，成为最为主要的一种社区组织。无论是社区小组、居民组织还是邻舍组织，都包含组织居民、提供服务的内容，因此说，社区组织是社区工作中基本的和重要的方法之一。

还有一类观点认为，社区组织是一个完整有机的社区组织系统，这些组织执行着一定的社会职能，完成特定的社会目标，并通过各种不同的关系而相互联结成社区系统。有学者认为，如果从功能社区的角度看，社区组织就可以包括一些团体，如工会、教会、乡亲会等组织，是一个"以地域、共同利益或共同关注为基础的集体"（冯国坚、朱昌熙，1998：190）。

我们认为，以上对社区组织的两类看法可以借用语法来分类和界定。一类是从动词角度来界定社区组织，即认为社区组织是促进社区发展、社会变迁的途径，是社区工作的一个过程；另一类则是从名词角度来界定社区组织，即认为社区组织是可以"保障或提高成员的福祉"的一个"集体"或"团体"。从社区组织的历史演变过程以及在社区社会工作中的作用看，我们赞同并持第一类观点，即认为社区组织是社区社会工作的一个过程，是社区社会工作的一种基本方法。

社区组织之所以是社区社会工作的一项基本方法，就是因为社区组织能够通过社区社会服务组织的建立、协调与业务的配合，引导和帮助社区居民认识他们的共同需要、互助合作、民主自治；通过社区各界人士的共同努力，合理利用社区资源，发挥社区的最大潜能，预防和解决社区问题，增进社区成员的共同福利，促进社会关系的和谐与社区进步。如果缺乏社区组织这一基本方法，可以认为社区工作就无法具体开展，社区工作的功能和要达到的目标也就无法得到实现。

2. 社区组织的服务对象、工作目标和功能

在社区建设与发展中，社区组织有其特定的服务对象、工作目标和社会功能。一个社会越是工业化、都市化和现代化，就越是需要社区组织，

以促进人们的分工合作，消除和预防人类生活中的各种困难和障碍。

（1）社区组织的服务对象。社区组织的服务对象可以分为地域社区与功能社区。"地域社区"指一般地区内的居民，就是一定地域内的社会群体，如街道、小区、厂区、村落、村镇等范围的居民或社区成员。与此相适应，这些区域内的社区组织主要是一定空间地域范围之内的居民组织。在我国城市社区，主要有居委会、社（区）委会、小区物业管理机构等；在农村社区，主要有村委会、村民小组以及小城镇的服务组织。以功能社区为基础的社区组织主要是职能上的服务机构或组织，如工会、专业团体、宗教团体、行业服务组织、家政服务机构、房屋中介机构等，农村社区中的农业技术服务组织、农民互助组织、合作医疗组织等。

（2）社区组织的目标。社区组织的目标和社区社会工作的目标应该说是一致的，即：调整或改善社会关系，减少社会冲突；寻求社会福利需要与社会福利资源的有效配合，以满足社区成员的需要，改善社区生活，促进社会进步；改善和调动社会资源的分配，尽可能实现社区内的公平和公正，推动社区发展。

在这些总体目标之外，社区组织还有具体的目标或任务目标。任务目标是由一段时期内社区建设和社区发展的内容与要求决定的，并且会随着社区所面临的问题的变化而变化。不同时期的任务目标都是为总体目标服务的。

（3）社区组织的功能。社区组织目标的落实取决于其功能的发挥，从整个社区发展过程看，社区组织的功能有如下几方面。

第一，服务功能。社区工作的最基本的宗旨就是"助人自助"，帮助社区成员解决生活和工作中的困难以促进社区的良性发展。而作为社区工作的方法，社区组织的基本功能当然是为社区居民和有关群体提供多种形式的服务。从我国目前城乡社区实际情况看，社区组织的服务功能主要表现在三个方面。

生产性服务。例如，农村社区中的农业技术咨询与指导，新品种的引进与推广，农产品市场的开拓与搞活，农忙时劳动力的调配和支持，等等；又如，城市社区中对小型企业和个体企业等进行的产品市场预测、信息提供、资金筹集、技术交流等。通过对社区居民和单位的生产性服务，从社区工作的角度看，实际上增强了社区成员的生产自助和自救的能力，从而提高了抵御社会和经济风险的能力。

就业和再就业服务。这是当前我国城市社区与农村社区中的一项较为重要的服务项目。由于多方面的原因，从 20 世纪的最后十年开始，我国的劳动力结构性过剩现象十分严重，城市出现了很多的下岗职工和失业人员，农村社区则在 20 世纪 80 年代初就出现了显性的农村剩余劳动力，过剩的劳动力往往由原来的"单位人"转变为"社区人"——原来的城市企事业单位职工到社区自谋生路；原来的人民公社社员或在家，或到外地寻求新的发展路子。关心他们，为他们解决实际问题，就成为新时期社区社会工作的最大任务。实践证明，通过社区组织工作，发挥社区组织的作用，动员和调动社区一切可利用的资源，就能够很好地解决社区下岗职工和失业人员的再就业问题以及剩余劳动力的出路问题。

扶贫帮困服务。任何社会都会存在贫困人口，扶贫工作一向是社会民生领域的重要任务。随着老龄社会的到来、家庭结构的变化，老年人的医疗、赡养以及儿童托管、家务劳动等问题也随之出现。社区组织可以直接通过参与社区生产来提供多方面的服务：一方面为有需要的人提供援助；另一方面可以结合再就业工程，为有劳动能力的人提供自食其力的机会以解决他们所遇到的贫困问题。

第二，政治参与功能。为争取社区成员的福利，社区组织能够将个别成员的要求加以整合，进而将个别的要求转化为整体政治要求，这实际上是把居民的需要提升到社会需求层面并使社会接受和承认，起到了政治参与的作用。在具体的社区社会工作实施过程中，社区组织解决了社区问题的同时，也就是提升了政府的形象；通过社区组织，社会资源能够得到较为合理的分配，稳定社会，减少社会不安和震荡。社区组织的运作过程，也就是支持政府工作和决策的过程，因此说，社区组织的政治参与性功能是由其社会功能所决定的。

第三，社会心理支持功能。社区组织的一系列过程以及社区工作目标的达到，本身就是对社区成员心理上的疏导、安慰的过程，因而是对社区居民心理上的极大支持。社区组织并不简单的只是动员社区内外各种可利用资源，对社区成员做物质上的支持，如果是这样，可以说与施舍、馈赠就没有什么区别。社区组织是在通过多种手段对居民进行物质援助的同时，还对社区居民进行精神上的、心理上的帮助和治疗，使他们有藐视困难、战胜困难的信心和决心，增强社区成员的社区认同感和归属感，提高社区凝聚力。

3. 社区组织的历史发展

由于不少学者把社区组织和社区社会工作看成一个概念，所以在谈到社区组织的发展过程时，认为就是社区工作的历史发展过程。我们在这里主要从社区工作的方法角度来简要交代社区组织的历史发展过程。

19 世纪末，欧美国家的慈善组织协会以整个社区为对象的工作方法和原则，对社区组织的形成产生了决定性的影响和作用。它首先促成了 1869 年英国利物浦成立社区联合募捐组织，定期举行有组织、有计划的联合募捐行动，推动和发展了社区社会工作。1913 年，美国克利夫兰市成立了第一个现代的社区基金会，有社区福利预算制度，按照社区的需要来计划事业和编制预算，并进行有组织的募捐活动。基于这种募捐活动，美国在第一次世界大战期间成立了许多战争基金会，战后改为"社区联合募捐组织"，到 1918 年成立了美国社区组织协会。

美国慈善组织运动还促成了社区组织的其他工作机构的产生，如社会福利委员会、社会服务交换所、社区机构会议、社区福利中心等，其中社区福利委员会是一种主要的机构形式。社区福利委员会由社区内的社会福利机构和社区团体联合组织，对社区的福利机构、福利计划、福利工作进行协调，同时统筹计划分配社区基金，组织居民参与计划和预算工作。

1939 年，美国在国家社会工作会议上，对于社区组织的领域与方法开始进行专题讨论；1946 年在美国布法罗市召开的国际社会工作学会年会上，成立了社区发展协会。此后，学者提出了许多以社区组织为专题的报告与论文，把社区组织视为社区社会工作的一个基本过程。1962 年，在国际社会工作教育协会的课程说明中再度确认社区组织在训练及实习上的重要性，把社区组织作为社区工作的基本方法之一。

从美国社区组织的发展历史看，要达到社区社会工作的目标，社区组织通过一些具体的组织活动可以在很大程度上促进社区服务和社区福利，从而推动社区发展。如果缺乏社区组织的具体措施，比如有组织、有计划的募捐，成立社区福利机构和社区服务机构，等等，社区工作的目标就无法得到实现。从这个角度说，社区组织既可以从名词角度进行理解，是一个组织系统，又可以从动词角度进行理解，是一项具体的工作和活动，因而不失为社区社会工作的有效方法之一。

就我国而言，严格意义上的社会工作和社区社会工作的全面开展尚未实现。但是从目标和功能看，社区组织是存在并发挥着一定作用的。从总体上说，新中国的社区组织机构可以分为三个阶段。

第一个阶段，是中华人民共和国成立后不久，普遍设立了城市居民委员会和农村村民委员会。在区、街道和乡镇国家机构的统一领导下，划分区域，举办社会救济、社会福利，开展社会服务，管理社会生活，稳定社会秩序，促进社会发展；这种社区组织负有向政府反映居民意见要求，动员居民响应政府号召并遵守法律以及领导和管理群众性的治安保卫工作等任务，所以，它也是国家管理社会生活和人民群众管理社会生活相结合的形式，具有国家和社会群众相统一的特点。尽管这类社区组织不是社区工作意义上的一种方法或形式，但是在一定意义上说，其起到的作用却和社区工作有异曲同工之处。

第二个阶段，是人民公社时期农村社区特定的社区组织。人民公社化以后，政社合一的公社体制取代了原来的乡镇而成为普遍的社区组织。人民公社既是一级政权组织，又是相应的经济生活组织、社会生活组织，包括生产、生活、教育、卫生、司法、公安等全方位的组织及实施工作。其中与社区工作目标和内容较为相似或相近的有社会福利、社会救济、社会教育、群众自治和群众互助等，尽管这些功能与社会工作的"助人自助"宗旨不尽一致，但是在一定意义上说，人民公社在集中权力统一指挥的体制下，在包揽一切的同时，也发挥了部分社区工作的作用。

第三个阶段，是改革开放之后，我国城乡政治、经济体制的变革，社区的地位和作用逐渐凸显，社会工作逐渐社区化和专业化，社区组织作为社区工作的基本方法发挥了其积极的作用。改革开放之后，大一统的农村人民公社开始解体，实行政社分开，建立乡镇政权，农村以村民小组和村民委员会为基本社区单位；城市社区以街道、居民委员会、小区等为单位，普遍建立起相应的社区服务组织、社区保障组织、生产指导小组等。随着"社区人"的形成，社会问题的社区化以及以人为本的理念逐步为大家所接受，职业化、专业化意义上的社区工作逐步形成，而作为其基本方法的社区组织也发挥着重要作用。

4. 社区组织的方法和技巧

运用社区工作的经验，经过特殊的工作过程，从计划到行动，从理论到实践，采取一系列的程序、步骤和手段，推动社区的变化和发展，这就是社区组织的方法和技巧。

第一，社区分析。社区工作者面对的客体是整个社区，必须对社区的各方面了如指掌，因此说，社区分析是社区组织工作的前提条件。社区分析表现在几个方面。①社区环境分析，包括社区内的社会环境、人文环境、自然环境、资源分布。②社区人口分析，包括社区人口总量，人口的年龄结构、文化结构、性别结构、人口素质等。③社区问题分析，主要是社区发展过程中的占主导性的、带有全局性的社会问题，如老年人问题、残疾人问题、青少年问题、犯罪问题、单亲家庭问题、贫困问题、失业问题、医疗保健问题等，这些问题的解决实际上是社区组织和社区工作的主要内容和重点。④社区需要分析，需要不断产生，不断解决，又不断产生，解决和满足需要是社区组织的重要任务之一。需要的解决不能一劳永逸，必须有步骤地实施，因此制订详尽的计划是非常重要的。⑤社区资源分析，包括自然和社会资源的调查分析、调配和运用等。⑥社区指标分析，包括社会福利、社会问题等信息性指标和预测性指标、评价性指标等。

第二，协调社区各组织的关系。社区内的社会群体和社会组织在不同的历史时期、不同的发展阶段，其种类、数量及相互关系总是具有不同的特征。在经济与社会发展水平较低的阶段，由于社会分工程度较低，因而人口的同构性较强，社区内社会群体的种类相对较简单，整合社区各种资源的社会组织的门类及功能也就相对简单化。反之，如果经济与社会发展水平较高，社会分工就细，社区内社会群体就会越来越多，其功能也必然趋向多样化和复杂化。因此，如何协调好社区内各组织间的关系，是社区组织工作中较为重要的方面。其总体步骤有：①分析组织结构，包括区域和部门的组织机构、工作计划、规章制度、工作规程以及决策的职权、方式；②分析组织工作，包括工作的手段、技术以及效能的评价与反馈功能；③分析组织过程，包括政策的贯彻执行、协调控制，对矛盾的处理，关系的沟通，等等；④分析社区组织的环境因素，包括外在环境——社区社会文化、社会政治经济环境，内在环境——组织成员、工作单位等；⑤分析社区组织与行政隶属和空间关系中上下左右的各种社会或行政组织的关系，处理好与这些组织的关系，对于社区组织工作的开展无疑是相当重要的。

第三，研究制订社区发展方案。这是社区组织工作开展的主要目的和主要过程。社区方案的制订主要是根据社区组织的任务和业务，针对社区需要解决的社会问题和举办的福利事业，根据人力、财力和物力资源，做出行动的计划。其过程为：①确定目标、策略和方法，选择最佳方案进行决策；②为实施方案建立内部和外部的关系，做好思想动员和物质准备工作；③执行方案，进行布置、督促、检查、收集反馈信息，及时调整部署；④对方案进行评估，对方案的执行情况做出鉴定。

第四，做好社区群众的工作。社区群众是社区组织的直接对象，也是社区组织工作的最终评价者，为此，做好社区群众的工作是社区组织的重要方法和技巧。①引导社区成员努力实现社区工作目标，鼓励他们关心社区、依靠社区、帮助社区；②促进社区居民形成团结和谐的人际关系，营造一个互帮、互助、互谅的互动氛围；③深入了解和研究社区内不同群体、不同阶层之间的共同点和不同点，采取措施缓解和消除他们之间的矛盾和隔阂，动员社区广大群众参与社区工作，解决社区问题，增进社会福利，加快社区建设和社区发展。

二 社区社会工作的基本方法之二——社区发展

就社区发展而言，人们往往以联合国 1960 年提出的定义作为代表性的认识：社区发展，专指人民自己与政府机关协同改善社区的经济、社会及文化情况，把这些社区与整个国家的生活合为一体，使他们能够对国家的进步有充分贡献的一种程序。这种复杂的程序包括两种重要的因素：一是人民本身尽量本着自动、自发的精神参与改善自己的生活水准；二是以鼓励自立、自助、互助的精神，并使这种精神更能发挥效力（王培勋，1985：60）。社区发展是一种过程，也是一种方法，总体来说就是一种促进社区进步的方法。因为在社区发展过程中，社区工作者协助居民组织起来，参与社区活动，通过研究社区的共同需要，协调社区各种力量，动员社区内外资源，采取互动和自治行动，等等，以达到解决社区问题，发扬社区精神，提高居民生活水平和促进社会协调发展的目标。

1. 社区发展界定

社区发展是第二次世界大战后经由联合国倡导的。起初是在发展中国家的农村推行，后来逐步推广到发达国家的城市社区。在当代，社区发展的概念已为几乎包括发达国家和发展中国家在内的所有国家和地区所接受，无论在农村社区还是在城市社区，社区发展都得到了快速推进，成为一项世界性的运动和浪潮。

一些学者认为，美国社会学家 F. 法林顿在 1915 年所著的《社区发展：将小城镇建设成更适合生活和经营的地方》一书中，最早提出了"社区发展"这个概念（徐永祥，2000：2）。而作为国际性的概念，则是联合国1955年发表的《社区发展促进社会进步》(*Social Progress Through Community*)报告，该报告对社区工作的界定是："社区发展可以说是一种经由全区人民积极参与并充分发挥创造力，以促进社区的经济、社会进步的过程。"1960年，联合国在其出版的《社区发展与经济发展》一书中指出："社区发展为一种过程，即由人民以自己的努力与政府当局的配合，一致去改善社区的经济、社会、文化等环境。在此一过程中，包括两个基本要素：一是由人民自己参加、自己创造，以努力改进其生活水准；二是由政府以技术协助或其他服务，帮助其更有效地自觉、自发与自治。"（王思斌，1999：115~116）

从联合国的界说来看，社区发展的目的就是动员和教育社区内居民积极参与社区和国家建设，充分发挥创造性，与政府一起，大力改变贫穷落后状况，以促进经济的增长和社会的全面进步。最初，联合国的社区发展计划侧重点在于发展中国家的"扶贫性开发"，后来又延伸到发展中国家的城市社区，如城市住宅和贫民区改造计划等。20世纪60~70年代之后，联合国的社区发展计划越来越强调经济与社会的协调发展，越来越关注居民以及其他社区成员的社区参与和社区管理水平的提高。

由于各主体的角色定位各自不同，因而对社区发展的认识和理解也不尽一致。从政府和行政管理机构以及管理人员来看，社区发展就是推动社会发展的一个过程，是社会发展的一部分，无非是社区发展的内容更为具体，社区发展的主体是社区居民罢了。从学术界特别是社会学和社会工作来看，社区发展是一种"自助计划"或"自助工作"，是一种社区工作的模式，有的则将社区发展"等同于社区工作"（甘炳光等，1998：7）。

我们认为，从社区建设角度看，社区发展是社区基层组织和居民以及政府有关部门相互配合，调动和利用社区资源，通过经济和社会活动，达到改善社区环境、解决社区问题、缓解社区矛盾、提高社区生活质量、促进社区进步目标的过程。从社会工作角度看，社区发展也是一种组织和教育社区成员积极参与改善社区生活环境的活动，通过组织居民参与社区发展的过程，研究社区的共同需要，协调社会各界力量，采取多种方式方法来解决社区问题，推动社区的现代化进程，这又是社区工作目标得以实现的基本手段，从这个意义上说，社区发展是社区工作的一种过程和方法。

2. 社区发展的演进

社区发展的实际内容随着社区的产生而产生。只要人们聚集而居，形成一个生活共同体，就会产生一系列的共同需要，如何解决和满足这些需要，因此而产生了一种互相合作的集体行为，这就是社区发展的最为基本的内容。

工业革命以后，欧洲国家面临在农业社会所没有碰到的一系列社会问题，为了解决新出现的社会问题，这些国家采取了一系列的措施，倡导社区成员自我服务和志愿服务，建立睦邻组织、幼儿园、保健站、培训班等，修建公共活动场所，培养社区成员的自治精神和互助精神，动员成员齐心协力，以在本社区创造出更好的生活条件。当时虽然还没有使用社区发展的概念，但实际上已经出现了现代意义上的社区发展的初级形式，并为后来发展中国家开展社区发展运动提供了一定的经验。

二战以后，一些摆脱了殖民和半殖民统治的国家纷纷独立，但同时又面临贫穷、失业、疾病、经济发展缓慢、教育落后、人口压力等问题。要解决这些问题，仅仅靠政府的力量是远远不够的。在这种情况下，一种运用民间资源、发挥社区力量的构想就应运而生。1948年，联合国提出了经济落后地区的经济发展必须与社会进步同步进行。1951年，联合国经济社会理事会通过了390D号议案，试图通过在经济落后地区建立社区福利中心来推动社区的社会发展，因而转向研究社区发展的可行性。在一些调查中，联合国有关组织的人员发现原来设想的社区福利中心并不能够完全解决经济落后的问题，而以乡村为单位的地方社区建设则是一种更为行之有效的方法。这就是，由政府有关机构同社区内部的民间团体、合作组织、互助组织等通力合作，发动全体居民自发地投身社区建设，由此加快落后地区的经济社会发展。于是，联合国修改了原来的议案，以"社区发展计划"代替了原来的"社区福利中心计划"。1952年，联合国正式成立了社区组织与社区发展小组，1954年改为联合国社会局社区发展组。1957年，联合国开始研究社区发展计划在发达国家的应用，试图通过社区发展解决工业化、城市化带来的一系列问题，并在美国和英国实施了这一计划。全世界有70多个国家都在推行社区发展计划，社区发展成为一股世界浪潮（王思斌，1999：114），成为社区工作的一个重要内容和方法。

中国的社区发展历史始于20世纪20~30年代。当时有两种不同类型的社区发展，一种是在中国共产党领导下开辟的革命根据地和解放区，另一种是国民党统治区的乡村建设和乡村教育运动。革命根据地和解放区的社区发展，以革命为其主要任务，以宣传教育为主要手段，带动生产和社会进步。从对群众生活的关心和采取措施的角度看，也有社区工作和社区发展的成分与因素。在国民党统治区，一些开明的知识分子进行了乡村教育和乡村建设运动，为改变农村的"愚贫弱私"多少做了一些工作。从专业角度说，他们的工作与社区发展的联系更为紧密，在当时对联合国推进发展中国家的社区工作计划产生了积极的影响。

中华人民共和国成立后，在计划经济和人民公社时代，由于体制和其他方面的原因，单位所有制和公社所有制使严格意义上的社区发展事实上处于停滞状态。改革开放以后，社区发展获得了新的活力，在城乡社区都得到长足的发展，特别是随着"单位人"向"社区人"的转变，以及人民生活、工作、居住的社区化，社会问题的社区化，社区发展已成当前城乡社区建设中的重要内容，成为社会发展和进步的重要组成部分。

3. 社区发展的一般原则

从社区现代化发展角度来看，社区发展的一般原则有如下五点。

第一，制定社区发展规划或方案。社区发展是一个过程，在全面了解社区资源与社区成员的需要等基础之上，必须制定较为详尽的发展规划或发展方案。特别是与社区社会工作密切相关的方面，如社区成员困难的解决、社区公共设施的建立和维护等要有具体的落实方案。

第二，充分利用社区资源，提高社区成员的参与积极性。无论是城市社区还是农村社区，社区工作中都要解决社区资源利用、发动群众参与的问题，为此，社区发展要在政府部门的协调下，把各方面的力量团结起来，充分利用社区资源，把社区成员看成社区发展的主体，调动他们的参与积极性，以形成社区发展的巨大推动力。

第三，经济发展和社会发展相结合，重视社区成员的社会福利。社区发展是一个系统工程，涉及经济、社会、文化、政治等多方面的内容，特别是作为社区工作的方法，社区发展在综合发展的同时，必须重视社区成员的社会福利，解决他们在社会生活中所遇到的困难，采取措施调适他们的心理，以使社区成员能以积极健康的心态参与社区建设。

第四，强调社区成员的互助精神。助人自助的互助精神是社区社会工作所提倡的主要精神，作为社区工作的方法，社区发展要通过自助互助活动的开展，发扬"我为人人，人人为我"的理念，提升社区工作的水平。

第五，重视社区工作组织人才的培养和选拔。社区社会工作的开展在很大程度上取决于社会工作组织人才或领导人才的管理，这也是社区发展中的重要内容。为此，在实行民主管理的基础上，要善于培养人才并发挥他们的作用。

第二节　社区社会工作的基本过程

从动态的角度看，社区社会工作与个案社会工作和团体社会工作一样，是一个连续不断的工作过程。这是因为，社会工作帮助社会系统与个人提升社会功能，解决或预防社会问题的产生，都需要经过一个结构化的操作实施，有计划、有步骤地达到改变社会生活的目的，所以，社区社会工作也是一个过程。

我们可以从三个方面来对之进行理解。

第一，社区社会工作的"助人自助"是一个专业性的助人关系，也就是社区工作者和服务对象之间共同处理问题、解决困难、改变环境的互动关系。这种关系不是静止的，而是动态的过程。

第二，社区工作通过具体的工作措施来改变社区和社区成员的状况，比如社区的硬件和软件设施建设、社区居民生活困难的改变等，而这些改变不是一种突变，只是由量变到质变的渐变过程，也是服务对象逐渐形成自我改变意识的过程。同时，面貌的改变不是一蹴而就，一个问题的解决不是万事大吉，新的问题会随时出现。所以说，社区社会工作是一个永无止境的过程。

第三，社区社会工作的开展本身也是一个过程。从专业角度看，从与服务对象建立关系到采取具体的措施和行动，社区社会工作有其符合规律的程序，整个程序的展开就是社区社会工作的步骤和过程。

一　社区分析

社区社会工作的主要对象就是社区及社区成员，为此，社区工作者必须对社区的社情民意做较为详细的调查研究和分析。

首先，分析和明确社区各要素的特点以及各要素之间的关系。社区作为居民生活的社会共同体，通常包括五个基本要素，即地域、人口、心理、组织与设施。地域要素是社区的自然地理与人文地理的空间载体；人口要素是社区运作与变迁的主体；社会心理则是社区的精神纽带；组织是社区活动得以展开的主体与依托；设施是社区生活所必需的前提与基础。不同的要素所构成的社区状况也各不相同，社区的特点、社区的互动、社区成员的价值判断以及社区文化特质都各不相同。因此，社区工作者要对工作的社区之各要素做全面系统的分析，找出其个性特征和规律性的内涵，这是社区社会工作的基本环节。

其次，分析社区的主要类型特征和功能特征。根据地域特点、文化特征、职业结构、居民构成、产业分布等多方面，可以将社区分成不同的类型或功能。如从地域上看，有农村社区、集镇社区、城市社区，以及山村社区、平原社区、高原社区、工厂社区、居民小区等；从文化特征上看，有高校社区、科技社区、文化社区等（指带有地方或地域文化特色的社区）；从职业结构看，有教工社区、农民社区、工人社区、知识分子社区等；从居民的职业、收入、居住构成角度看，有高收入区、低收入区、棚户区以及颇有中国特色的以外来民工为主要聚集点的社区如"浙江村""河南村"等；从产业的分布角度看，有工业社区、农业社区、商业社区等。

每一个社区都有其特定的功能，如经济功能、文化功能、社会功能等，从这一角度看，亦可以将社区分为经济型社区、文化型社区、旅游型社区等，如果再分化得更细些，则和上面提到的产业社区、文化社区等联系在一起。在功能系统中，诸方面的功能总会有一个主要的或占主导地位的功能，找准并发挥好这个功能，对社区建设和社区发展无疑会起到十分重要的作用。

最后，分析研究社区存在的主要问题以做到有的放矢。社区社会工作的主旨是解决社区问题，为社区居民提供物质帮助和心理疏导，为他们排忧解难。为了很好地解决问题，找准社区存在的主要问题是前提条件。

无论什么类型的社区，也无论其功能如何，影响社区成员的生活以及社区发展的因素和问题是无时不在的，但是矛盾的解决不可能一蹴而就，必须在诸多矛盾体系中抓住主要矛盾，避免胡子眉毛一把抓，才能集中有限的财力、物力、人力解决社区和社区成员所遇到的具体问题。

当前，我国城市社区中的部分居民的生活贫困问题日益突出。部分居民面临各种多重困境，造成他们的生活困难，还给他们的精神和心理造成巨大压力，严酷的现实使他们成了弱势群体，是社区中迫切需要加以关注、关照和帮助的对象。如果仅仅靠政府的送温暖工程还不足以解决他们的问题，必须调动社区资源，发挥社区社会工作的作用，才能很好地解决城市社区的问题。

我国农村社区的问题事实上从专业社区社会工作角度的关注起步较晚，以至于真正意义上的专业社区社会工作在我国大部分农村社区尚未确立。当前，贫困、医疗、养老、留守群体等问题已是影响农村社区发展的主要障碍。同样，如果仅仅依靠政府的力量还很难解决农民和农村的社会问题，而充分发挥社区社会工作的作用和功能，则是全面系统地解决这些问题，实现乡村振兴战略的重要举措。

对社区做全面的分析，找准其存在的主要问题，对于社区社会工作是至关重要的，因此说，社区分析是社区社会工作的第一个过程。

二 建立关系

社区社会工作的建立关系就是进入社区，与有关的人士和机构建立专业助人关系。社区工作者所要建立的专业助人关系的对象主要包括社区居民、社区机构与社区团体，以及社区中有关机构、社团的领导人物和各界的代表人物、知名人士。建立专业关系，了解社区居民的需求，是社区社会工作实质性程序的第一步。

建立关系从拜访社区的重要人物与社区机构入手，有时也开展一些有利于社区居民的活动来吸引社区居民接纳社区工作者。其主要目的是让社区居民能够了解社区工作者与社区工作的作用和意义，社区工作者则需要寻求工作的对象以及社区社会工作的支持者。

按台湾学者徐震、林万亿（1999：268）的观点，社区社会工作与社区居民建立服务的初步关系有：

（1）提供配合服务对象需求的服务渠道；

（2）了解与评判社区居民所遇到的问题及其自助意愿；

（3）决定如何提供进一步的服务计划；

（4）让社区居民了解社区工作机构与社区工作者的能力和职责；

（5）明确服务的范围，认定服务对象资格；

（6）建立和谐、合作的关系；

（7）协商服务契约的建立；

（8）确定社区居民、社区组织与社区领导人才的角色；

（9）在接触的初期就要对服务对象提供适当的帮助，以获得其信任。

我们认为，建立专业性关系是社区社会工作实质性工作的第一个步骤。所谓专业性关系，就是社区工作者与其服务对象之间为了一个共同的目标，在特定的时间和空间里，社区工作者运用专门的知识和技巧，与服务对象进行态度、情感的互动，为物质上的援助和心理上的疏导做准备。

首先，为了做好专业关系，社区工作者必须对服务对象的困难、想法、愿望等有较为详细的了解，特别是服务对象心理上的顾虑。

其次，社区工作者要做到角色互换，能设身处地充分考虑服务对象的处境，而不是把自己仅仅定位在工作主体上。从这个角度说，社区工作者要能够做到社区社会工作主体与客体的统一。

最后，社区工作者不仅要把服务对象看成工作对象，更为重要的是要把服务对象当成平等的个体，以尊重与诚恳的态度对待服务对象，积极主动向服务对象表达愿意协助的态度以及实施帮助的计划，让服务对象觉得社区工作者的工作不是出于怜悯，而是出于真诚。

总之，通过建立专业关系，社区社会工作要能达到两个目的：社区工作者找准社区存在的主要问题，明确帮助的对象，制订帮助的计划，使社区居民"知道我是谁"，以寻求社区工作的支持者；社区工作的服务对象如实反映遇到的困难，积极配合和支持社区工作者，共同开展"助人自助"的社区社会工作。

三　资料收集

与社区和社区居民建立了专业关系之后，社区社会工作的下一步过程和程序就是资料的收集和分析阶段。我们在第一阶段所讨论的关于对社区的分析，那是对社区的自然、人文、经济、社会概况的总体分析。在这里，我们主要讨论的是对社区的具体资料收集和研究、社区资料的分类以及社区调查的特点和方法。

1. 社区资料收集内容的具体性

从内容上看，社区资料的收集包括：社区主要问题的详细资料；社区资源的详细资料；社区需求的具体资料；社区评估；等等。

社区所存在的主要问题分析在第一阶段尽管已经做过这项工作，但是那只是总体的，还不具体。在具体的资料收集过程中，要求社区工作者深入社区，对影响社区居民生活、制约社区发展的因素做全面而系统的分析和研究。例如，社区内的生活贫困线如何划定，低于贫困线的人口数量有多少，他们的职业结构和年龄结构以及性别结构又是什么，贫困人口致贫的主要原因和次要原因是什么；又如，社区中 60 岁以上的人口数量是多少，他们的养老方式与需求是什么，经济来源是什么；再如，社区内贫困学生有多少，他们的心态如何。这些都需要社区工作者做深入细致的分析，以使社区帮困工作能做到心中有数。

同样，其他诸如社区资源、社区需要的资料收集都是这样，要相当详细和具体。比如社区的人力资源的量和质各是什么，就是说，社区内有多少可利用的人力资源，包括社区内本地劳动力和外来劳动力的数量及其二者的比例；社区内的人力资源结构如何，特别是学历、技术、专业等方面的分布状况如何等，都要做详尽的了解和分析。再比如在一个特定的时期，社区的主要需求是什么，社区居民最需要解决的问题是什么，不同年龄阶段、不同职业结构、不同收入水平的群体其各自的要求是什么，这些都要了解清楚。只有做到心中有数，才能为社区工作的开展奠定良好的基础，提供便利的条件。

2. 社区资料的分类

分析了解社区情况需要获取两类资料，一类是硬性资料，另一类是软性资料。所谓"硬性资料"，通常是指可以计量和量化的资料，是一种客观的东西；而所谓"软性资料"，则指无法量化的资料，是人们对事物的主观意见和看法。

（1）社区硬性资料的收集。社区硬性资料包括社区人口数量、年龄结构、性别结构、失业率、各行业的从业人数及在劳动力总数中的比例、经济结构，以及其他可以量化的客观资料等。在社区分析中，我们曾提出对社区的经济、社会结构做具体了解，主要就是指对社区问题的初步把握，这里所讨论的主要指对社区问题的量化与详细掌握。

硬性资料的收集可以通过文献统计资料以及实际调查统计获得。文献统计资料可以在政府有关部门和有关专业调查部门（如城市调查队、农村调查队、统计局、民政局等部门）得到。而实际调查资料就要通过有目的的实际社会调查，从调查资料中分析研究得出。

（2）社区软性资料的收集。软性资料分析主要指对客观事物的主观分析，比如，如何看待社区贫困问题，如何解决失业问题，如何认定需要得到社会救助的个体，怎样为社区老人提供服务，等等，这些不仅不能以数量化来界定，而且对待同样的问题，不同的人往往会有不同的看法和意见。为此，要求社区工作者要深入社区实际做调查研究，特别是要广泛接触社区群众，以收集到全面系统的资料。

3. 社区资料收集的途径和方法

根据社区硬性资料和软性资料的分类，我们认为，社区资料收集的途径主要有两大类，即文献调查和实证调查。

（1）文献调查。这里所说的文献调查并不仅仅意味着利用现成的文献统计资料，还包括社区工作者对已有资料的分析、整理和研究；不仅指社区工作者到有关部门查询有关文献资料，更要求社区工作者结合社会调查，修正充实现有的文献资料。

（2）实证调查。实证调查是了解社情民意最好的方式，通过社区工作者深入社区的调查研究，可以在更深层次上把握社区的各种信息和资料，了解社区居民之所想和社区之所需。

通过实证调查来收集社区资料的方法有以下四种。

问卷法。根据需要调查的内容，确定问卷项目的设计。除让被调查者做出答案选择外，还要让他们有对某项内容或某一问题有自己的意见和看法的余地，从而尽可能多地了解社区成员对社区某些问题的意见以及他们的需求。问卷法最大的缺点就在于，由于问卷设计的限定，调查者所能得到的数据大多来自问卷上的选项，即使有"其他"的栏目让被调查者自己填写，但囿于篇幅和其他主客观原因，被调查者不可能较为充分地将自己的意见在问卷上写出来。

访问法。由于访问法或访谈法是调查者和被调查者面对面的互动与交流，因此，问卷法的缺陷在这里就得到克服和避免。社区工作者和社区调查人员能够就某些社区问题和社区居民展开充分的讨论，这无疑更有助于了解社区状况和社区成员的想法，为社区工作的介入与干预提供事实依据。

咨询法。咨询法实际上属于访谈法的一种，无非是，访谈法的对象是包括服务对象、社区居民在内的所有被访问者，而咨询法则主要是向有关专业人士做访问和咨询。若调查社会福利问题，就要向民政部门的有关专业人士、医疗卫生部门、劳动部门以及社会保障部门等人士做咨询，以获得较为科学的认识。

观察法。观察法是调查者在已掌握有关问题的背景知识和资料的前提下，通过深入社区做实地观察（包括访谈等）而进一步获得感性知识进而可以上升到理性知识的过程。在观察过程中，调查者往往可以补充原来资料的不足，或者确认或否认原来的某些认识，特别是可以发现一些原来所没有掌握到的资料，使自己在某一方面或某些方面得到启发，从而对社区问题的认识和解决形成新的思路。

四　计划制订

计划制订即具体拟定社区发展计划。社区发展计划又可以理解为社区发展设计和规划。计划或规划的制定是一个理性思考和做出行动的过程，包括目标的选择与制定以及为了达到目标而制订的行动方案。

在社区计划的制订过程中，要求社区工作者与社区有关的行政管理机构和管理人员、社区有关成员以及服务对象一起参与目标的制定以及对行动策略的选择。因为如果没有这些管理机构、人员以及社区居民的参与，社区工作者的计划就可能是脱离实际的空想，不可能得到落实和实施。

1. 社区发展目标的制定

从内容上讲，社区发展的目标涉及社区内的方方面面，有社区的硬件设施建设和软件建设，有社区居民福利水平的改善和提高，有社区及社区居民具体问题的解决，有社区问题的防范，等等。这就需要社区工作者依照对社区资料的分析和研究，系统地制定出适合本社区发展的目标。从目标的分类看，社区发展的目标有长远目标、短期目标，总体目标、具体目标以及阶段目标等，社区工作者要根据社区的社会、经济、文化结构和具体状况，分别制定出各种层次的目标。

制定目标的原则如下。

第一，目标明确。目标是可以评估甚至有些还可以量化的工作方向和要达到的一种状况，因此，目标不能含糊不清或在理解上产生歧义，而要在表述上明确，有些需要尽可能通过量化形式来表现。如在一年里，要使社区的贫困人口减少至多少；社区居家养老服务覆盖率达到多少；等等。这样不仅可以使社区工作的具体开展有据可依，而且可以为以后的社区工作评估提供根据。

第二，整体规划。尽管有多层次多种类的目标，然而目标是一个系统，也就是说，各种目标完全是一个系统中的诸要素，其根本指向是一致的。因此，要从总体上做规划，避免目标之间的对立和冲突。

第三，目标文本要妥善保存。保存好目标文本不仅是社区工作评估的需要，还是社区工作历史资料研究和比较的需要，也是目标再次制定时参考的需要。

2. 社区工作实施计划制订

目标确立之后，就要制订具体的实施计划。如果说目标是"干什么"，实施计划就是"怎样干"；目标是过河，计划就是设计桥或船。例如，社区老年人的赡养照顾、社区居民的医疗保健问题，是社区发展中较为重要，也是较为棘手的问题，特别是一些患有重症的、失依的老年人，解决他们的问题是社区工作的题中应有之义，但究竟采取什么样的措施来解决，这就要需要制订社区工作的实施计划。

制订实施计划的原则如下。

第一，详尽、具体。详尽、具体的实施计划能够给社区工作者和社区居民提供具体的行动步骤和依据，使工作的实施能有计划性和目标性，不至于造成瞎子摸象，心中无数。

第二，实施计划的制订要充分考虑到社区资源所能够提供的条件以及社会的整体水平。计划的实施要有社区资源在物质和精神上的支持，要有整个社会的外部条件做保证，如果制订的计划过分超越或滞后于社会整体水平，那么该目标的可行性和可靠性就是值得怀疑的。

第三，计划要与社区工作的总体目标相符合，计划的实施也要能够评估。

第四，广泛征求社区居民的意见。在社区计划中，社区工作者主要扮演专家或专业工作者的角色，社区工作中的一切事务如社区诊断、社区分析和研究、社区组织运作、社区工作评估等都是由社区工作者来执行。但是，作为社区工作的"消费者"和社区计划的受动者——服务对象，虽然不直接参与社区计划的制订，但由于社区工作是直接面对他们，最终的评估也要依赖他们，因此计划制订中充分听取他们的意见是十分必要的。

五　工作推进

社区工作推进是社区工作者激发社区居民行动起来，将制订的计划付诸实施的过程。换言之，社区工作推进就是调动社区一切力量，采取具体措施，求得权力与资源合理的分配与再分配，以达到解决社区问题、促进社区发展之目的。

1. 社区工作推进的主体角色

社区工作具体推进的过程就是社区工作者引导社区居民，共同解决社区问题，或者争取他们自己权益的过程。社区工作开展与推进的主体就是社区工作者，在工作推进中，社区工作者所起的作用非常重要，他们本身的素质与业务以及工作方法对于社区行动的效果具有很大的影响。从一般意义上讲，社区工作推进主体即社区工作者扮演着三种角色：教育者、资源提供者和鼓动者（苏景辉，1997：123）。

所谓教育者角色，就是协助社区居民认准要解决的问题以及探索解决问题的思路，并帮助人们积极想方设法摆脱困境。

所谓资源提供者角色，意指社区工作者动员和利用一切可以利用的自然和社会资源，如经费、人力、社会关系，甚至各种宣传需要的会场、报刊等。

所谓鼓动者角色，是指社区工作者帮助弱势群体分析自己的有利条件和不利因素，提高战胜困难的勇气和信心。

从以上三种角色来看，社区工作者不仅仅是行动者，还是使能者与倡导者，即还要鼓励居民团结起来，争取其权益，提升其参与能力，强化其社会意识。

2. 社区工作推进的主要方法

根据各社区的特点与特征，社区行动会有各种不同的具体方法，从总体上说，可以将一般方法分类如下。

（1）召开会议。这是社区工作推进与开展的基本方法，按照徐震等的说法，社区会议是一种组织，也是一种结合社区力量，通过意见交流和经验分享而达成共识的过程与方法，具有教育与组织的双重目的（徐震、林万亿，1999：273）。社区行动的对象是社区中需要帮助的居民，其工作涉及社区的所有成员，需要社区内的机构、团体以及社区成员的通力合作。因此，社区工作推进的重要步骤应该是通过不同层次、不同对象、不同主题的会议，将一段时间内所要解决和处理的主要问题与社区大众共同讨论、交流意见，以取得多方面的支持和合作，同时研究和组织具体行动的展开。

（2）集体行动。在某些情境下，社区介入的对象是无权无势的社区居民，他们拥有的资源非常稀少，在社区行动中唯一能起到重要作用的是组织和团结起来的力量。因此，在社区工作推进过程中，通常要求居民在共同利益的基础上团结一致，采取集体行动，为争取自己的权益和权利而共同努力。我们认为，由于国情、社情的不同，我们所理解的集体行动不是建筑在对峙、冲突的基础之上，不能试图通过采取过激的方式来促成问题的解决。我们所说的集体行动是，社区工作者动员和组织社区群众，为他们的共同利益而出谋划策、想方设法，尽可能地维护和争取自己的合法权益，争取社区和社会的公平和公正。

（3）教育宣传。社区工作的成败关键在于社区居民是否热心参与和支持，而群众的支持又与他们对社区工作的认识和了解有很大的关系。为此，必须加强教育和宣传，使民众了解社区工作、社区工作对他们有什么帮助、他们为什么要参与社区工作等。除通常的媒体宣传外，还要利用家访、展览、示范等形式，在社区中以直接的方式来宣传社区工作，以调动社区群众参与社区发展和社区工作的积极性。在我国，目前社会大众对专业社会工作与社区工作的知晓度与认知度仍比较低，即使有些工作带有社区工作的性质，但人们往往把其视为一种政府的帮困济贫行为或是社会团体的慈善行为，没有普遍认识到社区社会工作是一项具有专业性和职业性特征的、在现代社会不可或缺和不可替代的事业。为此，在社区工作推进开展的过程中，宣传教育的工作尤为重要。

（4）沟通协调。社区工作的对象虽然是社区居民，但居民之间各自的需求和要求并不尽一致，为了满足他们的需要，社区工作者必须和社区有关方面进行多维度的联系和交往。同时，不同社区组织之间的资源与信息，也因通过一定的沟通协调机制，实现互通有无或者共享。因此，协调工作就显得十分重要。通过协调工作，社区居民之间、社区居民与社区组织之间、社区组织之间可以交换信息，沟通意见，协助明确分工与相互支持，减少冲突，使社区工作能取得理想的效果。

此外，社区工作具体推进与开展的方法还有财务上的管理、人事上的安排等诸方面内容，由此构成了社区行动的方法体系。

六　成效评估

社区工作的具体计划实施如何，在工作了一个阶段以后要进行成效评估，以检验社区规划和计划的落实情况。

在总体上，社区工作评估的目的有：

第一，有助于及时修正社区工作方案，使之更加契合社区发展；

第二，通过社区工作成效评估，取得社区群众的信任和支持，也可以使社区工作者具有成就感；

第三，从社区工作成效的评估，可以测定社区的发展变化状况；

第四，有助于社区未来方案的设计更为合理。

社区评估的原则和要点可以概括为：

第一，要确定科学的评估方法，制定完整的评估体系，使评估项目具体化；

第二，评估工作要由社区工作者、社区行政管理人员、社区群众以及相关的专家或学者参加，以做到评估结果的科学性、客观性和真实性；

第三，衡量社区发展和变化，要设定经济、社会、心理、文化、组织等多层面的内容，以从综合的角度反映社区工作的成效；

第四，既要有定量的评估，也要有定性的评估，以全面、系统地掌握社区工作的成效。

评估工作具有以下四个方面的特点。

第一，评估受社区工作者的价值观和理论框架的影响。价值观和理论框架不同，其评估的切入点也就不同。

第二，评估是一个相对的、动态的过程。社区工作本身就是不断发展的过程，评估工作只是对某一段时间社区工作的评估，而社区工作还在继续进行，因此，评估具有相对性，必须随着社区的发展而随时做调整，以新的标准对之评估。

第三，评估是社区工作者与有关社区服务对象一同参与的过程。正如社区工作计划不能仅仅由社区工作者所制订一样，社区工作成效的评估也不能单独由社区工作者来完成，而必须与社区有关成员和案主一起，对某一段时间内的社区工作进行评估。只有这样，才能与服务对象和社区居民一起发掘问题、了解问题的成因，共同寻找解决问题的方法和途径。

第四，评估是一个分析与行动并重的过程。评估的过程需要运用理论和知识去分析社区工作的过程和结果，总结出经验性和规律性，同时还要结合正在进行的社区发展和社区建设，做出正确的评估，找到成绩，克服不足之处，明确下一步的工作重点。

第三节　社区社会工作的基本原则

由于对"原则"有不同的理解，因而人们对社区工作的原则也有不同的见解。我们认为，从概念上讲，"原则"指一种依据和标准，带有普遍性。社区社会工作原则是指社区工作本身所要求的工作标准，是社区工作者在开展具体的工作时所需要遵守的准则。从本质看，社区社会工作的原则是社区工作的一般性或普遍性的客观要求。根据这种理解，我们粗略地把社区社会工作的原则归纳为以下几点。

一　致力于社区发展的原则

社区工作的宗旨是"助人自助"，但其根本目标应该是通过直接和间接地帮助社区成员解决他们遇到的实际困难来促进社区的健康发展。社区社会工作的基本原则就是以社区综合发展为目标。坚持这个原则，就是在社区工作实践中，要克服和避免就事论事的扶贫帮困方式，而要把解决居民的实际问题与社区发展、社区治理紧密联系起来。事实上，脱离社区发展和社区治理，失却社区的支持，也是无法孤立地做救助式的工作的。为此：一方面，社区工作者要深入社区，了解居民的实际困难，调动一切可利用的社区资源来为他们排忧解难；另一方面，也要变"输血"为"造血"，动员和组织社区民众以积极参与社区治理的方式来改变自己的不利条件，把个人问题的解决和条件的改善与整个社区发展结合起来。

二　以人为本原则

社区工作是透过居民的参与来影响政府的决策，通过社区资源的运用，改善社区设施建设及服务，解决社区问题，其中，关心人、爱护人，培养和激发居民战胜困难、解决问题的信心和能力是至关重要的。以人为本，是社区工作的重要原则。人的发展是社区发展的基础，也是社区工作的基础，因为只有为社区居民着想，为他们参与社区发展创造条件，积极为他们解决问题，才能充分体现社区工作的宗旨。为此，社区工作者应该把社区居民的利益和要求放在首位，在帮困的同时，还要注重社区居民的教育和心理疏导，培养他们参与社区治理的能力和技术，最终推动社区发展与社会进步。

三　社区居民自助参与原则

社区居民自助参与是社区发展的重要推动力。在社区发展和社会工作的开展过程中，社区居民应该对社区问题和社区事务负有重要责任，应该发挥互助合作的精神，以积极主动的姿态参与社区工作，配合社区工作者，采取行动，谋求对策，解决社区和自己的实际问题。协助社区居民达致一种较新的和较好的与生活环境之间的适应能力和状况，是社区工作的目标之一。要达到这一目标，单靠社区工作者的工作是不够的，还必须使社区居民以主人翁、当事人的态度，坚持用自己的力量来解决自己的问题，这样不仅有利于解决具体问题，从长远来看，还有利于提高社区成员的整体素质，提高社区综合发展水平。

四　社区自决原则

社区工作的目标是使人们对其自身的环境有较多的自决能力，也就是说让社区居民能够自己决定自己的事情。因此，使社区居民自己选择和决定社区事务，采取适合他们的行动，是社区工作的重要原则。社区工作者要尊重社区自决原则，以保证在社区工作中，减少和杜绝先入为主的主观主义作风，不以社区工作者的喜好和价值观去左右社区居民的行动，让社区居民充分发表自己的观点、意见和看法，以利于实事求是地开展社区工作。

第七章　社区社会工作的主要技巧

如第六章所述，社区社会工作的专业过程包括社区分析、关系建立、资料搜集、计划制订、工作推进与成效评估六个核心环节。专业社区社会工作在具体开展时，每一具体环节均可遵循一定的方法技巧，以提升社区社会工作实践的效果与效率。鉴于社区分析与资料搜集环节均是针对社区及社区居民的情况进行了解与调查，因此，本章将这两个过程的方法技巧合并来介绍，即根据社区工作过程，分别介绍社区调查分析、社区关系建立、社区计划制订、社区工作推进与社区成效评估的主要技巧。

第一节　社区调查分析

社区是社区社会工作的工作对象与工作环境，社区社会工作的首要环节即是对社区的要素、特征、功能等进行初步分析，以对社区有个大体的了解。在社区工作者与社区居民及社区组织建立关系以后，还需对社区及社区居民情况进行详细的资料搜集工作。社区社会工作的开展是建立在社区工作者对于社区的精准认知与理解基础之上的，社区分析与社区资料搜集的技巧可统称为社区调查分析技巧。

一　社区调查分析的主要内容

1. 社区历史与现状概况

社区工作者首先应大体了解社区历史发展沿革，比如社区的历史可追溯的年代，社区设立于何时，社区曾经所经历的变迁与发展……此外，社区工作者还应对社区的基本现状有清楚的把握，比如社区的边界范围、社区的行政划分、社区的地理位置、社区的自然条件、社区的贫富情况、社区的发达程度、社区的土地性质及其各自的比重与用途、社区的住宅性质……这些均是社区社会工作具体开展的前提与依据。

2. 社区基础设施

社区基础设施是影响社区居民生产生活与彼此互动的基础。社区工作者应通过详细的社区调查，了解社区的基础设施状况，主要包括如下几方面。

（1）社区交通设施，比如：社区的道路情况如何？社区的公共交通配套如何？

（2）社区照明设施，比如：社区的公共照明是否充足？分布是否合理？公共照明设施是否有所损坏？维护情况如何？

（3）社区水电设施，比如：社区是否有直接入户的供水、供电、供气系统？社区的水电气供应是否充足和连贯？社区居民的水电气使用的安全性如何？社区是否有非法连接电线？社区水质状况如何？是否有居民使用受污染的水源？

（4）社区排水设施，比如：社区下水道是否易堵塞或外溢？社区道路到雨季是否容易积水？如果是的话，原因可能是什么？

（5）社区卫生设施，比如：社区的公共厕所分布如何？公共厕所的卫生状况如何？社区的垃圾收集与清理如何？社区垃圾是否分类回收？

（6）社区邮政设施，比如：社区是否有逐户的邮政传递设施？如果没有，社区居民的邮件如何处理？社区是否有快递柜等设施？如果有，其维护情况如何？

（7）社区娱乐设施，比如：针对社区不同群体，如老年人、儿童等，是否有足够的公园、游乐场及其他娱乐空间？相关的装备和设施是否充足？相关设施是否维护良好？是否可能具有安全隐患？

（8）社区商业设施，比如：针对社区居民的日常生活的基本需求，社区是否具有相应的各类商业设施？其运转情况如何？是否能够满足居民的需求？

3. 社区居民

社区居民是社区活动与社区发展的主体，也是社区社会工作的工作对象，社区居民的基本状况亦是社区工作者开展社区调查研究所必须详细搜集的资料，具体可包括如下几类。

（1）社区居民的基本社会人口学信息，比如：社区人口规模，社区人口性别、年龄段、户籍等方面的比例与分布状况，社区流动人口的状况，不同的民族、宗教背景情况。

（2）社区居民的家庭基本状况，比如：家庭的规模，家庭的类型，独居、失独、贫困等特殊家庭的情况，家庭居住是否存在过度拥挤的状况？卫生间等基本设施是否齐全？

（3）社区居民的就业状况，比如：社区居民的职业分布情况、社区失业人数及其原因、"双失"家庭的数量。

（4）社区居民的价值观与传统习俗，社区工作者应理解社区居民的传统习俗与价值观，以避免在后期的工作做出违背居民的传统的举动，而导致社区工作者不被居民认同与接纳。此外，社区居民的价值观也是社区活动开展或者社区行动的重要依据。

（5）社区居民的互动和参与，比如：社区居民之间日常的互动频率如何？彼此间的主要互动方式有哪些？社区居民对于社区活动的参与度如何？

（6）社区居民的态度，比如：社区居民是如何看待其所生活的社区的，他们认为社区的优点与缺点分别是什么？社区居民对于社区参与的态度和认知怎样？社区居民是如何看待社区服务机构的？社区居民对于社区工作者的印象与态度如何？

（7）社区居民的需求，比如：社区居民的普遍诉求有哪些？不同类型的遭遇特殊困难的居民，比如老年人、残疾人、困境儿童、贫困者等，他们各自的需求又包括哪些？

4. 社区组织

社区组织是社区活动开展与社区服务供给的载体，各类社区组织也应是社区工作者进行社区调查分析的重要内容，社区组织可包括正式组织与非正式组织两类，具体可分别进行研究与分析。

（1）社区正式组织，包括社区内的政府机构、非政府组织、政党与宗教团体、社会服务机构等，具体分析这些组织的性质、功能，以及彼此之间的关系及其所能提供的社区资源。

（2）社区非正式组织，社区非正式的网络结构提供了社区生活中错综复杂但更为有效的沟通渠道，比如社区老年人健身队、社区家庭主妇、社区棋牌室活动者等均是社区非正式组织的表现形式，社区工作者应具体了解社区的非正式组织的参与者、互动和活动方式及其对社区沟通的影响。

5. 社区服务

社区服务的供给是满足社区居民需求，体现社区的本质功能属性的重要形式。社区服务的供给状态亦是社区调查分析的重要内容，社区工作者可结合社区实际，具体分析以下几方面。

（1）社区服务的主体，比如：提供社区服务的各类组织有哪些？公办的还是民办的？其运营状况如何？

（2）社区服务的性质，比如：各类社区服务是否收费？是否以营利为目标？

（3）社区服务的对象，比如：各类社区服务的重点服务对象分别包括哪些？针对服务对象有没有进行类型化划分？针对服务对象的覆盖率怎样？服务对象的满意度如何？

（4）社区服务的内容，比如：社区生活服务、社区教育服务、社区健康服务、社区心理服务以及其他法定或志愿性质的服务等具体开展实施情况。

6. 社区可能存在的问题

应对与解决社区问题是社区社会工作开展的中心任务，在社区调查分析阶段，社区工作者应针对社区所存在的问题进行初步分析，为后续的工作做铺垫。社区工作者可以初步分析：社区存在哪些问题？这些问题的性质与影响范围如何？导致问题产生的原因可能有哪些？针对这些问题目前已有哪些应对措施？效果如何？

二 社区调查分析中资料搜集的主要途径

社区调查分析本质上是以社区为分析单位的社会研究过程，相关社会研究的方法与渠道同样可适用于社区调查分析。鉴于社区社会工作的偏实务性质，社区社会工作中社区调查分析最常用的资料搜集的途径主要包括文献法、观察法与访谈法。

1. 文献法

查阅现有文献资料是了解社区现状的重要途径，社区调查分析可以下列文献作为资料来源。

（1）官方统计资料，比如关于社区的人口普查或者抽样调查资料，具体描述社区人口的年龄、性别、户籍、受教育程度、民族、职业状况、经济状况、住房情况等。

（2）社区当地的档案及现实资料，比如历年关于社区的新闻报道、社区的工作记录与总结、社区服务指南、发放给社区居民的邻里地图和小册子等。

（3）其他社区组织的记录，比如组织工作记录、研究报告、会议记录、工作年报等。

2. 观察法

观察法是社区工作者通过感觉器官去体察了解社区、社区居民的现状，以及所存在的问题的。社区工作者可通过街头漫步等非参与式观察的方式了解社区的外部环境、设施与资源状况。在更多的情况下，社区工作者是在具体的工作实践中通过参与式或者体验式观察，了解社区的现状与问题、要素与功能，了解社区居民的生活特点、互动方式及面临困境，了解社区组织运营状况与发展方向，等等。参与式观察是社区调查分析中获取大量真实有效资料的重要途径。

3. 访谈法

访谈法是社区工作者通过口头询问的方式了解有关社区、社区居民及社区组织的信息的重要方法途径。社区调查分析中的访谈法一般指非结构化访谈，即社区工作者根据调研目标，与相关对象比如其他社区工作者、各类社区居民、社区领袖、社区组织负责人、社区志愿者等进行自由交谈。访谈过程基本是灵活自由的，一些问题可以边谈边形成、边谈边提问。通过交流沟通的过程，社区工作者可掌握社区的大量第一手信息，作为社区调查分析的重要依据。

第二节　社区关系建立

社区关系建立的过程是社区工作者进入社区，初步与社区居民以及社区组织开展工作，让对方知道"我是谁"的过程，同时也是社区工作者进一步找准社区问题，经由相关问题而介入社区服务的过程。社区关系建立，主要需探讨两方面的方法技巧：一是如何与社区居民建立关系；二是如何进行事件介入。

一　与社区居民建立关系技巧

社区社会工作的顺利开展以社区工作者与当地居民的良好关系的建立

为前提，与居民建立关系的过程，围绕居民的联系，可包括联系前、联系中与联系后三个主要阶段，每个阶段应注意一些方法技巧的使用。

（一）与居民联系之前的准备

在与居民联系前应做好相应的准备工作，以使后续的联系工作更加顺畅，具体的准备工作如下。

（1）准备联系目标。社区工作者应决定好通过本次联系工作主要的目标是什么，比如社区工作者的形象建立、了解居民对某一事件的感受、社区基本资料搜集、对某户家庭进行更为深入的了解。

（2）准备联系对象。社区工作者应决定本次探访的主要对象及其相应的探访顺序。在关系建立阶段的探访对象，通常是认识社区工作者的居民、相关事件当事人或者社区领袖，并且应对被访问对象的需要和问题有所认识。

（3）准备联系时间。在联系居民之前，社区工作者应决定好探访的时间，一般以居民方便考虑为主要原则。比如安排在下午三四点、晚上八九点，但也以不同地区不同居民的生活习惯为依据。

（4）准备联系场合。社区工作者应选择好与居民会面的场合，一般视情况而定，可选择在居民家中、公园、咖啡厅、商店、社区活动中心、广场等。

（5）准备联系话题。社区工作者在联系居民前应准备一些话题，以避免冷场与尴尬。比如准备一些社区活动宣传单、社区服务资料，借此向社区居民介绍服务资源；向居民介绍社区设施的供给情况与未来发展规划；找出社区工作者与居民的共通之处。

（6）准备合适的穿着。社区工作者应考虑自己希望在群众心目中留下的印象，同时考虑对方的社会背景。一般情况下，探访普通社区居民时，社区工作者穿着以简单大方为宜，不可太过随意，否则不利于增进居民的信任感；也不应太过正式，否则会使居民产生距离感。

（7）预想可能发生的问题及应对策略。社区工作者在联系居民之前应预先设想到初次探访居民可能会遇到的问题，并想好可能的应对方法。比如对方不信任怎么办，对方一味抱怨如何应对。

（二）联系/拜访居民

在做好充分的准备以后，社区工作者应开始拜访居民，与居民建立专业的助人关系，一次拜访的过程主要包括自我介绍、开展对话、维持谈话、拜访结束四个环节。

1. 自我介绍

在初次拜访居民时，社区工作者应恰当地向居民介绍自己，一方面可成为对话的开场白，另一方面使对方知晓自己的身份与来意。自我介绍的技巧包括：①用滚雪球方法，指出自己是由居民所熟悉的人介绍来的，比如社区书记、社区知名人士等；②将自己与居民所熟知的或者成功的活动相联系；③对于个别疑心较重的被访者，可出示工作证让他消除疑虑；④主动派送一些实用资料和宣传单，比如社区服务指南、社区地图等；⑤清晰介绍自己探访的目的，其中要表达出工作者的真诚与关怀；⑥配合以热情、主动、积极的语气和笑容，保持耐心与谦虚，切忌与居民争论；⑦介绍注意运用群众的语言，避免过多使用专业术语（甘炳光等，1997：106～107）。

2. 开展对话

社区工作者与居民开展对话应遵循由浅入深、由简单到复杂的原则，即刚开始对话时应避免直接谈论一些敏感话题，而是提问一些比较平常容易回答的问题，比如"家里几口人啊？""来这儿住几年啦？"。此外，社区工作者开展对话可充分利用周边的情境来展开话题，比如居民家里有小朋友在玩耍，可以从小朋友的娱乐需求入手，与居民进行交流沟通。

3. 维持谈话

通过初步的沟通与对话，减低了居民的疑虑并使双方放松后，社区工作者便需要立刻根据事先确定的探访目标来进一步维持并深入对话。工作者对于居民的提问方式可由封闭式问题转向开放式问题，由事实陈述转向与居民交流个人的经历、感受和看法。比如从之前谈"小朋友平时的娱乐项目"，转向谈"对社区的儿童娱乐设施的使用情况与满意程度"等。在与居民交谈的过程中，社区工作者应注意"积极聆听""同理反应"等会谈技巧的运用。

4. 拜访结束

一般情况下，社区工作者在初次联系居民时的对话不宜太长，在与居民谈话沟通了一段时间以后，可适时结束拜访。社区工作者在结束对话前，应对本次交流沟通做一个简单的小结，并对居民的配合与付出表达感谢，同时"留下尾巴"，即说明后续还会与居民保持进一步的联系。

（三）联系/拜访居民以后

社区工作者在某次的拜访结束之后，应及时进行记录、总结与评估。工作者要记录探访居民所获取到的所有信息，比如居民的个人情况与家庭背景、居民所面临的个人困扰、居民对于工作者拜访的反应、居民的热心程度、居民的具体联络方式、工作者对该居民的印象等内容，为后续的进一步联系打下基础。此外，社区工作者也应及时针对本次探访进行总结评估，评估本次探访是否达成预定的目标，评估本次探访中工作者自身的表现如何，有哪些方面仍需要改善与提升等。通过此过程，拜访居民才能收到相应成效，并使社区工作者获得自我成长。

二　社区事件介入技巧

介入具体的社区事件往往是社区工作者快速并有效与社区居民和社区组织建立关系的策略。因为社区事件往往引人关注且影响面广泛，事件介入也应是关系建立阶段社区工作者需重点关注的方法技巧。

1. 社区事件的选择

成为社区工作者可选择介入的社区事件应具备以下条件。

（1）事件应当简单直观，使普通社区居民都可以理解并感知到社区问题。比如"社区缺乏充足稳定的供水"即优于"动员社区居民参与社区规划"的事件描述。

（2）事件应当是非分明，即该事件有明确的正确的立场，而且居民是站在正确的立场之上。

（3）事件应当为公共困扰，即该事件应当是能够直接或间接影响社区大量居民的公共问题，而非仅是个别居民或家庭的私人麻烦。

（4）事件应当可团结群众，即针对该事件的态度，社区居民内部不存在分歧，可以达成相同的意见，可以团结起来采取一致的行动。

（5）事件应当可以解决，即该事件应当是能够通过社区工作者与居民一起努力应对与解决的，而并不是无能为力的。社区工作者可与居民一起，针对该事件的解决规划具体的策略与步骤。

（6）事件应当能使居民产生强烈感受，即该事件不应是社区工作者所认为的问题，而应是社区居民能够强烈感受到的问题。否则若只是按社区工作者所理解的事件去动员并介入，很有可能并不能吸引居民参与。

（7）事件最好能够孕育社区组织，即该事件的应对解决应当不是社区工作者个人的孤军奋战，而应能与社区居民一起，共同努力以解决该社区问题。居民通过参与可以学习和实践组织技巧，为社区自组织的孕育发展奠定基础。

2. 围绕某一社区事件具体组织工作

当社区工作者选定可介入的社区事件或者社区问题以后，后续的工作即应围绕这一事件开展具体的组织实施工作。根据香港学者的观点，具体包括评估问题的性质、确定目标和优先次序、鼓励及发展领袖、决定战略和行动以及反思评估等核心步骤（林香生、黄于唱，2002：109～111）。而这些工作基本与后续的社区计划制订、社区工作推进和社区成效评估的任务环节是重合的，在下面几节的内容中会详细呈现，在此便不再赘述。

第三节　社区计划制订

社区计划制订是根据社区工作者对于社区、社区居民、社区组织、社区问题的调查、分析与理解，以专业关系的建立为基础，针对某一具体的社区事项或者问题具体制订的社区工作的推进计划。此阶段的核心方法与技巧包括如下几个方面。

一　问题分析

社区计划往往是问题取向的，即围绕某个社区问题或者事件设计相关服务方案以及实施服务方案的具体步骤，以达到相关目标。社区计划制订的首要任务即是针对具体的社区问题进行详细的分析。

1. 问题界定与理解

社区工作者应从社区居民的视角与理解出发来界定社区问题，切忌从社区工作者角度进行界定，而将社区事务的状态视为"问题"。从居民角度来界定问题，并从居民角度对问题进行描述，比如"社区居民是如何看待这一问题的"。总之，社区工作者不应将自己的观点与价值观强加于社区居民，应站在社区居民立场上，去界定并理解问题。

2. 问题性质与起源评估

在从居民立场出发来界定与理解社区问题之后，社区工作者详细针对该问题的性质与起源进行评估。比如：该问题的具体表现？该问题对社区居民产生什么负面影响？社区中直接或间接受该问题影响的居民的人数有多少？这类负面影响已经持续了多长时间？社区居民对该问题有强烈不满持续了多长时间？该问题是如何产生的？该问题是如何发展演化的？影响该问题产生与发展的因素可能有哪些？对于该问题的解决，居民的具体诉求有哪些？

3. 应对问题的可能行动与可运用的资源

为应对或解决该问题，该社区是否已经开展或正在开展一些行动？如果有，行动的效果如何？如果没有，是否已经有一些居民打算开始行动起来？如果是，他们的状态与能力如何？他们愿意为具体的行动贡献哪些力量？如果开展相关行动，社区中可利用的资源还有哪些？这些资源的来源有哪些？获取这些资源的途径可能有哪些？相关资源的获取中可能遇到的问题是什么？

二　目标确立

目标是社区工作计划的方向及预期。基于可操作性、可接受性、可度量性、共同参与的原则，关于社区服务计划的目标确立可考虑如下的方法步骤。

1. 明确总体目标

围绕具体的社区事件或者问题，社区工作者首先应明确服务计划的总体目标，即确立社区工作计划的总体方向与预期效果。总体目标的明确应考虑相关影响因素，比如对于社区居民需求的评估、机构的目标导向、工作者个人的经验与能力、达至目标的可能性、居民参与的动机等。总体目标的陈述应精练明确，易于理解。

比如社区工作者通过社区调查分析与居民探访，发现该社区缺乏老年人开展休闲活动的公共设施与空间，这一问题也是社区大部分老年人的共识，他们也期待社区解决此问题。社区工作者针对此问题进行社区工作计划，总体目标即可表述为"改善社区老年人休闲娱乐空间与设施"。

2. 列出具体目标

围绕总体目标，社区工作者应将目标进一步分解与细化，形成可操作化的具体目标。比如上述的"改善社区老年人休闲娱乐空间与设施"的例子中，具体目标可以表述为以下几点：①对社区现有老年休闲设施进行修缮；②盘活闲置资源，新辟老年人休闲空间；③协同社区内部其他组织，共享休闲空间与设施；④促进老年人成立休闲娱乐自组织。

三　策略制定

社区工作者在确定出服务计划的总体目标与具体目标以后，便需要制定达成这些目标的具体策略，即通过哪些方式、方法、手段与步骤可促成目标实现。在此环节，社区工作者应该具体考虑这些问题：欲达成该目标，具体与之相关的行动有哪些？具体行动开展时，需要付出哪些努力？时间与资源的投入状况如何？社区居民将如何组织动员？在行动开展时，可能会遇到哪些困难或者障碍？应对克服的策略可以有哪些？社区工作计划的策略制定应具体、明确并且可行，以作为后续社区工作的行动指南。

例如，在上述的"改善社区老年人休闲娱乐空间与设施"的总体目标下所列出的四项具体目标中，社区工作者就"协同社区内部其他组织，共享休闲空间与设施"的具体目标来规划行动的具体策略，可分别从"方法步骤"、"投入资源"、"预想困难"、"克服途径"和"预期结果"来进行规划。

具体目标：协同社区内部其他组织，共享休闲空间与设施，以改善社区老年人休闲娱乐状况。

方法步骤：①厘清社区内部其他组织的资源状况与合作的可能性；②找准具有休闲设施与合作可能性的目标组织（比如社区辖区范围内的高校）；③厘清社区组织自身的优势与条件，以此作为合作的条件或资本；④对目标组织进行公关，比如与某高校后勤处领导进行对话，呼吁在不影响教学的前提下，向社区老年人开放学校娱乐休闲设施。

投入资源：主要是人力资源投入，社区工作者与社区组织负责人须出面与高校负责人进行沟通对话。

预想困难：对方对向社区老年人开放学校休闲设施的建议并不认同，不愿意配合。

克服途径：①社区组织提供可与该组织共享的设施或者服务，以作为交换条件，比如社区的停车位在白天与高校教师共享使用，社区可提供多个实习或者工作岗位机会给高校学生；②争取政府部门的支持，尤其是该高校的上级主管部门。

预期结果：社区内的高校认可资源共享的方案与计划，高校的部分体育娱乐休闲场馆与设施定期定时向社区老年人开放。

四 评估标准拟定

社区工作者在制订社区工作计划时也应将相关评估的标准明确化，以便计划推行之后的评估工作的顺利开展。首先，问题与目标、总体目标与具体目标、具体目标与方案策略之间应具有连贯性，以确保方案步骤的开展与目标达成、问题解决的契合性。其次，相关目标、方案、步骤等的表述应当尽量明确与可量化，尽量避免过于含糊的表述，比如"改善社区居民生活质量""增进社区领导力量"等均不是明确的表述，而应将这些目标操作化为"为社区居民新增设一个便民服务设施""培养两个社区领袖"等。这样的目标表述才可以成为后续的评估标准与依据。

第四节 社区工作推进

社区工作的具体推进是社区工作者具体贯彻执行社区计划的过程，在此过程中，社区工作者需充分进行宣传发动，促进居民参与，并挖掘整合利用社区内外部资源，推进社区计划，开展社区服务，满足居民需求，解决社区问题。此阶段的工作涉及较多的方法与技巧，我们选取部分重要的方面来介绍。

一 群众动员

社区社会工作的重要理念即是"居民参与"，因此动员居民积极参与，积极投入影响他们生活的社区事务中，是社区工作者的工作日常。

1. 群众动员的原则

根据香港学者的总结，动员群体首先需要遵循八点基本原则：①掌握群众参与的动机；②让群众看到参与能解决社区问题；③为参与者带来个人的改变；④厘清动员的对象；⑤要令群众感到有所贡献；⑥减低群众付出的代价；⑦注意社区工作人员的素质；⑧选取合适的事件（甘炳光等，1997：128～130）。

2. 群众动员的过程

（1）动员前的准备。社区工作者在动员群众之前要计划好相关的事项准备，比如动员的对象、动员的内容、动员的时间、动员的地点、动员的策略等。

（2）接触群众。对于初次见面的群众，工作者首先需自我介绍、积极引导并聆听，令对方信任，初步建立关系，并探听对方的想法。对于已经熟识的群众，工作者可直接表明来意，指出动员的目的与意义。

（3）鼓动情绪。通过鲜活的事实与案例令群众认识到社区问题的症结所在，令群众理解共同参与的必要性，并增进他们参与的信心。

（4）邀请参与。若时机成熟，社区工作者可直接邀请居民参与，如果对方同意参与，则直接记录对方的信息，并交代相关的参与事项；如果对方未能即时答应或者表态，则可询问何时可做出决定，并告知可能届时再联系。

（5）提醒参与。在社区活动正式举行前一天，通过家访或者电话等方式提醒群众参与的时间地点等信息，此外，活动举行前的提醒对于动员之前一直未确定是否参与的群众也非常有效。

（6）到来参与。在社区活动或者集体行动开展当天，对于到来参与的群众社区工作者应表达欢迎与赞赏，同时可通过自我介绍、破冰等方式，令参与的群众彼此认识。此外，尤其需关注第一次参与的居民。

（7）总结反思。对于每次的群众动员，工作者应及时进行总结反思，总结动员的经验与收获，反思动员过程中存在的不足，以提升后续工作的技巧。

3. 群众动员的途径

结合我国社区现状与社区社会工作的实践，社区工作者在动员群众参与时，可通过各类直接接触或者非直接接触途径来开展。

（1）入户家访。家访是动员群众传统而有效的途径。社区工作者携带相关资料，直接到居民家中与居民面对面陈述相关动员事项，并邀请居民参与。这类面对面直接沟通的动员方式效果最好，但是比较耗费人力与时间。

（2）固定展点。在社区广场、街头、社区宣传栏等人流量较大之处，设立宣传展点，布置以横幅、展板、海报等，也可由工作者或者相关人士进行当众演讲，由工作者或者志愿者与路过居民进行一对一沟通，同时散发相关宣传单页，以澄清社区问题，进行社区动员。这类方式能够有效吸引关注，扩大事项的影响面，但动员的针对性不强。

（3）来函来电，即将印制好的信件或宣传单寄给居民或者放置于居民的信箱之中，或者直接打电话给居民，说明动员事项，邀请群众参与。这类方式的动员覆盖面比较广泛，而且比较节省人力资源与时间，但由于并不是面对面的沟通，效果可能不尽如人意。

（4）社区新媒体。在信息化普及的背景下，运用新媒体也是重要的宣传动员方式。可通过社区微信公众号、社区官方微博进行信息发布与进展披露，同时在社区邻里QQ群、微信群中进行宣传与动员。这类方式节省资源、效果良好，但对于社区中部分不使用新媒体的居民，比如老年人、残疾人等不能涵盖。

（5）社区非正式组织。通过社区现有的团体尤其是非正式组织进行动员也是社区动员的有效方式，比如通过社区老年健身队等老年非正式团队动员老年人参与到争取社区老年设施的集体行动中来。非正式组织的信息传播效果好，其内部的成员互动频繁、彼此影响，可能实现高效并具有针对性的动员。

二 居民会议

1. 居民会议的目标

社区居民会议即主要由社区居民作为参与者的会议。社区居民会议也是社区工作者日常工作中经常开展的事务。通过居民会议，可以达到社区工作的部分任务目标，也可以促进过程目标的实现。

（1）任务目标：一是交流相关信息，分享相关资料；二是搜集居民针对某一问题的意见与建议；三是社区工作者向居民代表汇报相关社区计划推进情况；四是对于某些社区重要事项进行讨论，达成共识，或者形成决议。

（2）过程目标：一是促进居民的社会交往与社区互动；二是增进与会者之间的联系，拓展人际网络；三是通过开会协商，培养居民团队合作精神；四是参与会议学习问题解决的办法；五是居民会议的参与亦是社区民主的重要表现。

2. 居民会议的过程

围绕居民会议的开办，可将开会的流程分为会前、会中与会后三个环节。居民会议的会前准备和会后跟进与会议的进行同等重要，不可被忽略。

（1）会前。居民会议举行前应进行一些准备工作，具体可包括：会议的目标；会议的相关资料；会议的议题与议程；会议的参与人员；会场的摆设与布置。社区工作者可初步了解与会者对会议议题的看法；预测会议中可能发生的意外，并做好应对预案。会议当天，主持人应提早到会场，以检查用品及布置，并和早到的与会者交谈，培养轻松愉悦的气氛。此外，会议尽量按时开始，如果与会者未到齐，可将重要事项稍作后延。

（2）会中。①掌控议程。会议一开始应首先简介会议目标与重点，让参与者留心并注意。会议尽可能按照事先准备好的议程一项一项地开展，让与会者能及时跟进。②掌握时间。会议应掌握好各项议程的时间分配，总体的时间也不要拖得太长，提升会议的效率。③集体讨论。社区工作者作为主持人应关注自身在会议中的角色，主持人不应垄断发言，而应尽量引导与会者发言讨论。与会者的发言，不应由主持人即时回应，而应将话题抛向其他与会者来共同讨论。会议应形成集体讨论的氛围，避免某些与会者垄断发言，也避免只是一对一的讨论，鼓励不善言辞的与会者表达自己的意见。④及时总结。在会中，主持人应注意多做集中、归纳、摘要工作，以让全体与会者跟得上会议的进程。会议结束前，主持人也应进行简要总结，让与会者知道本次会议的成果。⑤客观公正。主持人应保持客观中立的态度，仔细倾听每位与会者的意见，不能强迫与会者接受自己的观点。进行决议时，尽量不要太快用投票表决的方法，而应先让与会者充分讨论，尽可能达成共识，尽量不要让某些与会者有输赢感和孤立感。⑥语言表达。主持人讲话的音量应使每位与会者都能听到，语速也不应太快。语言的使用尽量口语化、群众化，避免使用专业术语，要让与会者感觉到自然如常。⑦情境应对。主持人在会议进行过程应留意每位与会者的行为和反应，并进行适当的应对。比如：与会者针对某个问题争执激烈，是否需要停止讨论？与会者对某个议题没有反应，是否需要转移议题？

（3）会后。居民会议以后，社区工作者应及时进行记录总结与跟进。尽快将会议纪要整理出来，并派发给与会者，让与会者清楚地了解会议的决议与决定。同时将会议的内容与决议通知给本应参会而由于各种原因缺席的社区居民。会议达成的决议应及时跟进，依照会议的决定，执行行动，并及时告知与会者相应的行动进展。

3. 居民会议主持的相关技巧

由于居民会议的参与者的背景和参与的动机不同，以及居民参与会议的非正式性，因此，不同于其他类型的会议，居民会议的主持更需要注意一些方法技巧的使用。香港学者总结出根据居民会议的特征而可运用的如下主持技巧（甘炳光等，1997：155～162）。

（1）积极聆听（attending or active listening）。居民会议的主持人更多的是倾听者的角色，主持人应充分运用自己的语言与身体语言，让发言者知道主持人正在细心倾听他所发表的意见，同时要关注其他与会者的反应，不应太过注意某一两位发言者。

（2）发问/邀请发言（questioning and inviting）。发问是居民会议最常用的技巧，主要目的是鼓励并协助与会者发言，营造集体讨论的氛围。发问尽量多针对全体与会者，以提升会议的自由度，提升每位与会者的积极参与度。有时也可以个别发问，主要目的是协助特定成员表达，或者获取特定人士的意见。主持人的发问尽可能使用开放式问题，让与会者能够自由表达。

（3）进一步说明（elaborating）。主持人应协助组员进一步将意见说清楚，引导他发表更多的意见，以帮助一些被动、害羞及没有信心的组员表达意见，也可以协助与会者多明了发言人的意思，以免发生猜度及误解。

（4）意译（paraphrasing）。主持人用自己的话或大家都可以理解的言辞，简略地复述对方说话的内容，即抓住对方说话的主要意思及关键词，精简地表达，而不是复述对方讲的每一句话。通过意译以试探自己是否了解对方的表达并协助其他与会者理解发言者的意见和感受。

（5）转向或指引（directing）。将发言者的意见或问题转向或抛向全体与会者或某特定人士去回应与讨论，以此让发言者得到适当回应，加强整体讨论的气氛。

（6）集中（focusing）。将与会者的讨论内容集中在某一讨论项目或曾经发表的意见上，将会议的讨论带回议程上，避免离题。

（7）简化/摘要（summarizing）。将发言者所讲的一大串意见简化为几点，将意见摘要性地归纳出来，让其他与会者清楚知道讨论及意见的重点。

（8）综合（integrating）。主持人将有关联的意见或讨论串连及综合起来，以求同存异、降低分歧、丰富意见，使会议的讨论更加系统化。

（9）总结（concluding）。主持人将之前所提及的意见、观点及决定，清楚地复述一次，让与会者明晰最后的决定及观点。

（10）赞赏/鼓励（praising/positive regards/reinforcing）。对与会者，尤其是发表意见者、提供资料者及积极参与者给予赞赏，以鼓励与会者多发言，让他感觉到被尊重，加强会议的参与性。

主持人除了运用以上的会议主持的表达技巧外，也应运用恰当的身体语言以辅助会议的开展，比如目光眼神、面部表情、姿势手势等。同时主持人也应密切关注与会者的身体语言，了解身体语言可能蕴含的信息，并做出适当的回应，有助于加强与会者的参与。

三 组织接洽

社区工作者开展社区工作时，不仅需与社区居民建立专业关系，还需与政府部门、企事业单位及其他社区组织接洽联系，以争取社区内其他组织的支持、协同与整合资源，共同为社区居民提供服务，解决社区问题，促进组织合作与社区发展。香港学者总结了社区工作者在处理与政府部门及社区团体的关系时可使用的技巧：既要平稳，又要统一；一个红脸，一个白脸；接触越多，关系越深；轻轻松松，闲话家常；求同存异，增加沟通；师出有名，公私分明；隐弱扬强，自我炫耀（甘炳光等，1997：128～130）。结合内地的社区工作实践，我们认为与社区组织接洽联系并开展合作的技巧可包括以下几点。

1. 组织分析

与组织建立关系的前提即需要对目标组织的特征进行较为清晰的描述与分析。社区组织内部的性质特征、业务范围、服务对象、结构功能、价值倾向、组织成员、组织领导、权力体系、运营情况等，社区组织外部的公关状况、与其他组织的关系等均是组织分析的内容。

2. 平等互信

无论是官方组织还是民办机构，各种类型、各种性质的社区组织之间的协作应以平等为前提，各类组织无论规模大小抑或官方民间，均应是平等的组织主体，任何组织均不应高人一等、高高在上。此外，组织间的高度信任，可以促进合作双方交换知识、分享信息，使组织之间达至沟通协调，进而更顺利地发展机构之间的合作关系，合作双方可收获彼此需要的资源，实现共同目标，达到共赢。社区工作者在与其他社区组织接洽时，也应秉持平等信任的姿态，以不卑不亢的态度与其他组织交往。

3. 双向沟通

社区工作者应促成社区不同组织之间的积极互动沟通，通过各种形式的双向沟通，比如工作坊、讨论会、年会等，促进合作双方的信息公开与交流，使双方对彼此的互补资源、优势和不足等有全面而清晰的认知，消除由于不了解而形成的误解，促进不同组织工作人员之间的知识分享与价值观认同。社区工作者可促进不同组织以团队学习的形式，定期以小型座谈、小型研讨会、讲座等形式分享各自的工作体验与工作案例，保障机构之间的可持续的协同合作。

4. 优势互补

社区工作者首先应积极促进自身机构的服务质量提升，以增进自我实力，获得服务对象的良好口碑，并通过社区宣传，提升机构的核心竞争力与影响力，以此作为与其他组织合作和交换的资本。社区各类组织应充分发挥其功能优势，整合资源，共享信息，形成协同机制，提升服务的效果与效率。

5. 契约订立

在相关政策法规下，社区工作者应积极促成不同社区组织之间的协作关系。开展合作的社区组织之间应以正式的合作协议或契约作为协作的保障，以澄清双方合作的形式与内容，厘清双方的权利、义务，划定各组织的责任边界，规范协作中的各组织行为。

6. 价值共融

除了基于法律、制度、契约等正式关系以外，价值伦理、道德观念等非正式关系也是影响组织关系的重要因素。除了订立正式的合作协议与契约以外，社区工作者也应促进社区内部各类组织之间通过价值观、服务意识等方面的共融共享，增进组织之间的彼此认同，从而加深双方之间的信任与合作。

四　人力资源培育

社区社会工作的精髓在于通过应对解决社区问题，促进居民参与及成长，培养社区领袖，挖掘社区资源，培育社区内部宝贵的人力资源。社区社会工作格外注重过程目标的实现。因此，社区社会工作开展过程中社区领袖、志愿者等人力资源培育亦是重要环节。

（一）培养社区领袖

社区领袖是社区居民中的骨干力量，社区领袖对于社区、社区居民以及社区组织而言是非常重要的角色，社区领袖能团结群众，能集中表达社区居民与社区组织的要求的实质，提出行动目标，倡导集体行动，带领群众一起争取合理的权益。社区领袖亦是社区自组织与正式社区组织孵化的前提。因此，社区领袖的培育也是社区工作者的重要工作内容。

1. 识别具有领袖特质的群众

与其他正式组织的领导不同，社区领袖的领导权威的获取更多的是基于一类"个人魅力"式路径，而非"法理型"路径。作为一名优秀的社区领袖，应当具备以下特质：热心公益；善于交往；外向热情；口头表达能力强；乐于倾听；思想开放；视野开阔；反应敏锐；公私分明；客观中立；自律自制；勤奋进取；抗压力强；自我认同；乐于助人。当然，在实践中，完全具备以上特质的个人是很少的，社区工作者在工作中应积极观察与识别出具备以上某些特质的居民，加以发掘与培养。

2. 培养社区领袖应当具备的技能

虽然社区领袖的潜能很多是基于先天的个人特质，然而后天的培养对于社区领袖的成长也至关重要。社区工作者应积极对具有社区领袖特征的居民开展技能培训，提升他们的领导技巧，这些技能主要包括：组织居民；宣传发动；居民会议；调解斡旋；公开演讲；交往沟通；团体工作；资源整合；对外公关；计划策划；谈判游说。社区工作者可以凭训练、实习、示范、观看影音资料、角色扮演、体验、讨论等方式帮助具有领袖潜质的居民通过学习训练提升其领导技能。

3. 社区领袖培育相关案例

发掘社区领袖　促进社区自组织发展[1]

X社区准备建立图书室、舞蹈房、活动室等场所，为社区文体活动提供空间，但是怎么把居民组织起来参加活动是个问题。社区工作者了解到社区居民徐某某是一位经验丰富的退休音乐教师，精通乐理，熟悉多种音乐和曲艺形式，社区工作者便积极与她沟通联系，请她担任拟成立的社区合唱团的团长。徐某某带领居民进行合唱排练，吸引了越来越多的居民参加，合唱团还走出社区，到乡镇敬老院表演节目。社区居民的文化生活变得丰富多彩，徐某某也实现了自我价值。除了成立合唱团，社区先后发掘社区领袖组建了健身球、舞蹈、木兰剑、太极拳等十多支队伍。这些社区自组织的成立，很大程度上得益于社区领袖的带领。

---

[1]　案例来源：龚优燕（2018）。

（二）社区志愿者挖掘

1. 社区志愿者挖掘的意义

社区志愿者是社区社会工作中宝贵的人力资源，志愿者的挖掘与培养亦是社区工作的重要方面，具有多重意义：一是对于社区志愿者自身而言，可发挥个人特长，提升个人能力，丰富人生体验，强化社会责任意识，实现自我价值；二是对于社区社会工作而言，志愿者的积极参与，可提供重要的人力资源基础，以提升服务质量，丰富与拓展社区服务；三是对于社区居民而言，志愿者的参与可充分表达关怀和爱心，满足特定居民的特定需求；四是对于社区及社会而言，志愿者的积极介入可实践团结友爱、互助关怀的理念，提升社区归属感与凝聚力，营造守望相助、和谐友善的社区氛围，共筑平等共享发展的社会。

2. 社区志愿者挖掘的原则

挖掘与培育社区志愿者需遵循以下基本原则：一是运用优势视角，善于发现与发掘每一位居民的能力与潜能，人人均可从事志愿服务；二是使居民通过志愿服务能有所收获，这类收获可以是物质上的奖励，也可以是精神上的鼓励，还可以是志愿积分等的积累；三是营造和谐友爱的团体氛围，让志愿者获得志愿服务团队的归属感；四是让每位志愿者均可以通过志愿服务发挥其作用，让他们体验到志愿服务的成就感。

3. 社区志愿者挖掘的技巧

（1）现身说法。社区工作者可组织志愿者经历分享会，社区现有的志愿者现身说法，向其身边的亲友或者其他社区居民分享志愿服务的体验与收获，以此影响与带动社区居民群众积极投身志愿服务。

（2）团队拓展。社区工作者可以从社区现有的组织或者团队入手，通过社区工作者与团队一起工作与活动，向团队成员宣扬志愿理念与价值，促使社区活动性等团队拓展志愿性服务功能。

（3）开办课程。社区工作者可定期面向社区不同类型的人士开办不同内容与形式的个人或者小组培训课程，引导不同类型的社区居民，比如青少年、大学生、低龄老人等投身志愿活动。

（4）宣传推广。通过各类形式比如海报、传单、报刊、公共交通公益广告、新闻、影视剧作品、各类社区活动、新媒体推广等方式宣传志愿服务理念，广泛推广志愿服务及发布志愿者招募信息。

4. 社区志愿者挖掘相关案例

社区文艺团队转型为社区志愿者组织①

兰州市从 2017 年开始"三社联动"试点工作，X 社区作为首批试点社区，将原有的社区居委会办公场地全部置换出来，用于社区综合服务。社区工作者深知社区团队对于社区发展的重要价值。然而社区工作者发现，社区现有团队松散，大多有很强的自利倾向，且各团队诉求不同，甚至冲突频发。社区工作者致力于挖掘社区现有的文艺团队的志愿服务功能。

经过社区工作者前期细致的需求评估以及与街道社区的充分沟通和准备，社区工作者制订了孵化社区志愿者组织的五步计划。

第一步，以社区公共空间改造搭建平台。X 社区"三社联动"空间提升改造为社区团队发展带来新契机，社区工作者用开放空间的方法召开"社区您做主，空间您规划"的参与式会议，让社区团队与社区工作人员、社区居民、社会组织汇聚一堂，在社区工作者的带领下设计自己的活动室。社区空间的功能分布、楼层布置都由所有与会者民主讨论决定，连社区活动室的色彩装饰、大小物件、防滑处理和盲道设置，也都是由社区团队集思广益设计的。前所未有的参与感极大地激发了社区团队的主人翁意识，团队成员在社区公共空间改造期间经常到现场走走看看，场地完成改造时甚至带着小孙子来合影，其自主意识得到充分激活。

第二步，制定社区团队的活动规则。社区公共空间改造会议的参与给社区团队制造了某种迫切想要入驻的"饥渴营销"效应，社区空间改造完成后开展什么样的团队活动摆在社区工作者面前。社区工作者与社区团队共同讨论，在场地使用规则上达成共识并签订协议。第一，场地使用分日期分时段，最大限度保障每个团队的活动开展。第二，每个团队负责当期场地的清洁维护，下一时段进入活动的团队打分考核。第三，使用场地是需要考核的，活动开展不好就换做得好的团队进来。第四，每个团队不能只是自娱自乐，需要根据团队特长与资源为社区提供服务。规则的建立促使团队形成竞争生态，各团队纷纷开始招兵买马，增强活动特色以吸引居民参与。社区工作者迈出引导社区团队转折发展的关键一步。

第三步，由自娱自乐团队到社区志愿服务队。经过一个多月的活动，

---

① 案例来源：金昱彤、焦若水（2018）。

社区居民团队的发展逐渐进入稳定阶段，社区工作者也得以观察评估团队的优势与资源。社区工作者先从最为活跃的 A 团队入手，沟通开展社区志愿服务的计划。A 团队列出了入户陪伴孤寡老人、小分队进入残疾人家庭演出、寒暑假儿童声乐培训、四点半课堂志愿服务等项目，其 30 名成员可以持续服务本社区 20 余户居民。一石激起千层浪，剩下几支团队的参与热情被 A 团队激活，他们纷纷拿出各类服务方案，社区 100 余户孤、残、老、病等特殊居民一下子找到了身边最贴心的志愿者。

第四步，由热情到专业，推动社区团队的专业发展。社区团队的参与热情被一步步激发出来，但客观现实是团队成员志愿服务经验少，年龄普遍偏大，特别是服务残疾人等社区特殊人群时力有不逮。社区工作者充分利用中国志愿服务信息系统平台建设的契机，帮助社区团队成员在中国志愿服务网上登记注册，使社区团队的志愿服务名正言顺，并邀请资深志愿者分享志愿服务的技巧与方法。入户前，社区工作者协调街道将社区楼门栋长纳入志愿服务体系，使社区团队能够熟门熟路地入户开展服务。

第五步，微创投公益，为社区团队输入动力。社区团队的活动一经激活便具有了自我发展的能力，传递志愿服务精神，健康讲座、爱心捐助、入户服务等服务全面启动。街道社区将"三社联动"中的社区社会组织孵化与社区服务费用拿出来设计"微创投公益"项目，由社区团队通过竞争申请，在近一年的运转后，社区团队已经发展成为有模有样的微型公益组织。

第五节　社区成效评估

在采取了一系列有计划的介入活动以后，社区工作者需要通过系统汇集材料、总结工作方法、检查介入成效等方式对前期工作做一小结，总结经验，检查问题，并明确下一步工作目标，这个过程就是社区成效评估。社区社会工作的评估即运用科学的方法系统地评价社区社会工作的介入结果，总结整个社区社会工作的介入流程，考察社区社会工作的介入是否有效、是否达到了预期目标的过程。

一　评估的类型

社区工作评估依据其侧重点或者内容，可主要划分为三种类型。

1. 努力评估

努力评估（Effort Evaluation），即评估社区工作者为相关社区服务计划的目标所付出的努力情况。比如：社区工作为居民提供了多少服务？社区服务计划是否按照原定方案实施？实现程度如何？社区居民是否得到了适当的帮助？具体形式又分为：方案监察（监察方案实施的整个过程）、特别研究（分析特殊个案）、记录分析（分析服务的信息留存情况，比如文件、图片、语音资料等）。

2. 效果评估

效果评估（Outcome Evaluation），即考察社区工作计划或者服务方案对于社区及社区居民所产生的成果。在社区工作中，进行效果评估可以对社区居民进行访谈，可以使用标准化的评估表格对服务进行评判，也可以使用调查问卷或机构设计的专门化量表对服务对象进行调查。

3. 效益评估

效益泛指相关的效果与投入成本之间的比值。社区社会工作中效益评估（Efficiency Evaluation）主要是指社区工作服务方案产生的效果与耗费资源之间的比例关系，即计算投入/产出比。一般说来，成本的投入比较容易判断。但是，社区服务的效果却往往难以精确计算，往往要借助于一定的方法进行测量。

二　评估的方法

社区社会工作评估的方法总体上分为两大类，即定性评估与量化评估，我们重点探讨以下常用的技术和方法。

1. 基线测量法

选择两个时间点，分别定为基线期与评估期（比如年初与年尾）。根据社区社会工作的目标，选择相应的测量工具，分别测量基线期与评估期的各项指标值，通过比较两者是否有差异及差异的大小来测量社区社会工作或者基层社区组织所进行工作的影响力度。

2. 任务完成情况测量法

将社区工作的目标分解成具体的行动和任务，通过探究既定任务的完成情况来对社区工作者进行考评，通常运用 5 个等级尺度来测量任务的完成程度（比如"没有进展"——1 分、"很少实现"——2 分、"部分实现"——3 分、"大体上实现"——4 分、"全部实现"——5 分），将每项任务的最后得分加到一起，然后除以可能获得的最高分数，就能确定完成任务情况的百分比，以此来评测社区社会工作的目标与任务的完成程度。

3. 服务对象满意度测量法

由社区社会工作的服务对象（主要是社区居民或村民），以口头或书面形式（包括填写问卷），来表达对社区社会工作的看法，一般分为"很不满意"、"不太满意"、"一般"、"比较满意"和"非常满意"五项满意程度标志，分别赋值 1~5 分；"比过去差"、"与过去差不多"和"比过去好"三项发展态势标志，分别赋值 1~3 分，以此来评测社区社会工作的效果。

三 评估的问题设计

根据香港学者的观点，社区工作者如果要设计一个完整的评估方案，则必须要涉及以下六个方面的问题（甘炳光等，1997：405~408）。

（1）社区社会工作需要评估的主要问题及其所要达到的标准分别是什么？在评估的开端，社区工作者必须清楚界定评估的问题及评估的准则，以此作为后续评估工作的依据。

（2）评估中自变量是什么？是否存在干扰变量？评估的目标是检验相关社区工作方案是否能达成预先计划的目标以及达成的程度。因此，评估设计应明确界定哪些是导致成果的影响因素，即导致结果产生的自变量与干扰变量。在评估设计中，自变量即是具体的社区社会工作服务计划，干扰变量是除了社区工作具体项目以外的其他因素。

（3）评估对象是谁？具体的对象筛选标准是什么？在社区工作评估中，评估对象应是因社区工作方案/计划的推行而直接受益的个体或者群体。

（4）评估设计是否包括控制组？严谨的评估设计会设有实验组和控制组以进行比较分析。实验组是指社区工作介入、给予实施某项服务的服务对象，而控制组是指未实施任何服务项目的对象组别。

（5）何时进行测量？在评估中，社区工作者可以选择在不同的时间段去测量评估对象的表现，比如在服务推行前、推行中及推行后等。

（6）社区社会工作计划开展多久后进行测量？这并没有一定的准则，主要考虑计划的性质、实施的期间，以及计划预期的成果和变化需要多少时间才可以凸显。

第八章　社区社会工作的相关实践

社区社会工作的目标和宗旨决定了社区工作者必须致力于社区成员各种问题的解决及社会福利的改善和提高，同时，社区社会工作本质上是社区治理的重要环节或者重要途径。因此，社区照顾、社区保障、社区服务与社区治理均是社区社会工作不可忽视的相关实践重点。

第一节　社区照顾

社区照顾是社区社会工作者与社区成员直接面对面互动的具体过程，是解决社区居民特殊困难的一种途径，是社区社会工作中的重要内容和工作方式。

一　社区照顾的含义及起源和发展

1. 社区照顾的含义

所谓社区照顾，是社区工作者动员社区资源，运用正式的和非正式的支持网络，联络社区内政府和非政府的机构，通过合作和协调，以正式合法的社会服务机构来为有需要的人提供援助性服务。我们可以从三个方面对社区照顾进行展开性解读。

第一，社区照顾是一个社会服务网络。这个网络包括家人、邻里、朋友、各种民间服务组织、政府有关部门、义工、社工等，这些个人、团体或组织构成了社区内的社会救助与社会照顾的系统和网络。

第二，社区照顾是一个社会服务过程。在社区照顾网络中，社区工作者结合有关人士和有关组织，在深入调查研究的基础上，调动社区资源，有步骤、有计划地为有实际困难而需要帮助的社区居民提供必要的物质援助和精神帮助。这种服务不是一蹴而就的，而是随着社区的发展变化和照顾对象的变化不断进行。

第三，社区照顾是一个专业化和职业化的社区工作方式。社区照顾与工业社会初期建筑在慈善基础上的社会救济不同，也与现代社会集中在某一时段内的送温暖工程相异。社区照顾是专业化、职业化社会工作的一种方式，是社区工作内在的和必然的过程，要通过专业化、职业化的社区工作者的努力工作，发动社区群众，建立社区网络来加以实施，而非一般意义上的"访贫问苦""嘘寒问暖"。因此说，社区照顾也是一项专门化的、有专业知识的、由专门人员组织的专业化和职业化的工作。①

第四，社区照顾有其特定的对象。社区照顾的对象生活在社区内，但不是所有的社区成员都需要社区照顾，那些通过自己的努力或本来就有能力解决和克服困难的居民，就不是社区照顾的对象。社区工作意义上的专业性社区照顾的对象，主要指社区内有特殊困难而自己不能解决并且需要较长时间照顾的个体及其家庭，如失去生活依靠、生活来源、生活自理能力的老人、慢性病患者、精神病患者、各种残疾者，还有一些单亲家庭的儿童、白天家中无人的学龄儿童、有生活来源但无人照料的老人，等等。

2. 社区照顾的起源和发展

社区照顾起源于20世纪50年代的英国。当时，英国有不少院舍服务，如孤儿院、精神病院、老人院等，对一些需要帮助的人进行"机构式的收容"，但是一些人对此持有异议，认为这种方式会使被收容者在心理上受到损害，并限制他们独立生活的能力，因而希望把院舍服务改变为社区服务。1980年后，英国政府以社区照顾为其主要的福利哲学，试图减轻地方政府的服务提供者角色，鼓励更多非正式服务及私有化服务的发展。1982年，英国社会工作研究院发表《巴克力报告》（*Barclay's Report*），其中建议推行社区社会工作，由社会工作者担任网络的维系者，使社区中的人际关系得以充分发挥，并支持身处困境的人，使他们得到有效的社区照顾。1989年，英国政府发表《社会福利白皮书》，重申社区照顾这一概念的重要性，指出要满足社区需要，必须发展社区资源和强化社区的照顾能力，该报告

---

① 有学者（阿伯斯）认为社区照顾是一种可以在家庭或邻里中进行的非专业性的支持工作（见甘炳光、梁祖彬等，1998：253）。但我们认为，这充其量只能是家庭照顾或邻里照顾，社区照顾要通过社区工作者的组织和协调，调动社区资源，与社区的健康发展联系在一起，因此是一种专业化的工作。

将"社区照顾"定义为："提供适当程度的干预和支持，以使老人们能获得最大的自主性，且掌握自己的生活，为给老人提供服务的老人家庭成员提供暂托、喘息照顾和日间照顾，通过团体之家和临时收容场所，增加照顾范围，直至提供居家护理照料。"（转引自祁峰，2010）社区照顾的对象主要包括"那些因年龄、精神疾病、大脑不健全等身体或感官方面的残疾而需要住在家里或住在社区内类似家庭环境的人"（转引自希尔，2005：211）。所以社区照顾不同于院舍照顾，它主张将老年人、病人、残疾人和智力障碍儿童等需要照顾的个体尽可能安置在家庭或类似于家庭的社区环境中来进行照顾；社区照顾也不同于传统的家庭照顾，它需要调动社区及社会资源来为需要照顾者提供服务，而不是仅依靠家庭的力量。社区照顾主要分为"在社区照顾"（Care in Community）和"由社区照顾"（Care by Community）两种模式。"在社区照顾"强调服务的"非院舍化"，将服务对象留在家中居住或者社区小型机构内而开展服务，以获得专业人士的照顾。"由社区照顾"强调动员社区资源，构建社区支持网络为需要照顾者提供服务（周沛，2002）。有学者认为，除了"在社区照顾"和"由社区照顾"外，还应包括"与社区一起照顾"（Care with Community）（蔡汉贤，2000），单靠社区及家人的力量是不够的，为了不至于使这些照顾者被"耗尽"，还需要其他充足的支援性辅助性的社区服务，具体包括日间护理中心、康复护理、暂托服务等，才能保证社区照顾的可持续性。

在香港地区，社区照顾首先和安老服务联系在一起。1973年，安老服务引入社区照顾的概念，老人服务工作小组提议居民照顾服务，协助老人继续留在社区内生活并成为社区一分子。1977年，香港政府发表安老服务程序计划，确认社区照顾为推行安老服务的指导原则，强调为高龄人士建立关怀社区的重要性。1991年，香港政府也强调了运用社会职员网络策略的重要性，以期让家庭、老人及残疾者在社区内能得到更好的生活（苏景辉，1997：133~134）。目前，社区工作组织与相关机构已在其他的社会福利服务中引入社区照顾的理念及工作手法，并做出多方面的实践，如针对单亲家庭、精神病患者、长期患病者、智障者等服务对象，把这类服务纳入社区照顾的工作范畴，取得了很好的社会效果。

由于我国专业社会工作发展较晚，在计划经济模式下一些工作往往被政府行为和单位行为替代，以致社区照顾工作滞后于社区发展，一些社会问题不能得到很好的解决，不能适应社区发展和居民需求。随着社会经济的快速发展和老龄社会的来临，我国城市和农村社区中个人所面对的经济社会风险呈上升趋势，需要帮助和援助的人也越来越多，家庭功能的社会化趋势也呼唤着专业化、社会化的社区照顾。如在生育政策的影响下，家庭子女照顾的功能弱化，使老年人的养老、医疗、照料成了城乡社区的一个涉及面很广的问题。此外，单一老年人家庭照顾不仅使无数家庭在物质和精神上不堪重负，老年人也得不到专业的照料，还失去了社区交往的机会，造成一些老年人的抑郁等不良心理状态。再如一些病患者由于多种原因长期卧床，缺乏专业性的照顾，给本人、家人甚至给社会都带来了极大的照护压力。这些现象说明，尽快完善和建立我国的社区照顾制度是十分必要的。

二 社区照顾的目标和功能

1. 社区照顾的目标

社区照顾是社区工作中的重要工作方式和内容，是社区社会工作的具体展开和扩展，是社区发展和社会发展的推动因子，其目标有如下几点。

第一，促进社区互助意识的形成。社区互助意识的确立不能仅仅靠口头上的宣传和提倡，而是要通过实际的社区行动来强化。通过互助互爱的社区照顾，社区成员逐渐建立一种互助互爱的人际关系和"老吾老以及人之老，幼吾幼以及人之幼"的氛围，使现代社区成为一个关怀的社区。

第二，促进社区成员的社区参与意识。无论是社区治理、社区发展还是社区社会工作，都需要有社区成员的积极参与，因为社区居民不仅是社区社会工作的对象，更是社区事务的主体，也是社区工作的主体。社区照顾的目标除了提供物质和精神照顾以外，还有通过照顾的施行，使被照顾者和照顾者在社区内实现互动，促使人们社区参与意识的形成和确立。

第三，唤起社区居民的社区融入。在"单位人"时代，人们几乎没有社区概念，也缺乏社区融入的意识。而社区照顾则可以使社区工作者和服务对象能够正常地融入社区，使之意识到自己是社区一分子，从而提升他们的社区融入意识，自觉成为"社区人"，为社区发展和社区工作做出自己的贡献。

第四，建立政府机构和社区组织的合作伙伴关系。政府机构和社区群体或组织在社区发展中有着不同的职能，但是二者的目标是一致的，因而，政府机构和社区群体或组织不是各自为政，而是要相辅相成、互补长短，建立一种在社区工作、社区照顾中的合作伙伴关系。

2. 社区照顾的功能

社会有社区照顾的需求，社区照顾能很好地解决社区问题。总的来看，社区照顾有如下功能。

第一，在一个特定的范围和地域内，社区成员和居民之间都有互相照顾、互相关怀的责任，也有接受关怀和照顾的权利，社区照顾就较好地解决了这个双向照顾和双向关怀的问题。

第二，通过社区照顾，有特殊困难的需要帮助的人及家庭能够得到援助和支持，保持健康的生活方式和一定的生活水平，并且把家庭的某些功能社会化，减轻了家庭的物质和精神负担，加强了社会整合。

第三，社区照顾不仅仅局限于物质、服务、资源的提供和援助，同时也包括社区内良好人际关系的确立，这就有助于社区互助意识发扬光大。在城市社区，都市化的发展使人际交往淡薄；在农村社区，家庭承包责任制使农民的劳作较为分散，这些都影响了互助行为的发生。近些年社区的建设与发展，为社区照顾提供了一个前提条件。中国传统文化中重视人情、义气、伦理，这是强化社区互动的宝贵资源，通过社区照顾过程，必能提高社区的凝聚力。由此可见，社区照顾与社区发展有着极为密切的联系。

第四，从宏观上看，通过社区照顾，社区工作者对社区成员灌输互助互帮的精神，对于有困难的成员或家庭在进行援助的同时鼓励其走向社区，这就使社区成为一个较为完善的功能体系。从微观上看，社区照顾使家庭和个人能够正常生活和工作，从而保证了其和社区之间的互动。

三　社区照顾的模式选择和专业过程

作为社区社会工作的专业性内容，社区照顾概念较为宽泛，在不同的服务对象和工作环境下有不同的模式选择和方法，我们试图从一般意义上对之稍加讨论。

1. 社区照顾的模式选择

社区照顾需要通过社区社会工作来推动，根据不同的方式，可以有两种模式。

第一个是"专门机构模式"，就是在一个专门服务机构内，由社区工作者组织成立一个社区工作队，形成一个服务网络，对特定的服务对象进行服务和照顾。专门机构模式一般由政府或非政府部门在社区内成立专门的社区照顾机构，或在社区内既有的社会服务机构上再增加社区照顾的工作项目，以服务机构为中心，对有需要照顾的人士提供服务。

第二个是"社区发展协会模式"，就是在社区范围内，由社区工作者组织成立一个社区工作团队，连接各有关专门服务机构和人员，成立社区照顾小组，由该小组协调有关方面形成覆盖整个社区的照顾网络。

专门机构模式的优点是能够聘用专门的社会工作者担负服务的主要规划工作，并督导各种网络的运作，所以服务专业性强，效果较好。但是，正因为这种模式需要专门机构，在经费、人力、场地、设施等方面的要求就较高，所以专门机构的数量就受到一定限制，并不一定适用于所有的社区。社区发展协会模式的优点是，不受专业机构的限制，可以利用现有的社区组织和有关的协会甚至利用家庭的力量，来推动社区照顾服务，普及性较高。但是，由于社区发展协会是志愿性团体和组织，因此，在经费等方面有一定困难，服务效果受一定影响。

就我国目前城市社区来看，我们认为，这两种模式都可以运用和运作，甚至可以并存。在一些大城市和条件较好的中等城市的社区，可以实行类似专门机构模式的社区照顾。比如，以医养结合型机构为依托，结合政府有关部门，负责社区老年人的照顾和残疾人照顾。特别是我国已经进入老龄社会，对老年人进行专门性的社区照顾是非常必要的，也是可行的。目前我国城市社区中各类老年人服务机构早已进驻，为老年人提供各种形式与内容的照顾。

在条件不具备的城市和农村社区，可以采取社区发展协会模式，由社区工作者组织和联系社区中有关人员和组织，调动和集中社区资源，组成社区发展协会，成立社区照顾小组，发动社区成员互相照顾，以形成覆盖社区的网络。如城市社区的居委会可以在社区工作者和志愿人员的帮助下，介绍社区家政服务人员进行老年人家庭照顾，或接洽医务人员上门服务，等等。

即使是在同一个社区，以上两种模式都可以同时运用，因为只有这样，才能扩大社区照顾的覆盖范围，达到社区工作的目的。

2. 社区照顾的专业过程

从宏观上看，社区照顾的专业过程有如下四个方面。

（1）资源调动。不管是采取专门机构模式还是采取社区发展协会模式，都需要调动社区资源。社区照顾资源可以从两个方面来界定：一是物质性资源，如财力、物力的筹集和集中以满足社区照顾的需要；二是社会性资源，如人员和机构资源的调动和确定，以保证社区照顾能够得到真正落实。

物质性资源除政府有关部门按政策的调拨之外，绝大多数往往需要社区工作者和社区照顾机构通过多种形式筹集解决，如社区募捐、接受捐赠、有偿服务等；社会性资源的解决，首先要招募专业性和志愿性的社区工作人员即社工、义工以及专业性的社区工作者，制订工作计划，同时还要积极联络有关部门如儿童福利院、康复医院等单位，担当社区照顾的固定机构以确保社区照顾的实施。另外，需要社区照顾的老年人、失依儿童、残疾人的家属，也是社区照顾中的一股重要的而且能发挥出很好作用的力量。一般说来，他们对照顾的理解更为深刻，对由家庭照顾转化为社区照顾持支持的态度，因而是社区照顾中的重要人力资源，所以说，把他们组织起来，调动其积极性和主动性，无疑会促进社区照顾工作的开展。

（2）社区联络。社区联络的作用实际上是宣传社区照顾工作，树立和维持社区工作和社区照顾的公众形象和良好的公共关系，以确保社会各界能对社区服务做长期的资助和支持。如前所述，人们对社区工作和社区照顾的认识和了解还不够，这对社区工作的开展和社区照顾的实施会产生一定的影响。在努力工作的前提下，必须通过社区联络工作，通过新闻发布会、各种宣传活动和个案典型经验介绍等活动，使社会上的人能多了解和支持社区工作和社区照顾。就是在社区工作取得一定的成绩后，社区联络还必须坚持进行，因为社区照顾在很大程度上要靠社区各界的支持，所以社区联络不可能一蹴而就，而必须是一个长期的发展过程。

（3）社区教育。社区教育具有两个方面的指向。一是面向社区群众的教育。我国长期计划经济体制下的"单位人"属性，使人们的社区意识和社区照顾意识相当淡薄，当前，特别要教育社区群众了解社区工作和社区照顾的必要性和必然性，以调动社区居民关心和支持社区照顾的积极性。二是面向照顾对象的教育，以使他们以积极主动的态度配合社区照顾工作，同时也为社区照顾做出力所能及的贡献。通过社区教育，利用社区照顾，促使社区成员融入社区交往和社区互动。

社区教育可以利用多种方式进行。最为简便的是对社工人员、受助人家属、朋友、义工等进行社区照顾教育；也可以通过各种形式的宣传如展览、讲座、经验介绍等广泛地进行教育；还可以通过社工的上门访问，或社区的集中调查，结合社区居民的亲身体会，了解社区照顾的必要性以及社会化服务对家庭压力的减轻，真正得到社区居民的拥护和支持。

（4）社区照顾训练。前面我们已经提到，社区照顾是一项专业性的社会工作，与单纯的、传统的家庭照顾有着本质的区别。为此，专业社区工作者、医务工作者、心理咨询员等专业人员，志愿者以及受助人士及其家人都必须接受不同程度的训练或培训。

就专业人员而言，社区照顾是随着社会、经济以及科学技术的发展而不断有新的变化和新的要求的，为此，专业人员必须不断地吸收新的知识和新的技术，及时转变观念，以符合社区照顾的要求。此外，社区照顾有着本身的特征要求，并不仅仅是医生或专业工作者所能简单胜任的，为此，进行社区照顾的专业培训是十分必要的。

就志愿者和受助者的家人而言，因为不是专业的护理人员，因而必须接受简单的护理技巧和方法的培训，同时，为在心理上理解和帮助受助者，也需要接受心理学方面的训练。

就邻里而言，在社区照顾中与社区照顾对象有着较为直接的联系，因此，要对他们进行日常与社区工作对象交往的教育和培训，提高他们对邻里照顾对象发生危机状况的敏感度以便主动提供协助和照顾。

就社区照顾的对象本人而言，必须对整个社区照顾中的康复过程和治疗有较为清楚的了解，为此，要对他们进行必要的心理调适训练，同时也要进行必要的体能训练以提升社区照顾的效果。

就政府有关部门和社区照顾机构而言，要成立社区工作和社区照顾训练中心使之制度化和机构化，制订出系统的训练计划，以从组织上保证社区照顾训练的落实。

第二节　社区保障

社区保障是社会保障的重要组成部分，也是社区工作中的重要内容和重要目标。随着"单位人"向"社区人"的转变，我国原来社会保障上的单位保障制已基本不复存在，原先的社会保障职能逐步从单位剥离出来，社区成为社会保障的重要主体。建构具有中国特色的社区社会保障体系已成为整体新型社会保障体系的重要组成部分。

一　社会保障制度的历史发展及其内容

社会保障制度是西方工业社会发展过程中实施的一项政策，也是一个国家经济制度的重要组成部分，迄今为止已有 100 多年的历史，在保证社会、经济的稳定和发展方面发挥了重要作用。社区保障是社会保障的重要组成部分，在理解社区保障之前，我们有必要对社会保障的历史发展与主要内容做一概要了解。

（一）社会保障的历史发展

1. 社会保障概念

世界各国的政策文献和学者的研究对社会保障的理解和认识并不一致，各国都依据自己的特点和认识来描述社会保障的含义，但就其共同的方面来看，可以把社会保障表述为：社会保障是以国家或政府为主体，依据法律规定，通过国民收入再分配，对公民在暂时或永久失去劳动能力以及由于各种原因生活发生困难时给予物质帮助，保障其基本生活的制度。

作为一项制度，社会保障是近代工业社会的产物，是市场经济正常运行的必要条件。在自然经济条件下，家庭是生产单位，也是生活消费单位，家庭成员遇到疾病、伤残、年老、生育等风险时，完全靠家庭的力量和亲朋好友的帮助来对付，如果这可以视为保障的话，那么就是家庭保障。进入工业社会和社会化大生产后，随着自然经济的瓦解和商品经济的发展，社会生产已不是以一家一户为单位，而是以大规模的工厂、农场为单位，劳动者多数离开家庭，走向社会。在这种情况下，劳动者所遇到的疾病、伤残、年老、生育等风险，就无法再依靠家庭的力量和亲朋的帮助来保证其正常生活。劳动者的个人问题已经转变为社会问题，要依靠社会的力量来解决。总之，一方面，市场经济的利润最大化原则对社会、经济的发展具有大的推动作用；另一方面，市场经济也具有极大的风险，这种风险会波及劳动者个人和家庭，对他们的工作、生活造成极大的影响，形成社会震荡，成为社会不稳定的因素。而完善的社会保障制度就是市场经济的一种稳定机制，作为社会的"减震器"和"安全网"应运而生并发挥着重要作用和重要功能。

2. 社会保障制度的萌芽

在工业社会市场经济之前，社会保障就以萌芽的形式出现在世界大部分国家和地区。最具典型意义的是世俗慈善事业和宗教慈善事业，当出现天灾人祸时，政府和宗教团体会通过多种形式为灾民和需要救济的人提供援助和帮助，在一定程度上解决了社会的需要。为了稳定社会秩序，国家在社会救济上扮演着越来越重要的角色。在 15～16 世纪之交的法国，贫困造成了严重的社会问题，于是，政府逐渐接管了宗教团体掌握的慈善事业，采取了集中财源、组织救济、劳动培训、儿童教养等一系列措施，形成了由行政人员组成的官方济贫机构。

从圈地运动到走上工业社会，英国贫民日益增多，大量涌向城市，成为当时政府最为棘手的社会问题。1601 年，英国政府颁布了伊丽莎白济贫法（旧济贫法），1834 年，又颁布了新济贫法。旧济贫法主要是把贫民组织起来，为他们提供劳动自救的场地和机会，并从富裕地区征税来补贴贫困地区；新济贫法的主要原则是保障公民生存的义务，认为救济不是消极行动，而是一项积极的福利举措，并由经过专门训练的社会工作人员从事这类工作。

大约到 19 世纪后期，欧洲主要工业国家纷纷颁布济贫法令，大多政府把社会救济由以慈善团体为主转为以国家为责任主体的政府救济，国家逐渐开始承当社会保障责任，为社会保障制度的确立奠定了良好的基础。

3. 社会保障制度的建立和发展

真正意义上的社会保障制度是随着工业革命后生产社会化和经济市场化的建立而确立的。从 1883 年到 1889 年，德国以立法的形式颁布了《疾病社会保险法》、《工伤保险法》以及《老年和残障社会保险法》，从而标志着世界上第一个最完整的社会保险体系的建立，社会保障制度由此产生。此后，到 20 世纪初，欧洲大部分国家程度不同地推行了社会保障制度。1935 年，美国通过了历史上第一部社会保障法——《社会保障法案》，继美国之后，阿根廷、墨西哥、巴拿马等国家也先后建立了社会保障制度。从德国社会保障制度的建立，到美国《社会保障法案》的实施，形成了由国家财政出资的济贫与由收益人缴费的互助和自保相结合的社会保障体系。

第二次世界大战以后，英国政府在著名的《贝弗里奇报告》的基础上，先后颁布了一系列社会保障法案，如《国民保险法》《社会保险法》《国民卫生保健服务法》《国民救济法》等，使英国成为当时社会保障体制最为完善的国家。1948 年，英国首相艾德礼公开向全世界正式宣布，英国已经建成了世界上第一个福利国家。此后，英国经过 20 多年的改进和完善，其社会保障制度发展成为面向全体社会成员、高福利、统一管理体制、为公民提供一揽子预防性保障的完整的社会保障体系，成为"从摇篮到坟墓"的福利国家。

北欧国家瑞典自 1948 年起，也致力于福利国家的建设，按照普遍性和统一性原则，所有的公民都有权获得基本生活保障，并由国家承担多种风险。除现金津贴外，还提供医疗、护理等项服务。这种全民性保险和广泛优厚的补贴制度，使瑞典获得了"福利国家橱窗"之称。

其他欧美国家从第二次世界大战到 20 世纪 60~70 年代也扩大了社会保障的范围，增加了保障项目，提高了保障的待遇，跨入了福利国家的行列。

尽管欧美国家在 20 世纪 70 年代以后由于多方面的原因，在其社会保障制度的推行过程中遇到了较多的问题，如收支上的入不敷出、社会救助过程中"养懒汉"的弊端，以及社会保险税收过高等问题，但是从总体上说，社会保障为社会经济的稳定和发展起到了非常重要的作用，是现代社会须臾不可或缺的社会安全网和稳定器。

（二）中国社会保障制度的建立和转型

中华人民共和国成立以后，我国政府在大力发展生产、恢复国民经济建设、治理失业和通货膨胀的同时，开始了新中国社会保障体系的建设工作，以后，政府多次发布法令，进行补充和调整，直到改革开放之前，逐步建立了一套与计划经济体制相适应的社会保障体系。

1. 企业职工劳动保险和国家机关、事业单位社会保险

中华人民共和国成立初期，政务院于 1952 年 2 月正式颁布了适用于国营、公司合营、私营企业和合作社的全国统一的《中华人民共和国劳动保险条例》，具体规定了职工在疾病、伤残、死亡、生育以及年老后获得的必要物质帮助办法，同时规定职工供养的直系亲属也可以享受一定的保险待遇。后来政务院又对此作了若干次修订，扩大了实施范围，并提高了部分待遇标准。根据《中华人民共和国劳动保险条例》的规定，国营大中型企业都举办了以本单位职工为对象的福利事业（即职工福利）。职工福利包括从住房到医疗、文化体育设施等多方面的集体福利。

中华人民共和国成立初期，我国的国家机关、事业单位的社会保险和企业职工的社会保险分开而单独制定政策，单独进行管理。1950 年后，在战时供给制待遇的基础上，国家以单项法规的形式，逐步对机关、事业单

位人员的疾病、养老、生育、死亡抚恤等作了具体的规定，先后制定和发布了多项文件和指示，对机关事业单位工作人员的保险作了较为详尽的规定，其范围和待遇略高于企业的社会保障。

2. 社会救济和社会福利

社会救助和社会福利是社会保障中的重要内容。在中华人民共和国成立初期，我国的社会救助还是被表述为"社会救济"。我国城市的救济方针是：在自力更生的原则下，动员与组织人民实行劳动互助，实行自救、自助、助人。农村救济工作的方针是：生产自救，节约度荒，群众互助，以工代赈，并辅之以必要的救济。50 年代中期，社会救济的对象增加了年老体弱的个体劳动者和困难户，以后又延伸到没有依靠的老弱孤残者，在农村社区，则是以"五保户"为对象的社会救济。

我国原来的社会福利有很大一部分内容包含在企事业单位和政府机关单位职工的福利上，后来还扩展到以老人、儿童、残疾人、病人、精神病人为主要对象的社会福利体系，如建立了接收老人、失依儿童、残疾人的福利院、福利工厂以及精神病人疗养院等福利机构。政府或社会团体还投资兴办了以全体公民为对象的教育、医疗、文化、住房等公共福利设施。

我国改革开放之前的社会保障制度是计划经济条件下的产物，在当时起到了较为重要的作用。但是改革以后，特别是社会主义市场经济体制的确立，原来的社会保障制度已经远远不能适应时代的要求，因此，建立一套适合市场经济运作模式的社会保障制度就成了 20 世纪 90 年代以后社会各界所关心的大事。进入 21 世纪，在关注民生、重视社会和谐与科学发展的背景下，我国的社会保障事业亦取得了重大突破。十九大报告提出了"全面建成覆盖全民、城乡统筹、权责清晰、保障适度、可持续的多层次社会保障体系"的发展目标。

（三）社会保障的主要内容

社会保障是一种社会安全制度，其主体内容即社会救助、社会保险与社会福利。

1. 社会救助

社会救助又称社会救济，是国家通过国民收入的再分配，对因自然灾害或其他经济、社会原因而无法维持最低生活水平的社会成员给以救助，以保证其最低生活水平的一种制度。社会救助的目的是维持公民最低生活需要，社会救助的对象是社会保险这道安全网保护不了的人群，主要是无收入、无生活来源或孤苦无依、无法生活的人，以及虽有收入，但因遭受意外事故或收入较低无法维持生活的社区居民。

2. 社会保险

社会保险主要包括医疗保险、养老保险、失业保险、工伤保险等。社会保险以国家为主体，对有工资收入的劳动者在暂时或永久丧失劳动能力而无工作即丧失生活来源的情况下，通过立法手段，运用社会力量，给其以一定程度的收入损失补偿，使之能继续保持其基本生活水平，是保障社会稳定和发展的一种制度。在现代社会保障制度"扩面"的背景下，某些社会保险险种，比如养老保险、医疗保险等亦逐步扩展至全体公民。社会保险是社会保障体系中最为重要的核心部分。

3. 社会福利

无论是学术研究者还是实际工作者，对社会福利往往有不同的定义和解释。有人认为社会福利可以从两个方面来加以理解：从广义上说，社会福利是社会保障的同义语，包括全部公共文化、教育、卫生设施和社会救助以及社会保险在内；从狭义上说，社会福利是和社会保险相并列的一个概念（孙光德、董克用，2000：31）。也有学者认为，社会福利是指企事业单位举办的集体福利和国家或社会建立的针对某些人群如残疾人、孤儿、无依无靠的老人等的社会福利（郑秉文、和春雷，2001：197）。这类解释似没有具体阐释社会福利本身的内涵，即福利到底是什么。

我们认为，从社会保障的角度看，在对象上，社会福利应该是社会公众和全体人民；在实施主体上，社会福利应该是国家、社会团体或单位；在具体实施上，社会福利应该是为特定的对象提供物质上的优惠措施和照顾，如实行免费、低价、补贴措施以提高福利对象的物质待遇和生活水准等。

从内容上看，社会福利有未成年人福利、老人福利、残疾人福利、劳动者福利等。从形式上看，社会福利可采取货币形式、劳务形式、实物形式以及其他形式。从类型上看，社会福利包括如下三项。

公共福利事业。这是由国家或社会团体兴办的以全体人民为对象的公益事业，如教育、科学、环境保护、文化、体育、卫生等设施，群众免费或低费享受这些福利设施。

特别性和专门性的福利事业。这主要是民政等部门为残疾者、孤儿、生活无着落的老人等具有特殊需要而又无力自理的人举办的疗养院、教养院等，被救助的人一般以免费的形式享受福利。

局部性或选择性的福利措施。主要是国家为照顾一定地区或一定范围的居民对部分必要生活资料的需要而采取的优惠措施，如实行某些补贴以增加居民的获益。

社会福利的基本点都是以免费、低费或减费的形式提供某种生活用品、社会服务或现金补贴，给居民以一定的实惠和方便。社会福利不仅表现在提供一定的收入补偿，更多的是通过建立公共设施和提供服务为人们提供生活方便；不仅对物质生活需要给以保障，还对精神心理方面的需要给以保障；不仅保障个人目前的生活需要，还要保障居民家庭需要以及培育后代的需要。总之，社会福利不仅保障个人和整个社会的生存需要，还要保证个人和社会有发展的可能，所以社会福利是社会保障体系的最高层次。

二 社区保障的特征与功能

社区保障实际上就是社区社会保障，是整个社会保障体系的组成部分。但是，社区保障不只是社会保障在社区范围内的简单实施，更为重要的是，它是在社会转型时期社区重要性日益突出的条件下，一种在含义、性质、特征以及功能上都有自己特点的全新社会保障形式。因此，社区保障和社会保障既有紧密的联系，更有一定的区别。

1. 社区保障及社区社会工作中的社区保障

徐永祥认为，"社区保障就是指社区承担或实施的社会保障工作，是我国社会保障体系的重要组成部分。它以国家的社会保障制度为基础，以社区作为社会保障制度的基本落脚点，以社区居民作为社会保障的对象，以保障居民的基本生活权利和需求为根本任务"（徐永祥，2000：204）。该概念较为清楚地反映出社区保障的内容特征，并指出了社区保障和社会保障的关系，有一定的代表性和典型性。

社区社会保障是随着社会发展和改革，社区逐渐成为社会基本运作单元，"社区人"逐渐成为社区主体的背景下所产生的新的社会保障形式。我们认为，既然社区社会工作的主要宗旨就是调动社区资源，解决社区居民的具体问题，因此社区保障完全可以结合社区社会工作来进行。换言之，从某种意义上说，我们可以把社区保障纳入社区社会工作的范畴，把社区保障视为社区社会工作的重要内容之一。我们就可以将社区社会工作中的社区保障试界定为：所谓社区社会工作中的社区保障，是指由社会工作者调动社区资源，组织和协调社区有关力量，以国家的社会保障制度为基础，采用社区社会工作的专业方法和技巧，以社区居民为对象，积极创造条件，为社区成员争取并保障其基本生活条件和福利水平，达到社区稳定、社会发展的目的。

社区社会工作中的社区保障概念之提出，有其较为现实的理论意义和实践意义。

第一，突出社区社会工作的本土化特色。众所周知，无论是作为一项专业化和职业化的工作，还是作为一门理论性的学科，我国的社区社会工作包括社会工作都还处于起步发展阶段，不仅整个社会对其认识不够，而且社区工作的实践与理论研究本身发展也较为粗浅。此外，社区社会工作以及社会工作研究的理论、思路与方法的本土化不足，与我国目前的社区实际仍存在一定程度的差异。我国城乡社区居民目前所遇到的最大问题当为基本的社会保障，如养老保障、医疗保障、失业保险等方面的问题，这也是社区社会工作所要解决的主要和重要问题。为此，突出社区社会工作中的社区保障，必能体现和突出我国社区社会工作的本土化，着力解决好目前困扰我国城乡社区的社会问题。

第二，扩展社区社会工作的内容。一般而言，社区社会工作研究领域中很少涉及社区保障，即我们所提出的"社区社会工作中的社区保障"。我们认为，社区社会工作起源于西方主要工业化国家，而这些国家在其工业化进程中也渐次建立了较为完善的社会保障制度，公民大多得到范围较广、水平较高的社会保障。而社区工作是一种比社会保障更为微观，更为具体，更具有个人化、人性化特点的专业助人活动，是与社会保障并行不悖的社会安全体系。因此，西方国家就没有必要专门在社区工作中突出社区保障的内容。而我国的社会保障具体情况不同于西方发达国家，不少保障的内容往往要通过社区工作者的具体社区工作来实施或补充，社会保障不仅要通过国家的立法来推行，而且要通过社区各个方面的努力才能实现。我国的社区社会工作不仅是简单的助人自助，更要拓宽到社区保障以真正解决社区问题。所以，讨论和研究社区社会工作中的社区保障不仅是必要的，而且是有意义的。

2. 社区保障的特征与功能

社区社会工作中的社区保障并不是游离于社会保障之外的概念，它与社会保障具有紧密的联系，或者说也是社会保障的一部分，只不过是我们强调了社区工作在社区保障中作用与功能的重要性。

与社会保障相比较，社区保障在对象上不是全体社会成员，而是相互之间没有业缘关系纽带的社区居民；在保障经费供给上，社区保障主要不是通过国家财政支出或企事业单位的自有资金，而是主要利用社区资源增加供给以满足社区自身多样化的保障需求；在保障的目的上，社区保障不是宏观上的国家和社会的安全制度，而是微观上为社区居民的基本生活权利提供安全保护，维护社区稳定的举措；在保障的具体事务运作上，社区保障不是通过政府或机构来执行，而是社区工作者联系社区内各种保障组织和群体，通过具体的服务工作来落实。

结合社会保障，社区保障具有强制性、普遍性、福利性、互助性、区域性等特征（徐永祥，2000：207）。

所谓强制性，主要是指在社区范围内执行国家制定的有关社会保障的法律和法规，对社区居民的年老、疾病、丧失劳动能力或意外灾害等风险予以保障。作为社区居民，也必须强制性地参与社区保障。

所谓普遍性，是指社区保障的实施对象包括全体社区成员，人不分男女老幼、有业无业，地不分城市和乡村；社区保障的内容涉及衣食住行的方方面面，都被囊括在社区保障的范围之内。

所谓福利性，是指社区保障不是以营利为目的，而是造福社区居民，以较少的花费为居民提供较大的实惠和方便。对于某些对象、某些项目可以免费的形式无偿为社区居民提供服务或方便，如特别医疗护理、职业介绍、社区照顾等。从一定意义上说，在内容与性质上，社区保障与社区服务有一定的重合和相似，不过社区服务较为广泛，而社区保障则较为集中于类似社会安全网式的保障。

所谓互助性，是指社区保障要挖掘社区资源，调动和集中社区民间力量，社区成员互相帮助、互相支持，为社区中的弱势群体解决问题提供物质帮助和精神支持。这一点与社会保障稍有不同。社会保障的互助性是社会性的，是集中社会的力量来分担大家的风险；而社区保障的互助性则主要集中社区的资源和力量来解决社区成员特别是有特殊困难居民的问题。

所谓区域性，是指在具有一定的人口、地域、文化背景下的区域中进行性的社区保障。因此，社区保障必须结合本社区的实际，发挥社区优势，避开劣势，实事求是地开展符合本社区的社区保障工作。

社区保障的功能有三种：救助功能、调节功能、稳定功能（徐永祥，2000：208～209）。

救助功能。社会保障的补偿功能主要表现在社会保险和社会救助两个方面。社区工作者在社区保障的调研和实施过程中，可以详细清楚地了解社区内居民的具体困难和要求，协助有关部门，帮助社区居民解决问题，以救助和补偿某些因各种原因失去生活来源的居民。因为有社区工作者的直接参与介入，所以社区保障对社区成员来说就更为具体、更为到位、更为彻底，其救助功能的发挥更为完善。

调节功能。现代社会保障是调节收入、缩小贫富差距、缓和社会矛盾的重要手段，但是在当前的社会转型时期，大部分弱势群体已不再依赖于原有的单位保障，许多问题以及问题的主体基本集中到了社区，总体上的社会保障并不能保证其调节功能处处有效。为此，在依据国家和社会的保障政策和法律的同时，借助社区保障，利用社区内的资源和力量，调节社区收入及多方面的差距，以缓和社区矛盾。

稳定功能。社区保障的稳定功能在于，结合社会保障，通过社区工作者的具体工作，使社区成员得到较为广泛的保障，提高社区居民的生活保障感、心理平衡感、社会公平感、人际亲密感和政治向心力，从而达到社会的稳定。比如当前城市社区普遍存在的相对贫困、养老医疗等问题，一方面，要通过建立较为完善的社会保障制度来解决；另一方面，也要运用社区保障措施来延伸和拓宽居民的保障范围，使社区成员对社区有一种信任和依靠，起到稳定社区的作用。

当年，社会保障随着工业化的发展应运而生，对社会经济的发展起到了极为重要的作用。现在，随着城市化、现代化程度的不断提高，随着社会主义市场经济的深入发展，随着社区地位和作用的日益凸显，在建立完善的社会保障制度的同时，在开展社区社会工作的过程中，做好社区保障工作对于社区的稳定与发展是十分必要和重要的。

第三节　社区服务

社区作为一个地域性的人类生活共同体，其存在和发展离不开社区服务。社区服务在解决社区社会问题和居民生活困难方面起到了不可忽视的作用，受到了居民的广泛支持和普遍欢迎，成为社区建设中的一个重要组成部分。

一　社区服务概念

所谓社区服务，是指在社区政府的统一规划和指导下，运用社区社会工作的基本理论知识与技术，以社区为单位，以一定层次的社区组织为依托，以群众的自我互助服务为基础，突出重点对象，面向全体社区居民的，以提高社区居民生活质量的专业性社会服务活动。

综合起来看，社区服务有以下几个方面的含义（王刚义等，1990：105~107）。

第一，从具体执行者看，社区组织是社区服务的主体。社区服务以社区居委会、村民委员会等基层组织以及各类民间性质的社区社会组织为基础和依托而展开，不仅具有地域性，而且具有组织性和群众性。

第二，从服务方式看，社区服务是群众的自主性和自助性活动。社区服务在经济上有无偿服务和有偿服务两种形式，但是它与一般性社会服务和第三产业有着很大的区别。

在服务目的上，社区服务以社会效益为主，以保本微利向社区居民提供低费和免费服务；而社会服务则是以经济效益为主，经营目的是服务赢利两兼顾。

在服务对象上，社区服务的重点是生活有困难的人，如孤寡残幼等；而社会服务则为全体居民服务，没有重点。

在服务范围上，社区服务以本社区为主，具有明显的地域范围，而社会服务往往超越地域限定进行跨地区的服务。

在组织机构上，社区服务是在政府的指导下，以社区组织为依托，依靠社区内部各方面的力量自我管理、自我服务；而社会服务是在一定的经济组织经营下开展服务的。

在心理效应上，社区服务过程使社区成员在心理上有一种认同感和归属感；而在社会服务中则缺乏这种认同感和归属感。

此外，社区服务与第三产业也不同。第三产业是指除了工业、农业以外的所有行业，包括商业、金融、旅游、饮食以及信息等，其服务对象较杂，范围较广，服务目的主要讲究经济效益。而社区服务是一种社会公益事业，具有社会福利、社会保障的性质，其主要考虑点是以社会效益而非经济效益为主。

第三，从服务性质看，社区服务是社会保障的重要内容之一。社会保障是国家和社会采取的旨在保护公民的基本生活条件，以达到社会和谐与社会安定的一种制度和措施。社会保障是社会稳定发展的一种制度和体系，包括社会福利、社会保险、社会救助等方面。在内容上看，社会保障有两类：一是生活经济保障，主要通过社会保险与社会救助等方式，为确保公民生存、年老、疾病、伤残或意外伤害时的基本生活而提供的一种经济补偿；二是生活服务保障，通过具体的社会工作与社会服务，为保障和提升特定社区成员的生活水准而进行的工作，如开办福利院、康复中心、老人活动室、家务劳动服务站、残障儿童托管班、老年人婚姻介绍所等。由此可见，社区服务就是社会保障中生活保障的重要形式。

第四，从服务目的看，社区服务在于解决本社区居民生活中的困难和不便，满足社区居民的物质和精神文化生活的需要，预防和解决本社区的社会问题，增强居民的社区认同感、归属感、参与感以及互助能力，强化社区的整合和稳定机制，为社会整体发展奠定基础。

第五，从过程看，社区服务是一种程序。服务就是以各种形式为他人提供某种具有特殊使用价值的非生产性活动。从社区的调查、社区服务的设计到组织实施，这一系列活动都具有一定的工作程序。

二　社区服务的特点和原则

1. 社区服务的特点

从社区服务的基本内容我们可以看出，社区服务有其特征。

（1）社区服务的非营利性。社区服务以社区老年人、残疾人、困境儿童以及失业者等急需帮助的群体作为服务的对象和重点。因而从本质上看，社区服务是一项公益事业，是为了增进社区的社会福利，社区服务不以营利为目的，而是把社会效益放在首位，把社会福利放在首位，具有明显的福利性与非营利性。

（2）社区服务的地域性。社区是人们社会活动的场所，是地域性社会，因而地域性是社区服务的重要特征。我国城市的社区服务以街道、居委会、小区，农村的社区服务以村、镇为依托而展开，具有明显的地域性特征。在对象上，社区服务以本社区内的成员为主；在人员构成上，社区服务由本社区的专业和志愿人员共同组成服务团队；在资金来源上，主要由本区域内的有关职能部门提供以及个人和团体的捐助等来加以解决。总之，不同类型的社区，依照各自区域化、专业化程度呈现不同形式的社区服务模式，这就是由社区服务的区域性所决定的。

（3）社区服务的专业性。社区服务的专业性表现为，从社区工作的角度看，社区服务的主体除自助与互助的社区群众之外，更为主要的则是专业化的社区社会工作者，他们所做的不是一般的"送温暖"式服务工作，而是由专业性决定的资源调集的物质援助、专项服务，如安老服务、残疾人服务、少儿服务以及心理疏导和治疗等内容。专业性的服务不仅要解决眼前的和表面的问题，而且要解决长远的和深层次的问题。

（4）社区服务的综合性。社区服务的综合性表现为，社区服务的内容囊括到社区居民日常生活和工作的方方面面；服务的对象包括社区内不同职业、不同身份、不同生活状况的所有社区成员；服务的主体包括社区内一切单位和个人，涉及政治、经济、文化、社会等多方面；执行主体有城市社区居委会、农村村委会以及各种社会团体与志愿者组织和专业工作者等。换言之，社区的综合功能决定了社区服务的综合性特征。

2. 社区服务的原则

原则是具体的而非抽象的，由客观实际所决定。随着社会、经济的快速发展，我们也遇到了一些新的社会问题，如人口老龄化、社会弱势群体的出现、分工复杂化后带来的职业短期化即不稳定性增多，以及社区成员的"社会人"成分增加等一系列现象。这就决定了社区服务具有一系列的相应原则。

（1）理论指导原则。理论来源于实践又指导实践，缺乏理论指导的实践不仅是非理性的，而且往往脱离实际，经不起历史的检验。长期以来，我们把社区服务等同于给群众解决困难，囿于"送温暖"，而忽视了专业性的理论研究和理论指导，没有认识到社区服务是社会工作的重要组成部分，以至于不能很好地解决社会问题，对社区发展也没有产生应有的推动作用。当前，必须结合社会工作的学科建设，强调理论指导的原则，以从宏观上提升社区服务的水平和效果。

（2）全面规划原则。社区服务的对象是全体社区成员，内容涉及物质和精神的方方面面，服务人员有专业和非专业、志愿者与职业者、个人与单位的不同，方法有专业性的心理疏导和实际帮困的区分，因此，对于社区服务这样一项复杂的系统工程，必须进行全面的综合规划。在现代社会，无论是城市社区、农村社区还是集镇社区，社区服务都是社会发展中的重要组成部分，除了社会发展的总体规划之外，对社区服务要有全面规划，即对服务项目的设定、人员的组织、资金的筹集、工作的落实等都要有规划。

（3）突出重点原则。尽管社区服务是以全体社区成员为对象，但是从帮助弱者、增强社会福利的目的来看，社区服务必须在兼顾一般的同时，突出重点，把有限的经费和力量用在急需扶持的对象和重要项目上。当前，随着社会的发展和市场经济的不断深入，社区内也出现了一些急需解决的棘手问题，如"银发浪潮"冲击下的老年人问题、贫困问题、社区冲突等问题，这些问题不仅使当事人面临很大困难，而且社区稳定和发展也将受到很大影响，必须作为社区服务的重点来加以解决。

（4）自我服务和自我发展原则。就其性质来说，社区服务是一项群众性的自我服务活动。社区成员既是服务的客体又是服务的主体，既是服务的对象又是服务的参与者和工作者。为此，发动社区群众积极参与、互相帮助，是搞好社区服务的基础和条件。在自我服务的同时，既要体现社会效益，也要注意经济效益，实行"义务、有偿、经营"三者并举的方针，区别不同服务对象，在对弱者提供公益性服务的同时，也可实行微利经营，做到为民、便民、利民，促进社区发展。

三　社区服务的主要内容

社区服务在现代工业化、城市化以及信息化社会有着极为重要的意义，对于社区发展和社会发展都有着直接的推动作用。社区服务涉及许多方面，其主要内容有以下几个方面。

1. 老年人服务

联合国 1982 年第 97 届决议规定，65 岁以上的老年人占总人口比例超过 7%，或 60 岁以上的老年人口比例超过 10% 的国家或地区，便是老年型国家或老年型地区，即"老龄化社会"。西方发达国家早在 20 世纪 60 ~ 70 年代就陆续进入老龄化社会，我国也在 21 世纪初加入了老龄社会行列。我国正处于快速老龄化时期，截至 2017 年底，中国 60 周岁及以上的老年人口规模已超 2.4 亿人。[①] 老年人服务已成为社区服务的一个重要内容。

所谓老年人服务，是指通过一系列专业性工作，对老年人提供生活、

---

① 国家统计局：《中华人民共和国 2017 年国民经济和社会发展统计公报》。

休闲、娱乐等多方面的保障。老年人服务包括老年保障性服务与老年福利性服务两种类型。老年保障性服务主要为最基本的生活照顾、医疗服务，以做到"老有所养""老有所医"；老年福利性服务主要是满足老年人颐养天年、社会发展的需要，如举办各类老年人活动与教育中心，使老年人"老有所学""老有所乐""老有所为"。老年人服务有养老服务、健康服务、日常生活服务、护理服务、休闲娱乐服务、心理服务、法律咨询服务等，每一种服务都有其特定的内容和具体的要求，是社区服务中的有机组成部分。

2. 青少年服务

所谓青少年服务，是指为青少年以及幼儿的身心健康和成长发展在物质和精神方面提供的各种帮助和服务。

开展青少年服务是实现少儿生活社会化的客观要求。在现代社会，随着家庭的小型化和核心家庭、独生子女家庭的增加，传统意义上的家庭功能也日益减退，其中幼儿与青少年的家庭生活服务与教育就成为一个较为突出的问题。在社会结构、家庭结构、生活方式都发生了巨大变化的今天，人们的工作压力越来越大，生活节奏越来越快，那些忙于生计的父母无暇顾及幼儿的照管、学龄儿童的中餐甚至教育等问题，特别是在城市社区，少儿的社区服务已成为一个十分突出的需求。

青少年社区服务也是适应家庭、学校、社会一体化教育的客观要求。家庭、学校、社会之"三位一体"教育是保证少儿健康成长的一条重要方针，这条方针要求家庭、学校和社会三方教育协调一致，形成良好的教育网络，在社区一体化教育中发挥社会教育的功能，提供社会教育服务，创造一体化教育的社会环境。

青少年服务可以有效地防治青少年犯罪，对失足青少年进行帮教矫治。青少年时期是由幼稚向成熟的过渡时期，在这一时期，青少年一般精力充沛、求知欲旺盛、模仿性和好奇心强、可塑性大。这些生理和心理特点构成了青少年发展中错综复杂的矛盾，如果这些矛盾不能得到很好的解决，就容易诱导青少年走上越轨犯罪的道路。针对这种情况，配合学校、家庭和社会，进行良好的社区青少年服务，加强对青少年的教育，就能有效地防治青少年的越轨和犯罪，做好对失足青少年的帮教矫治工作。

青少年服务可以促进青少年积极参与社会活动，得到全面健康的发展。青少年是人生最有朝气、蓬勃发展的时期，他们不仅要从书本上学习知识，还要积极投身于社会这个大熔炉去经风雨见世面，去体验人生、实践人生。这就要求学校、社会对他们要给予热情的关怀，为他们提供必要的社会实践场所，引导他们认识社会、参与社会。

3. 残疾人服务

所谓残疾人服务，是指通过医疗的、工程的、心理的、社会的以及其他手段，对社区内残疾人进行物质的和精神的帮助，为他们能像正常人一样就业、生活提供必要的条件。开展社区残疾人服务是社会文明和进步的标志，也是衡量社区社会工作专业化的重要指标。

残疾人生理上的缺陷使他们有不同于健全人的特殊困难与特殊需要，因而社会对他们的帮助、社区对他们的服务就显得尤为重要。当前，首先应为残疾人服务创造一个良好的社会环境，形成一个帮助残疾人、照顾残疾人的良好社会氛围。除建立康复中心或医院对其进行康复治疗、建立特殊教育学校对其进行教育以外，最为主要的是为残疾人的社会参与提供机会和条件。我们认为，当前最为主要的是劳动就业服务，结合就业工程，为残疾人提供适合自己的岗位，为他们自食其力创造机会。

当前，应克服残疾人服务仅仅是残联、民政的工作之陈旧观念。随着社会的发展，残疾人服务正越来越朝社区化、专门化、综合化、现代化方向发展，已逐渐纳入社区服务的范畴。

4. 生活服务

所谓生活服务，就是指为方便和有利于居民生活而提供的各种无偿和有偿服务。这种服务主要是满足本社区居民的需要，实施日常生活服务、家务劳动服务以及有关生活方面的服务。社区主要是居民集中居住和生活的区域，便民、利民的生活服务对象涉及千家万户，内容涉及衣食住行，是一项基本的而又十分重要的工作。随着社会经济的不断发展，从总体上看，城市社区当前最为主要的生活服务是家务劳动社会化服务，以使大多数职工能从繁重的家务劳动中解放出来，同时也能创造大量就业岗位与就业机会，可谓一举两得。

5. 就业服务

在我国改革开放初期，无论是城市社区还是农村社区，劳动力剩余现象是我国改革开放以后出现的新的社会经济问题，农村剩余劳动力转移带来的"民工潮"与城市下岗失业带来的再就业工程，是应对与解决剩余或富余劳动力的出路的重要途径，也是各级政府和社会有关单位所面临的紧迫任务。因此，面对农村和城市的劳动力剩余，如何为城乡剩余劳动力的转移提供重要条件，为他们创造新的就业机会，减轻剩余劳动力对社会所造成的压力，这就成为社会各界普遍关心的问题。而通过社区服务，开展再就业工程，则能很好、很直接地解决劳动力的分流与就业问题，促进社区发展和社会稳定。

在新时代，我国劳动力社区就业服务不应仅限于解决与应对失业问题，还应拓展至职业能力拓展、职业技能培训、职业介绍、自主就业与创业服务、针对特殊人群（比如残疾人）的就业服务等。

第四节　社区建设

社区建设是工业社会与现代社会发展中的客观要求。由于生产的积聚与集中，居住的小区化与统一化，社区及社区建设、社区服务、社区发展成为现代社会的主要内容。就是在较为分散的以农业为主要产业的农村社区，由于乡镇工业和小城镇的快速发展与生产、生活、保障等社会化程度的不断提高，社区建设与社区发展也成为现代化农村的重要内容。

一　社区建设意义

随着工业化、城市化、现代化的进程，社区发展和社区建设越来越成为各国社会发展中的重要内容。第二次世界大战以后，许多发展中国家面临贫穷、疾病、失业、经济发展缓慢等问题，在单靠政府力量无法解决的情况下，一种运用社团组织、利用社会资源、借助社区力量的构想与方法就应运而生。早在 1951 年，联合国经济与社会发展理事会就通过了 390D 号议案，计划建立社区福利中心，推动全球社会经济发展，不久又将该计划改为"社区发展计划"，并在 1954 年建立了社会事务局社区发展组；1957 年联合国试图通过社区发展来解决发达国家工业化与城市化带来的一系列社会经济问题，得到了发达国家和地区政府的支持，使社区建设和发展成为社会、经济运行过程中的一项重要内容。

在我国，社区发展和社区建设是在实行市场经济以后为适应新形势的要求而逐渐展开的。在计划经济时代，城市社区从生产到消费、从工作到劳保等一切都由国家包揽，以"单位人"排斥"社会人"，以"集体事业"代替"社区事务"，使利用社区资源、借助社会力量的社区发展和社区建设缺乏存在与发展的条件和内在要求。在农村社区，人民公社体制下的农民以集体劳作方式进行单一的农业劳动，粮食生产以外的社区事务无暇亦无力顾及，农村很长时间跳不出传统社会的窠臼；拔高了的生产关系和落后的生产力使集体只能把少数"五保户"作为"集体人"加以重点关照，而绝大多数农民的生活保障只能是个人行为，以至于"养儿防老"的传统意识根深蒂固。因此，现代意义上的社区发展和社区建设以及与此相应的社会工作也就无从谈起。

市场经济的推行，一改国家包揽一切、生产统一计划、消费统一安排的旧制，改"单位人"为"社会人"，变"集体事业"为"社会事务"，在城市下岗失业、农村劳动力外流、社会流动加速、"银发浪潮"冲击、多项改革需要以居民或农民为主体的情况下，原来以国家和单位为解决问题的主体之方式已不能奏效，社区建设与社区工作就成了新形势下社会健康运行的最佳选择。

作为一种地域性社会，作为连接个体与社会的桥梁，社区是社会的微观化，是社会的有机组成部分，社会的许多现象通过社区反映出来，社区建设则推动社会的发展。社区发展和社区建设对社会现代化具有极为深远的积极意义。

1. 协调社会有序发展

社区是在一定的区域或地域内，按一定的社会制度和社会关系组织起来的、具有共同人口特征的地域共同体，社区居民具有共同的地域观念和认同感。但从原来计划经济时代的单位看，发展的主体是地方政府和企事业单位，一定区域内各单位成员间的相互联系及共同点甚少，各自为政使单位间各行其是，有关共同发展的社会性事务则不能得到很好的解决。而在社区发展和社区建设中，发展的主体则是全体居民，发展的内容是社区成员所共同关心的问题，包括经济建设、公共设施建设、文化发展、社会保障等全方位的问题，这必然有益于社区的良性运行和协调发展。

2. 调动社区成员的积极性

社区发展的主体不是单位或"单位人"，而是社区或"社会人"，是全体社区成员，它强调的是居民自助、互助和自治，是社区力量的总体开发。由于社区建设关系到每一个成员的切身利益，因而社区成员的参与意识和主人翁意识就大为加强，使传统的少数人决策变为大多数人决策，形成"我为社区，社区为我"的氛围。

3. 发展与服务、建设与排忧的统一

从理论上说，与社会发展的方向和目标不同，社区发展和社区建设的宗旨是为社区居民更好地生活和全面发展服务，"为民、便民、利民"的服务性应该是社区发展和社区建设的一个显著特征，这就决定了社区发展的内容不是单一的经济建设，而应该是包括发展经济在内的社区服务、社会保障、社区事务等多方面的内容，特别是要解决好与社区成员的日常工作和生活密切相关的事务，使社区成员有"社区是我家，齐心建设它"的认同感和归属感，凝结成建设社区的力量。

二　社区建设内容

社区建设是一项内容广泛的综合性社会系统工程，涉及社区生活服务、社区文化、社区教育、社区安全等政治的、经济的、文化的多方面内容。

1. 发展社区经济

所谓社区经济，是指以城市中的街道、社区委员会、居委会，农村中的行政村或自然村为主体，立足社区自身，调动和利用社区内外的各种资源，利用社区的力量发展并服务于社区建设的各种经济实体之经济活动的总称。

社区发展以人为本，它重视社区成员多种需求的满足和生活质量的改善。经济发展是社区发展的基础和手段，是社区均衡发展的客观要求，也是社区建设的基本保证。社区经济的特殊性质决定了其具有自身的特征（吴德隆、谷迎春，1996：29～39）。

第一，空间上的区域性。社区经济就是在本社区范围内依靠社区组织，利用社区资源发展起来的，其劳动力构成、经济实体等多具有明显而确定的地域性。

第二，规模上的小型性。由于空间地域的限制和投资主体的局限，社区经济一般规模难以扩大，这就决定了其规模的有限性和小型化。

第三，使命上的服务性。社区经济从一开始就在使命上定位于社区服务，而且多以商业、生活服务业等第三产业为主，即使在农村社区，为农民的生产、生活服务也是发展社区经济的主旨。"围绕服务办经济，办好经济促服务"已成为社区工作的基本方针。

第四，发展方向的多样性。社区经济是适应变化着的社会环境而逐渐发展的，它在市场经济的竞争中寻求发展的路子，这势必形成社区经济发展的多样性与多元性。

从社区经济的特征中我们不难看到其特定的功能。

第一，服务功能。这是社区经济的基本功能。围绕服务办经济，办好经济促服务是社区经济的出发点和归宿。随着生产社会化程度的不断提高以及社区成员就业的多样化，服务功能显得尤为重要。

第二，保障功能。社区建设离不开资金作为基础，而绝大部分资金要靠社区经济的发展来解决，为社区管理和社区建设提供物质保障。同时，只有社区经济得到发展，才可以改善社区的社会福利水平，解决一系列与人民群众休戚相关的实际问题，起到社会保障的作用。

第三，稳定功能。社区经济的发展能大量吸收、消化和安置劳动力，特别是对残疾人、失业职工、特困人员的就业和再就业具有十分重要的意义，对减轻社会压力、减少社会不安定因素起到很大作用。

2. 实施社区服务

社区服务是工业化、城市化、现代化社会的产物，它是以社区为单位的群众性社会服务，包括城市社区服务和农村社区服务。在市场经济的条件下，劳动力流动加速，就业风险加大，个人及家庭社会化保障要求提高，这些都对社区服务提出了新的课题，成为社区建设中的重要内容。社区服务的目的就在于通过各方面的努力工作，满足社区成员的物质和精神生活的需要，提高他们的生活质量，以增强居民的社区认同感、归属感、参与感和互助能力，强化社区的整合与稳定。上一节我们已经讨论过社区服务，这里不再赘述。

3. 弘扬社区文化

社区文化是社区建设中的重要内容之一，是社会发展进步的产物，是在特定区域内的社会生活共同体所反映出来的有关人的行为模式、社会习俗、生活方式、价值观念、思维定式等文化现象的总和，以及为提高社区成员素养、满足社区成员精神需求、活跃社区成员业余生活的社会性和公益性文化活动。

鲜明的地域性是社区文化的第一个特征。虽然这一文化有着与外界相同的共性方面的内容，但反映其特定地域特征的社会文化特色则十分明显。特别是在农村社区，由于我国南北东西差异很大，乡规民约、风俗人情各不相同，地区间的文化个性特色也就相当明显。在社区建设中，除弘扬社会主义主文化之外，我们也应该充分发挥地域性文化的特色，把生产、服务、保障等与社区成员密切相关的工作和具有特色的社区文化密切结合起来，以推动社区物质文明和精神文明的综合发展。

广泛的包容性是社区文化的第二个特征。社区文化是一项综合性的社会文化活动，它既包括群众文艺活动，又包括知识普及、智力开发、科技信息、时事政策、法制教育、体育、美术等诸多方面的内容；在形式上，集宣传教育、文体活动等多种方式于一体；在参与者上，人不分男女老少，职业不分士农工商，地位不分高低贵贱，都是社区文化的主体。

组织的网络性是社区文化的第三个特征。社区文化是社区单位的联合，社区内文化设施的综合利用，以及社区内各类文化活动骨干队伍的聚集，从而形成纵横交错的社区文化网络。在农村社区，文化设施和文化队伍一头联系着城市，一头联系着小城镇，还有一头连接着农村社区，无论在文化内容还是在形式上，无论在硬件还是在软件上，整个社区文化都构成了一个网络系统。因为文化既有社区性又有社会性，既有个性又有普遍性，与整个社会相脱离的个性文化无论在设施还是在队伍上都是不存在的（吴德隆、谷迎春，1996：48）。

三 社区建设与社会发展

第二次世界大战后，随着"和平与发展"两大主题的提出，"社会发展"也逐渐成为世界各国政界和学术界所关注、认可的概念和战略。从社会学角度看，社会发展指人类社会生存和运行从一种形态向另一种形态变迁的合乎规律的历史过程，是以物质生产、精神生产、社会服务、信息交流等活动内容与形式来满足人们的物质和精神生活需要的社会进步过程。换言之，社会发展是人类不断自我完善、物质与精神生活不断充实提高、社会不断走向文明的过程。尽管各国国情与意识形态的差异很大，对社会发展的理解与实际操作也各不相同，但其基本的方面或内容则是相近或相似的。如经济发展、人口状况、教育培训、劳动就业、医疗卫生、社会保障、文化体育、大众传播、休闲娱乐、城乡建设、环境保护、社会治安等多方面的内容，都与各国发展密切相关。不少国家还就这些社会发展内容做了定性定量研究，制定了多种社会发展指标。

如何定位社会发展？大部分国家大体上采用了以下两种发展战略。

　　第一种发展战略是以经济增长为目标的"传统发展战略"。这是 20 世纪 50～60 年代发达国家和大部分发展中国家普遍采取的战略，其基本点是，将经济增长，具体而言，即将人均国民生产总值看作社会发展的首要的其至是唯一的目标，因此这种战略又被称为"增长第一战略"。主张这种战略的人认为，经济增长是实现人和社会发展的有效途径，一旦某个国家的国民生产总值提高了，社会发展目标也就不难实现。但是，经过几十年来的实践，"传统发展战略"在促使经济发展的同时，也暴露了一些问题，如经济发展的过程中对于环境和生态方面的破坏性影响、社会不平等问题的加剧、贫困者的基本生活需求得不到满足等，这就使人们不得不重新对它加以认识。

　　第二种发展战略是以社会全面发展为目标的"发展第一战略"。其基本点是，发展是一个历史的、全面的概念，在重视经济增长的同时，要使经济增长服从人和社会全面发展的总目标。这一战略反映了发展的本质特征，其目的是促进社会的健康发展。越来越多的国家都倾向于或采用了"发展第一战略"，取得了可喜的成绩。

　　社区建设和社区发展是社会发展的有机组成部分，是社会发展战略在不同层次、不同地域上的具体体现，没有具体的社区建设和社区发展，社会发展也就成为空话，因此社会发展必须建筑在社区发展的基础之上。在发达国家和大部分发展中国家，自 20 世纪六七十年代以来，以社区服务、社会工作为主要手段的社区建设和社区发展得到了长足的发展，对发展社区内的经济、文化、福利、环保，对消除社区内的贫困、减少犯罪等社会问题起到了积极作用（吴德隆、谷迎春，1996：157）。事实证明，社区建设是现代化进程中必不可缺少的措施，是社会发展的客观要求和必然趋势，是社会文明与进步的前提和基础。

　　就农村社区而言，改革开放后的 40 年来，农业经济和农村经济得到迅速发展，不仅解决了粮食这一困扰国人几千年的大问题，而且通过发展乡镇企业、建设小城镇，彻底改变了传统农村的固有模式，向世人展现了带有现代气息的现代化农村。农村经济的发展，直接推动了整个社会的发展，改变了我国社会发展落后的状况。可以说，改革开放后我国社会的巨变，在很大意义上说就是得益于农村社区的巨大变化。没有无数个农村社区的全面建设和发展，整个社会的快速发展是无法想象的。

第五节　社区治理

随着公共管理领域治理理论的发展与兴盛，社区治理亦成为中国社区理论与实践的重要内容。社区社会工作本质上可以看作社区治理的一部分，或者是社区治理的主要途径之一。

一　治理的内涵

英文中的"治理"，即 governance，源于拉丁文"gubenare"，主要具有"掌舵""引导""控制"等含义，且常与"统治"（government）一词交叉使用。20 世纪 90 年代以来，治理逐渐成为公共管理学的核心概念。1989 年世界银行首次使用"治理危机"（crisis in governance）一词以后，治理就开始被广泛地应用于包括公共管理在内的各社会学科的研究中。1995 年，全球治理委员会在《我们的全球伙伴关系》中指出："治理是各种公共的或私人的个人和机构管理其共同事务的诸多方式的总和。它是使相互冲突的或不同的利益得以调和并且采取联合行动的持续的过程。既包括有权迫使人们服从的正式制度和规则，也包括各种人们同意或为符合其利益的非正式的制度安排。它有四个特点：治理不是一整套规则，也不是一种活动，而是一个过程；治理过程的基础不是控制，而是协调；治理既涉及公共部门，也包括私人部门；治理不是一种正式的制度，而是持续的互动。"（转引自俞可平，2000：5）美国学者罗茨详细列举了六种关于治理的不同含义，即"作为最小国家的治理、作为公司管理的治理、作为新公共管理的治理、作为善治的治理、作为社会控制体系的治理、作为自组织网络的治理"（转引自王乐夫、蔡立辉，2008：70）。

虽然从词源上来看，治理与统治区分不大，并且常常混用。然而，两个概念的区别非常明显。治理理论的创始人之一罗西瑙（James N. Rosenau），将治理与统治进行了明确的区分。他指出，治理与统治虽然都涉及"目的性行为、目标导向的活动和规则体系"，但是"政府统治意味着由正式权力和警察力量支持的活动，以保证其适时制定的政策能够得到执行，而治理则既包括政府机制，同时也包括非正式、非政府的机制，随着治理范围的扩大，各色人等和各类组织得以借助这些机制满足各自的需要，并实现各自的愿望"（罗西瑙，2001：4～5）。所以，治理与统治最主要的区别在于其主体的不同，统治的主体是单一的，即政府及下辖的公共部门；而治理的主体是多元的，包括政府以及其他各类非政府、非正式的组织，具体包括企业、非营利组织等。在这个意义上，治理比统治的含义更为宽泛，基层社区、企业、学校等可以没有"政府的统治"，但是不能缺少治理，进而保证其高效有序地运作。另外，治理与统治的实施机制也不同。统治主要通过控制、指导等方式来加以实现，而"治理"则更多地基于合作、协商、参与等路径。所以治理与统治的权力向度也不同：统治一般强调依靠"自上而下"的行政权力，通过政策制定、行政命令等进行社会公共事务的管理，而治理则强调"上下互动"，通过伙伴关系、合作协商等机构，以共同目标为导向，实现社会公共利益（俞可平，2000：5～6）。

二　社区治理的内涵

党的十八届三中全会首次点出以社会治理代替传统社会管理，提出了"国家治理体系和治理能力现代化"的重大命题。根据治理的对象，治理主要包括全球治理、民族国家治理与地方治理的范畴（夏建中，2015）。社区作为以一定地域及人群为基础的人类生活共同体，作为联系个人与社会的中介纽带，是治理体系的基本单位。社区管理向社区治理转型成为学界研究、政府政策与实际工作的共同趋势。社区治理是国家治理中国家治理体系的基本单元。

社区治理是指在社区场域内部，各治理主体包括政府部门、社会组织、营利组织、社区自组织以及社区居民，基于公益原则、市场规律或者社区认同，协同合作，共同预防与应对社区公共问题，供给社区公共物品，满足社区需求的公共事务。社区治理的内涵包括以下基本要点。

一是社区治理主体的多元性。在国外的社区内部，几乎没有正式的政府部门的直接介入，社区社会组织与居民组织是社区治理的主体。在我国，政府在社区治理中依然充当着核心角色，发挥着决定性作用。然而社区治理的主体不再是政府或者其派出机构。政府部门、社会组织、居民自组织、企事业单位以及居民个体均可成为社区治理的主体。我国当下的社区治理呈现"一核多元"的"元治理"格局（张平、隋永强，2015），"一核"主要指政府是社区治理的核心与主导，"多元"主要指社区居委会组织是关键依托，社区社会组织是能动力量，各类企事业单位是重要支撑，社区居民的广泛参与是坚实基础。

二是社区治理内容的多样性。社区的差异性、社区资源的聚焦性与社区居民需求的个性化特征，决定了社区治理与传统的社区管理和社区建设类似，其内容是多样的，涉及社区发展及社区成员生活的方方面面，具体包括社区党建、社区安全、社区卫生、社区环境、社区文化、社区服务、社区照顾、社区福利等。社区治理着力于社区政治、经济、文化、福利、生态等各领域，致力于社区群众美好生活需求的满足，以此促进社区发展与社会进步。

三是社区治理方式的互动性。有别于传统的行政管理，社区治理中政府虽是重要的治理主体，但其角色功能绝不是政府垄断与政府支配，而应是政府引导与政府支持，社区与政府之间要达至协同，应改变单向度的沟通模式，强调自上而下的政策传导与自下而上的诉求反馈的同等重要性。社区与政府之间应构建一种双向度的良性互动格局，优化协商沟通与信息交流机制，以促进协作，达至协同，实现社区治理中公共利益最大化。多维度的上下互动的治理方式使社区治理源于社区居民的接纳与认可，而非外界的强制和压力。

四是社区治理关系的协同性。在社区治理中，各治理主体之间应构筑形成一类协同的关系模式。政府、社区居民委员会、社区非营利组织、企事业单位、社区居民之间等各类治理主体之间应形成沟通顺畅、资源协调、信息共享、有机互联、协作配合的协同关系，构建优势整合、资源共享、功能完备的社区治理有机共同体，促进不同组织之间的有效合作与良性竞争，共同致力于社区居民福利需求的满足与社区整体利益的实现。

五是社区治理过程的参与性。社区治理的突出特征即强调治理过程中公民的积极参与。参与指个人的思想、感情与行为投入团队之中，并构成鼓励个人为团队目标做出贡献、享受权利、分担责任的机制（郭彩琴、吕静宜，2018）。社区参与是出于个人诉求与社区公益，相关利益主体参与社区公共事务以及公共活动的过程。社区治理的目标之一即满足社区居民的各类需求，提升社区居民生活质量，因此，社区居民及社区居民自组织是社区参与的重要主体。社区参与是提升社区服务质量，增进社区治理效果，同时实践社区民主的重要保障机制。

六是社区治理目标的复合性。社区治理的目标是多重的。一方面，社区治理致力于应对与解决各类社区实质问题，比如优化社区环境、完善社区设施、提升社区福利等，这类目标具有"事工"性，是任务目标的体现。另一方面，社区治理致力于培育社区的人本主义价值。鼓励社区居民参与社区公共事务，提升社区居民的参与能力，增进社区居民之间的互动，构建社区人际网络；培育社区人力资源，孵化社区组织，形成正式或非正式的社区规范。这些均是经由长期的社区治理而逐步达至的过程目标。

三 社区治理中的"三社联动"

近年来，"三社联动"成为创新社区治理的核心议题之一。"三社联动"是指通过社区建设、社会组织培育和社会工作现代化体制建立，形成"三社"资源共享、优势互补、相互促进的良好局面，加快形成政府与社会之间互联、互动、互补的社会治理新格局，分层次、分步骤逐步推进"三社联动"发展，从根本上使各种社会矛盾和冲突在基层得到有效的预防和解决，实现社会的和谐发展（叶南客、陈金城，2010）。"三社联动"中的"三社"即指社区、社会组织和社会工作，强调以社区为依托、以社会组织为载体、以专业社会工作为支撑的社区治理创新机制。

社区为本，构筑社区治理的场域基础。"三社联动"中的社区并非指狭义上所指代的"社区居民委员会"，社区既是社区治理的对象，亦是社区治理的场域环境。社区治理中的各项内容，上至党和政府的政策宣传与贯彻，下至普通居民的问题解决，均是在社区的场域环境中加以应对。社区治理中的各个主体，包括政府部门、非营利组织、企事业单位、社区居民等的参与治理行为，均通过社区的平台得以实践。同时，社区也是信息沟通、资源共享、供需对接的中介与桥梁。"三社联动"强调以社区为本的治理导向。基于共同体属性的社区的本质取向，社区治理应在社区的场域平台中，鼓励各治理主体的参与，引导各主体间的协作关系，整合碎片化的服务资源，促进社区互动、社区福利与社区发展。

公私协作，构筑社区治理的组织基础。"三社联动"中的社会组织是社区治理的载体与保障。在美国学者萨拉蒙看来，政府与社会组织呈现互补的特质，一方面，政府可以提供可靠的资源保障，可以通过民主程序关注全体公民而非小部分利益群体的需求，可以防范慈善制度的家长式作风，可以建立严格的标准以保证服务的质量。另一方面，社会组织更能提供个性化的服务，更加灵活而具有弹性，更加契合服务对象的需求而非政府结构，同时可以引入竞争机制（萨拉蒙，2008：51）。由此，政府与社会组织之间构成了优势互补、合作协同的关系模式。出于效率的考虑，政府不直接承担具体的服务职能，社区服务的具体运作与执行还需要依托专业化的社区社会组织来开展。这些机构组织既不属于政府部门，也不是市场组织，通常具有公益性、非营利性、志愿性等特征，具体从事政府部门与私营企业"不愿做、做不好或者不常做"的事项。专业社区社会组织的自主性成长是社区治理的组织保障。

专业成长，构筑社区治理的专业基础。"三社联动"中的社会工作是社区治理的专业保障。专业性是社会工作一直所强调的特质，自20世纪70年代末期社会学学科恢复以来，中国内地的社会工作学科即开始专业化探索，目前我国的专业社会工作教育已经发展到一定水平，为我国职业化的社会工作发展提供了一定的人才基础或储备。一方面，专业社会工作的方法可充分应用于社区工作领域，作为社会工作三大方法之一的社区社会工作的理论与实践是社区治理的重要方法与手段。另一方面，专业社会工作亦是各类社区社会组织的主要实践依托。社区社会组织主要依循专业社会工作的理念、方法与技巧，开展针对老年人、残疾人、青少年等不同社区对象的专业化、精准化的社区服务。专业社会工作是联动社区与社会组织，增进社区治理水平，提升社区治理效果的专业化支撑与保障。

第九章　农村社区社会工作

　　如果从社区最基本的类型来看，具体可以分为农村和城市两大社区。由于生产方式、职业结构、产业构成、居住方式、生活习惯、风土人情等多方面的不同，即便在当代，这种农村和城市社区的区分仍然客观存在。我国是一个农业和农民占很大比重的大国，农村区域非常广泛。如果说社区社会工作在西方的起源和发展大多是发生在城市社区，那么，在我国，社区社会工作则需要在城市社区和农村社区同时开展，而且农村的分散性和农民的松散性，在很大程度上决定了农村是社区社会工作的重点和难点。从这个意义上说，重视农村社区社会工作，是我国社会发展的题中应有之义。

第一节　农村社区社会工作的含义

　　从总体上说，对农村社区社会工作的理解和认识必须具备两个条件：第一，带有专业化、职业化特征，如果还是计划经济时代简单地开展"五保户"工作或只是发放救济粮款和救灾物资，就不能认为是我们所讨论的社区社会工作；第二，社区工作的范围和对象是农村和农民，否则，就不是农村社区社会工作。当然，现代农村已不是传统意义上的以农业为唯一产业的农村，农民也不是以种地为业和为生的面朝黄土背朝天的庄稼汉。我们这里讨论的农村，包括广大的小城镇和集镇社区在内，我们所说的农民，除了农业劳动者以外，也包括农村以及小城镇中的乡镇企业职工、农村中广大的非农业劳动者等所有农村社区的居民。这样，我们认为，社区社会工作在农村社区的开展就可以理解为农村社区社会工作。

　　从农村社区的分散性和区域性特点来看，我们认为，农村社区社会工作一般应该设定在行政乡镇范围之内。这是因为，农村县（市）以下的行政区划以乡镇为单位和中心，在空间上，乡镇是农民生产、生活等活动的主要社会交往圈，再加上行政区划的因素，所以，农村社区社会工作以乡镇区域为基本单位或范围较宜，就如城市社区中社区工作以街道、居委会、小区等为基本单位和范围一样。换言之，农村社区社会工作者的组织关系和业务关系可以锁定在乡镇区域，以乡镇区域为基本工作单位。具体工作对象则向下延伸到村民委员会和村民小组范围内的农村居民以及乡镇企业的职工。

根据以上分析，我们认为，所谓农村社区社会工作，就是专业性的社区工作者以社会工作及相关专业的理论知识和方法技巧，在农村社区中，以乡镇社区为空间范围，以农村社区居民为对象，调动社区资源，有计划、有步骤地从专业的角度解决农村和农民的问题，以减少社会冲突，提高农村社区的社会福利水平，促进农村社区的稳定与发展。

从以上定义，我们不难看出，农村社区社会工作是随着社会经济的发展与进步，随着社会交往和社会活动的社区化以及社区功能的日益突出，在内容和形式上都不同于原来农村救灾济贫的一种新型社区社会工作，是现代农村社会稳定与发展的必然要求和有力保证。

第二节　农村社区社会工作：新时代下农村 稳定发展的迫切要求

作为一项专业性的工作，社区社会工作是在市场经济条件下才开始显示其必要性并逐渐发挥其积极作用的。我国目前发展还不太成熟与普遍的社区社会工作大多还是局限在城市社区，在广大农村社区还是一个薄弱环节甚至盲点，大量的工作与事务或是由政府行为代替，或是由基层行政村处理，或是由农民自己解决，适应新形势要求的农村社区社会工作的发展是大部分农村社区治理的空白点。这一缺憾必然影响和制约农村社区的健康发展。为此，重视和重建农村社区社会工作，应是当前适应新形势要求的一项重要而迫切的任务。

一　农村社区呼唤专业社区社会工作

农村实行家庭联产承包责任制以后，一方面，农民的生产积极性和劳动生产率大为提高，另一方面，农民的生产和服务等方面的社会化程度也有所降低；一方面，农村社区发生了巨大的变化，另一方面，乡村社会性、公益性事务的解决也相对滞后。农村出现了新的情况，农民遇到了新的问题。特别是近年来，随着社会转型的加快，一些具有现代社会特征的问题也日益暴露出来，成了困扰农民生产、生活，制约农村发展的因素。

1. "银发浪潮"与农村空心化背景下的农村老年人问题

在千百年的农耕社会里，"养儿防老"是一种根深蒂固的传统观念与习俗，家庭则是解决老年人问题唯一的也是无奈的选择。家庭联产承包责任制推行以后，生产的家庭化也更凸显了老年人问题的家庭化。与城市社区相似，随着计划生育政策的推行，农村"二一"结构的家庭越来越多，并呈向"四二一"结构发展的趋势，即两对老夫妻、一对小夫妻、一个小孩的家庭结构，这就意味着越来越多的老年人欲依靠其子女来赡养的可能性与现实性越来越低；反过来看，年轻一代即使有赡养上一代甚至上两代的心愿，但其物力与精力明显不济，传统的家庭养老方式已不适应变化了的客观形势。老年服务社会化，在农村社区也成为一个呼之欲出的现实社会议题。随着劳动力转移和城市化进程加快，农村外出务工劳动力增多，农村呈现"空心化"的发展特征，留守老人和空巢老人增多，农村老年人问题更加突出。如何解决好农村老年人问题，解决他们的后顾之忧，是新形势下农村社区发展与社区治理的新课题。而充分发挥社区社会工作的作用，则是解决这一问题的基本条件。

2. 农村居民医疗保健问题

虽然针对农村居民医疗风险，我国已出台了相关医疗保障制度，比如新型农村合作医疗等，并于 2016 年初发布了《国务院关于整合城乡居民基本医疗保险制度的意见》，建立统一的城乡居民基本医疗保险制度，以社会保险的大数法则、互助共济的理念，在一定程度上保障了农村居民基本医疗权利。然而在农村地区，"生病生不起，吃药吃不消"，仍是很多农民发出的感叹，也是农村社区的客观现实。相较于城市，农村缺医少药的现象较为突出，加之农村卫生条件落后，农民自我保健意识差，农村居民的患病比例较高。农村老年人的慢性病发病率高，因病致贫、因病致残是很多农村家庭所面临的生活风险。农村公共卫生、医疗护理、医疗康复等体系不健全，仍是不争的事实。因此，在此情况下，必须通过社区工作者细致的专业工作，调动社区一切可利用资源，在完善农村社会保障制度的同时，建构乡邻互助网络，以从制度和组织上保证农民"生老病死"有依靠、有保障。

3. 农村和农民的贫困问题

虽然改革开放以后我国农村发生了翻天覆地的变化，绝大多数农民解决了温饱问题，并正走向全面小康。但在总体上，农村相对落后，农民相对贫困，这是一个客观事实。2011 年中国政府大幅度提高了贫困标准，中央决定将农民人均纯收入 2300 元作为新的国家扶贫标准，并建立动态调整机制。根据国家统计局对全国 31 个省区市 16 万户居民家庭的抽样调查，按现行国家农村贫困标准测算，2017 年末，全国农村贫困人口 3046 万人，比上年末减少 1289 万人；贫困发生率 3.1%，比上年末下降 1.4 个百分点。党的十八大以来，全国农村贫困人口累计减少 6853 万人。截至 2017 年末，全国农村贫困人口从 2012 年末的 9899 万人减少至 3046 万人，累计减少 6853 万人；贫困发生率从 2012 年末的 10.2% 下降至 3.1%，累计下降 7.1 个百分点。[①]

在脱贫攻坚、精准扶贫的国家政策导向下，我国的贫困人口数量虽然较前几年有了大幅度减少，但其绝对量还是不小的。由于多方面的原因，农民增产不增收的现象较为普遍，和城市相比，不少农村和农民还处于相对贫困状态。解决农村和农民贫困的问题，较为传统的方法是发放救济金，较为现代的方法是科技扶贫、就业扶贫、产业扶贫等，同时也应充分发挥专业社区社会工作的方法在应对贫困问题中的作用。

在社区工作较为成熟的国家和地区，大量的专业社区工作者以服务为本，通过细致的调查、评估等工作，调动和集中社区资源，为社区贫困者争取到救济和福利资金，帮助贫困者解决问题，起到了济贫帮困、舒缓社会矛盾的效果，受到了社会的好评和认可。在我国农村社区，除传统的政府主导的扶贫济困等举措以外，真正意义上的从社区社会工作角度来进行物质救助、技术指导、精神疏导和心理调适等专业性的工作几乎还是空白。目前，广大农村地区的现代化程度不高，社会化服务和社会保障还处在发展完善阶段，部分农民生活还相当困难，少数村民甚至还处在绝对贫困之中。如果还沿用传统的以政府行为或行政手段的方法，在当前很难解

---

① 《2017 年末全国农村贫困人口减至 3046 万人》，人民网，2018 年 2 月 2 日，http://society. people. com. cn/n1/2018/0202/c1008 - 29802293. html。

决农民的贫困问题，因为政府无法直接为农民"安排工作"解困，政府扶贫款项对脱贫很难起到治本的作用，加之农村生产方式的狭小和分散，试图仅依靠政府的救济解决贫困问题是低效的。而结合建立完善的社会保障制度，通过专业性的社区社会工作，对于农村和农民的贫困问题的解决具有积极的意义。

4. 农村社区建设问题

除了大力发展三次产业以外，农村社区发展归根结底要通过社区建设来实现。由于农村社区的分散性等特点，农村社区建设具有不同于城市社区建设的内容，其中需要社区社会工作者发挥其协调作用。

（1）住房规划。在城市社区，住宅的开发与建筑都必须统一规划以适应城市建设的要求，而在农村，农民的住宅则显得较为零乱，往往东一家西一家。农民建房的随意性不仅浪费了宝贵的土地资源，而且分散性建筑还影响了集镇化建设，阻碍农村城市化进程。对于这些问题，除要通过政策规范以外，我们认为，社区社会工作在其中能够起到协调个人和社会环境，以使其更好地相互适应的作用，也就是协调好个人、社会和环境之间的关系。

（2）基础设施建设。现代化要求的生产方式和生活方式决定了基础设施建设是农村社区发展和建设的重要内容。一些以前只是城市社区才有的基础设施如水、电、气供应，道路规划建设，学校、养老院以及文化设施建设等，也成了农村社区建设过程中必不可少的内容。如何根据农村社区的不同特点，结合小城镇发展，规划和实施好农村社区的基础设施建设，应该是农村社区建设和农村社区社会工作的重要组成部分。

5. 农村社区教育

社区教育不同于家庭教育和学校教育，其对象是社区中各层次的成员。社区教育有引导思想、传播知识、增进康乐、提高审美情趣、调适人际关系、加强社会协调、开展社会预防的功能，是一项很重要的社会工作。当前，除宣传党的路线、方针、政策以外，农村的社区教育还较为薄弱，表现为缺乏专门机构的管理和协调，缺少专业工作者的实际操作，缺少社区教育资金，农民分散性的生产与生活导致集中教育的困难，封建思想和行为抬头，健康娱乐设施缺乏，适合农民的精神产品稀缺，农民的法律观点和法律知识淡薄，等等，这些问题势必在很大程度上影响到整个农村社区健康有序的发展。农村社区社会工作的职能之一就是社区教育，大力开展社区社会工作，必将有助于农村社区教育滞后问题的解决。

在上述农村社区问题中，一些是农村社区转型时期的伴生现象，一些是传统农村社会的固有弊端，传统的行政手段已无法适应这些多层次的矛盾，必须引入并运用社区内各方面的资源，借助各方面的力量，通过社区建设与社区治理来加以解决，而实施社区社会工作，发挥其功能，则是农村社区发展和建设中最为切实有效的办法和举措。

二　重视与重建：加强和改进农村社区社会工作，推动农村社区健康快速发展

我们说社区社会工作具有社区管理的职能和功能，是因为无论是微观上的助人解困还是宏观上的社区建设和社区发展，社区社会工作都能起到重要的作用。就农村社区而言，我们认为，当前农村社区社会工作主要体现在两个方面：重视与重建。换言之，就是加强和改进农村社区社会工作，推动农村社区健康快速发展。

1. 重视农村社区社会工作：农村社会管理的一项新职能

我们提出农村社区建设中许多方面需要社区社会工作的介入，就意味着我们并不把社区工作看成单纯的和唯一的助人活动，而是把社区社会工作看成具有社区管理职能和功能的一项重要的专业性工作，这或许是社区社会工作在农村社区开展的动力之所在，是社区工作的真正生命力之所在。

所谓重视农村社区社会工作，就是要把社区社会工作与农村社区发展和建设联系起来，从社区社会工作是农村社区发展的重要条件之角度来加以定位。

长期以来，人们只是简单地把社会工作看成扶贫济困的慈善举措，是政府行政手段的一种补充，而没有认识到社区社会工作在政治、经济、文化、社会等方面发展中的积极作用。在农村，无论是人民公社以粮为纲时期的集体劳作，还是改革后多种经营的分散作业，人们的主要社会角色要么是生产队的生产队员，要么是从事家庭农业的农民，要么是乡镇企业的职工，劳作与交往的范围相对狭窄，几乎没有形成社区的概念，对社区社会工作的作用也就无法认识。实践表明，行业分割、作业分散、各自为政，没有社区观念和意识，缺乏社会整合，无疑不能适应和推动农村工业化、城市化、现代化的综合发展，因而，加快农村社区建设和农村综合发展已成为一项紧迫的任务。而重视和加强农村社区社会工作则是农村社区

发展和社区建设的题中应有之义。

在调动和集中社区资源助人自助、解决社区成员面临的问题之同时，社区社会工作对社区发展的作用还表现在以下三个方面。

第一，为社区发展规划提供实证性依据。提到社会工作，人们往往认为这是一项救助贫民的微观方面的工作，与社会发展、社会管理等宏观方面的工作联系不大。实际上，随着社区内涵的扩大与社区发展和社区建设实践的需要，社会工作的内涵也发生了很大的变化。在现代农村，由于社区发展和社区建设涉及社区内全方位的事务，因而社会工作不仅仅是社会救济这样的微观实务，还是社会发展规划与各项指标制定之不可或缺的宏观依据。因为只有通过社区社会工作深入细致的调查研究和个案分析，才能找准社区发展和建设中存在的问题与发展目标，为制订详尽的发展计划提供实证性资料。从这点来看，农村社区发展和建设离不开农村社区社会工作。

第二，社区社会工作推动社区发展计划的执行与目标的实现。社区发展计划与目标的执行和落实要靠社区全体成员的共同奋斗，其中，由专业人士所从事的社会工作是一股重要的力量。当前，农村社区着重发展的村社规划与建设、基础设施建设、脱贫致富项目、文明社区建设、社区教育工程、社会保障制度的建立与完善、社会预防与控制等方面的计划与目标，都要求有大量专业性的社会工作为之配套和支撑。因为一系列发展计划与目标关系到整个农村社区，牵涉到千家万户，影响到农村现代化进程，非单一的政府行为可以完成，必须通过社会工作者的努力工作，遵循社会工作的原则，运用一定的方法，经过社区社会工作的程序，发挥社会工作行政的职能来加以实现。比如，就社会工作行政来说，就要做好工作规划、业务指导、战略监督、关系协调、宏观管理、微观服务等。再如，就社会工作的个案方法来说，涉及社会调查、个案诊断、工作计划、社会服务、社会治疗、工作评估等。只有通过一系列专业性的社区社会工作，才能最终推动社区发展计划与目标的实现。

第三，社区社会工作对缓解社会矛盾、稳定社会秩序具有重要的积极作用。前面已提到，农村社区近年来存在环境破坏、污染严重、社会治安有待加强、社区教育滞后、人口素质不高、贫困现象依然突出等问题；农民也面临再就业难、增产不增收、各种负担沉重、医疗卫生无保障、老年人问题突出等矛盾。诚然，大力发展第二、第三产业，加大思想政治工作的力度，会在很大程度上缓解社会矛盾和社会冲突，但从运作过程或操作程序来看，则少不了社区社会工作的具体实施和落实。根据农村社区的实际情况，我们完全可以建立一套完善的社区社会工作机制，充分发挥社区社会工作的作用，这对于农村社会问题的系统解决不失为一个新的思路和新的途径。

2. 重建农村社区社会工作：内容创新和制度创新

所谓重建农村社区社会工作，就是改变社区社会工作者为民政工作者的传统观念，改变农村社会工作往往被定位在发放扶贫救济款、联系"五保户"的陈旧观念和做法；在内容和制度上都有所创新，以适应新形势下农村社区发展的需要。

（1）农村社区社会工作的内容创新。长期以来，农村社会工作的职能往往被定位在农村社会救济、扶贫、"五保户"的供养，至多再加上农村优抚工作等方面，从而被认为是一种临时性、季节性、补充性的工作，是政府行政管理中的一个部分。与此相联系，农村社会工作者主要由民政干部和民政助理所构成。这样的定位和认识在当前明显不适应时代发展的要求。因为，随着改革的继续深入与社区发展和社区建设的全面展开，许多原来由政府所直接管理的事务和方面已开始向社会转换，由社区根据自己的社情，运用社区的资源和力量来加以综合解决。如农村的产业结构调整、劳动力转移与流动、乡镇工业的发展、农民医疗保障的改革、村社规划与建设、家庭部分功能的社会化等问题，已不可能再由政府来直接具体地加以过问和解决。而农村社区社会工作的范围和对象则是乡镇社区及居民，其主要功能是协调矛盾、调动资源、建设社区，因此，社区社会工作能够很好地适应新形势下农村发展的需要。所以，社区社会工作的内涵已随着社区发展和社区建设的需要而不断扩大，已非昔日之济贫等可比拟。

（2）农村社区社会工作的制度创新。既然社区社会工作不仅仅局限于单纯的扶贫帮困与优抚救济，而且有其管理职能和功能，那么社区社会工作者就不仅仅是由少数民政干部或民政助理所构成。根据发达国家和地区的经验和做法，社会工作者应该是由经过专门业务培训的专业人员所组成。在社会工作较为成熟和普遍的国家和地区，大学设有社会工作系或社会工作专业，大学生毕业后一般从事专业性的社会工作，社会工作是社会中的一种正式职业。而我国目前社会工作的职业化进程滞后于专业化发展，社会工作专业的毕业生较少从事专业的社会工作职业，社会公众对于社会工作的专业性与重要价值认知不足。鉴于此，我们一方面要做好宣传工作，提高和加深人们对社会工作的认识，并加速社会工作专业人员的培养；另一方面，要根据实际情况，建立一支专业化的社会工作队伍。在农村乡镇，可由民政干部、民政助理牵头，组织社区内经济、文化、政法、公安、保障等方面的有关人员，结合农村企业、村社、社会组织、群众团体以及志愿工作者等，组成一支专业化与经常性的社会工作者队伍，明确其职责，发挥其功能，并从经费上给以支持和保证，鼓励社区社会工作者对农村社区问题做调查研究，协调矛盾，解决问题，以促进农村社区全面、健康发展，同时，也促使社区社会工作逐步走上正轨、走向成熟，成为我国农村社区管理的重要手段，成为农村发展的有机组成部分和重要力量。

第三节　农村社区社会工作的主要内容

我们所界定的农村社区社会工作是：社区工作者以社会学和社会工作的理论与方法，在乡镇社区内，对农村居民所开展的专业性工作，以解决农村和农民的问题。从这一点出发，根据农村社区的实际情况，农村社区社会工作的主要内容大致包括农村社区的贫困治理、老年人服务、青少年服务等方面。在我国农村，以往实施这类工作的方式主要有两个方面：一是建立在血缘关系基础之上的家庭成员之间的互助以及建立在地缘关系基础之上的邻里之间的互帮，这是一种直接的互助互帮，缺乏真正意义上的社会性，当然不能认为是社区社会工作；二是以政府为主体的扶贫救助工作，主要由民政部门组织实施，重点是组织农村社会救济。从社会工作的起源和职能等方面看，由政府职能部门组织的社会救济工作也很难认为就是严格意义上的专业性的社会工作。以下我们着重从专业社会工作的角度，对农村社区社会工作的内容加以简单讨论。

一　农村社区贫困治理

反贫困一直是我国经济社会发展的重要任务，贫困治理也应成为农村社区社会工作的重要内容。

（一）贫困与贫困线

贫困一直是伴随人类历史发展的社会问题。贫困是一个复杂的综合性现象，是指经济、社会、文化等落后现象的总称。贫困的认定首要是经济层面的，即人类在物质生活上的贫乏困窘状态，指个体或者家庭生活水平未达至最低标准的生活状态。贫困后来亦引申至精神、文化、权利、能力等层面。贫困可以划分为不同类型，比如绝对贫困和相对贫困，区域型贫困和个体型贫困，生存型贫困、温饱型贫困和发展型贫困等。

贫困线即贫困标准的划定。城市社区贫困线的制定可以从多种角度进行，学术界采取的方法通常有恩格尔系数法、市场菜篮法、生活形态法、国际贫困线、客观贫困标准测定法、主观贫困标准测定法等，一般是用一个或若干个与贫困高度相关而又可观察、可测量和可比较的社会、经济指标来表示贫困的程度。

1969年，美国学者奥珊斯基（Orshansky）在其著作《如何度量贫困》（*How Poverty is Measured*）中，以恩格尔定律为基础，提出了一种度量贫困的新方法。她认为，一个家庭将预算的30%以上用在食品开支上就是绝对贫困（唐钧，1998）。

英国学者阿尔柯克（Alcock）提出了三种度量贫困线的方法。一是标准预算法（Budget Standard）。这是建立在生活必需品清单上的度量法，如一周的饮食菜单标准是多少，达到这一水平的就是"普通家庭标准"，高于它50%的就是"社会富裕标准"，低于它50%的就是"社会最低标准"，是否缺少这些必需品就被用来作为界定贫困线的依据。二是收入替代法（Income Proxy Measure）。该法主要点是，将消费模型建立在收入水平的基础上，如著名的"恩格尔曲线"、奥珊斯基的"30%以上收入用于食品开支即为贫困"等。三是剥夺指标法（Deprivation Indicators）。这种方法建立在需求满足与不足对应的基础上，即制定与收入高度相关的生活标准基本指标的清单，然后进行问卷调查，让人们回答"是"与"不是"，清单上的指标遗缺就是基本需求得不到满足的证据。在此基础上，给不同的家庭需求不足评分，并概括各种需求不足的类型，再与这些家庭的收入相比较，求出贫困线（唐钧，1998）。

香港学者莫泰基用四种方法来确定贫困线。①市场菜篮法（Shopping Basket Method）。确定出一系列生活必需品和服务作为受益人每月生活必不可少的需要，以此计算出生活费支出额。②生活形态法（Life Style Method）。以社会大多数人的观点来确定哪些生活形态属于贫穷，通过调查找出哪些人符合这样的生活形态，再找出这些人的家庭及个人的收入界限，由此得出该地区的贫困线。③食费对比式（Engle's Ratio Method）。基本同于恩格尔系数法，即食品支出在总消费中的比重。④国际贫穷标准线（International Poverty Line Standard）。国际贫穷标准线基本上是以家庭每月收入的一半作为该地区的贫困线，并以此作为公共援助的标准（莫泰基，1993）。

南京大学童星教授等研究了客观相对贫困和客观绝对贫困的测量方法。所谓客观相对贫困，是把国民按收入分成若干等份，再以基尼系数进行差异分析，结合家庭收入调查，得出贫困线；选定某个消费模式作为社会普遍状况的代表，再加以具体家庭与之相比，不足的程度越大，贫困程度也就越高。所谓客观绝对贫困，是指事实上某些人的生活水平低于一个确定的最小值，这个最小值可以从每人每日的热量摄取需求、食品需求以及恩格尔系数等方面来加以确定（童星、林闽钢，1993）。

我们看到，贫困线的划定可以从不同角度、不同侧面进行，每一划分法都有其合理与不足之处。如确定"饮食菜单"，就是一个因时、因地、因人而异，带有一定主观性的问题，具体操作就有不确定性；再如收入替代法可以有量的标准，容易界定贫困，但具体百分比是多少则无法统一，比如美国是30%，而加拿大就是62%。因此，在理论设定外，最为根本的当为实际调查，用随机抽样的问卷形式和个案调查的方式，综合社区居民及有关实际部门的意见，设定契合实际的贫困线。

从很大意义上说，农村社区贫困线的制定比城市社区贫困线的制定要困难些，这并不是说农村社区居民的生活比城市居民要复杂，而是由于农村居民的生活方式不同于城市居民，其生活来源的自给性较城市居民要强，在这里，恩格尔系数之类的衡量方法是无法适用的。比如，农民的粮、油、菜、柴、水、住房等大多可以在一定程度内自给，其经济收入完全依靠农产品的市场化和农民的非农化经营。这就给农村贫困线或最低生活保障线的制定带来一定的困难。

我们认为，结合农村实际，在总体上，可以从以下几个方面来界定农村贫困标准。

第一，经济收入来源确定法。除自给部分的粮食和蔬菜之外，农民个体的农产品市场化程度如何？能够给他带来多少收入？具体的农户从非农产业中如外出打工、从事工商业等能够获得多少收入？根据某一具体社区的实际情况，以一年为单位，划定人均年收入最低线，低于该线的农村居民就是需要救助的对象。

第二，实际生活水准估计法。在一定的范围之内，比如一个县或乡镇，按照当地居民的实际生活水准，估计出基本生活条件的下限，低于该下限的，就是属于需要救助的对象。实际生活的基本条件可以设计几个方面的要素。

（1）食物消费。在正常情况下，按照当地生活水准，估计粮食、副食品（如蔬菜、肉类、水产类等）人均最低消费数量（与城市社区不同，农村居民食物消费不可用货币来衡量，而应该用消费数量来反映），低于最低消费数量的，说明不能维持基本生活需要，属于需要救助的居民。

（2）日常开支。由于自给性程度高，农村居民的日常开支比城市社区居民的日常开支难以估计，一般而言，可以从水、电、气（条件较好的农村地区）、煤油（还没有通电或用电不正常的地区）开支，衣着开支等方面进行估计。有的可以用货币数量，如电、气、煤油等，有的不可以用货币数量而只能用消费物品数量估计，如衣着等。因为衣着的基本功能是遮体御寒，对于较为贫困者来说，用添置了几件衣服鞋帽估计比用买了多少钱的衣服鞋帽要客观些。

（3）其他开支。除食物消费和日常开支以外，农村居民的其他必要和重要的开支就是医疗。农村贫困者大多贫病交加，小病硬撑，大病则听天由命。如果哪家出现这种无他助且不能自救的窘境，无疑属于贫困家庭而急需救助者。当然，医疗开支不可能用具体的数量来划定，而是需要通过社区工作者的实际调查和家访决定救助的对象。

第三，临时确定法。由于自然的和社会的原因，农村社区的生产与生活比之城市社区有更大的不稳定性，农民的抗风险性相对较弱，有些农民或农户会因突发性的天灾人祸而处于十分困难的境地。为此，社区社会工作者在经常性深入社区的情况下，要根据实际情况，对面临突发性困难的居民就其生活和生产方面的情况进行全面的调查研究，评估出其所遇到的困难之程度，采取相应的救助措施。

综上所述，我们的观点是，农村社区贫困线的划定与农村贫困对象的识别和确定是一个较之城市社区更为综合、更为实际化的操作性课题，可以从经济收入来源、实际生活水准估计以及临时确定等几个方面来加以实施。我们认为，重要的是要从农村居民的实际生活状况来确定贫困线和需要帮扶的居民，实际生活捉襟见肘、入不敷出，处于极端贫困者，或者基本生活或生存得不到保证，处于急需救助的窘境的人，应该是农村社区贫困治理的对象。以上所设定的三个方法，也是围绕低于社会平均生活水平，维持基本生活极为困难这个角度而展开的。

（二）我国农村社区贫困治理发展脉络

1. 改革开放至20世纪末的中国农村社区扶贫开发

根据《中国农村扶贫开发概要》，从改革开放到20世纪末，主要针对我国农村社区的扶贫开发工作经过了三个阶段。[①]

一是经济体制改革推动阶段（1978～1985年）。根据我国政府的贫困标准，1978年，农村贫困人口为2.5亿人，占农村总人口的30.7%。这一时期农村大面积贫困主要是体制方面的原因，即农业生产经营体制适应生产力发展需求。自1978年开始的农村经济体制改革，激发了农民的劳动热情，激活了农村生产力，从而为解决农村的大面积贫困问题打开了出路。1985年，未解决温饱的绝对贫困人口减少至1.25亿人，占农村人口的比例下降至14.8%。

二是大规模开发式扶贫阶段（1986～1993年）。随着改革开放的推进，由于经济、社会、历史、自然、地理等方面的制约，中国部分农村地区与其他地区特别是东部沿海发达地区的发展差距逐步扩大，贫困人口聚居性现象突出，呈现贫困的连片分布状态，贫困地区习惯上又被称为"老、少、边、穷"地区。我国政府自1986年起采取一系列扶贫措施，比如成立专门扶贫工作机构、安排专项资金、制定专门的优惠政策、确定开发式扶贫方针，中国政府在全国范围内开展了有计划、有组织和大规模的开发式扶贫。至1993年底，农村贫困人口由1.25亿人减少至8000万人，占农村总人口的比重从14.8%下降到8.7%。

三是扶贫攻坚阶段（1994～2000年）。随着农村改革的深入和扶贫开发力度的不断加大，贫困人口进一步呈现明显的地缘性集中分布特征。1994年《国家八七扶贫攻坚计划》出台，标志着中国扶贫开发进入了攻坚阶段。该计划明确提出："集中人力、物力、财力，动员社会各界力量，力争用七年左右的时间，基本解决目前全国农村8000万贫困人口的温饱问题。"经过多方努力，到2000年底，国家"八七"扶贫攻坚目标基本实现，农村尚未解决温饱问题的贫困人口由1978年的2.5亿人减少到2000年的3000万

[①]　《中国农村扶贫开发概要》，中央政府门户网站，2006年11月16日，http://www.gov.cn/zwhd/ft2/20061117/content_447141.htm。

人，农村贫困发生率从 30.7% 下降到 3% 左右。

2. 21 世纪以来的中国农村社区扶贫开发的新进展

进入 21 世纪，中国的扶贫开发理念开始发生转向，逐步由唯经济导向的思路转向注重人力资本投资与参与。21 世纪以来中国社区扶贫开发目前来看经历两个阶段。

一是贫困治理的综合推进阶段（2000～2010 年）。随着我国贫困人口总规模的不断减小，农村贫困人口的分布从之前县域集中转向村级集中。基于此，我国的扶贫战略开始转向"村级锚定"。2001 年全国范围内确定了 14.81 万个贫困村作为扶贫重点对象，强调以村/社区为贫困治理的基本单元并且充分鼓励农民广泛参与。在扶贫的整村推进过程中，形成了自上而下的政府主导和自下而上的村民参与相结合的贫困治理路径。除了专门的扶贫措施，政府通过农村税费改革，农村养老、医疗等社会保障制度的建立，农村义务教育相关费用的免除等措施将贫困治理的干预前置，从而起到贫困预防的作用。整村推进、村民参与、社保前置、综合治理的贫困治理路径取得了较为突出的成效。根据 2010 年 1274 元的扶贫标准衡量，农村贫困人口从 2000 年底的 9422 万人减少到 2010 年的 2688 万人，农村贫困人口占农村总人口的比重从 2000 年的 10.2% 下降到 2010 年的 2.8%（国务院新闻办公室，2011：10）。

二是全面小康进程的精准扶贫阶段（2011 年至今）。经过 21 世纪头十年的综合贫困治理，我国贫困人口进一步减少。《中国农村扶贫开发纲要（2011—2020 年）》明确提出，到 2020 年要稳定实现扶贫对象不愁吃、不愁穿，保障其义务教育、基本医疗和住房。2011 年，根据全面建成小康社会的目标，中国政府大幅度提高了贫困标准，将农民人均纯收入 2300 元作为新的国家扶贫标准，这个标准比 2009 年 1196 元的标准提高了 92%，对应的扶贫对象规模到 2011 年底约为 1.28 亿人，占农村户籍人口的比例约为 13.4%。[①] 扶贫标准的提高，使农村地区仍然存在大量的贫困人口。2013 年，习近平总书记提出了"精准扶贫"理念，指出"抓扶贫开发，既要整体联动、共性的要求和措施，又要突出重点、加强对特困村和特困户的帮扶"。随后《关于印发〈建立精准扶贫工作机制实施方案〉的通知》和《关于印

---

① 《扶贫标准上调至 2300 元》，人民网，2011 年 11 月 30 日，http://politics.people.com.cn/GB/1026/16437873.html。

发〈扶贫开发建档立卡工作方案〉的通知》出台，标志着我国"精准识别、精准帮扶、精准管理、精准考核"的精准扶贫工作机制的全面推进，贫困治理从"大水漫灌"向"精准细灌"转型，以切实提升扶贫成效。

（三）农村社区贫困治理对象

1. 农村传统社会救济对象及其缺陷

我国传统的社会救济制度建立于 20 世纪 50 年代，与我国当时的计划经济体制相适应，对社会的建设和发展起到了一定作用。不过，这种救助只是从国家和政府的角度而不是从社会工作的角度来加以实施的，在社区化程度越来越高的今天，已不能适应时代的要求。

传统社会救济在农村的对象大致分为如下三类。

一是灾民。由于农村和农业抵御自然灾害的能力较弱，农业受到直接的影响，而以农业为主要收入来源的农民就会受到很大的损失。比如，2017 年全国各类自然灾害共造成 1.4 亿人次不同程度受灾，农作物受灾面积 18478.1 千公顷，因灾直接经济损失 3018.7 亿元。国家减灾委、民政部共启动国家救灾应急响应 17 次，向各受灾省份累计下拨中央财政自然灾害生活补助资金 80.7 亿元。[①]

二是孤老残幼。这类对象主要是无劳动能力、无可靠生活来源的老人和残疾人以及没有法定抚养人的未成年人，他们是政府在农村社区最为主要和重要的救济对象。人民公社时期普遍实行的"五保户"制度，就是当时农村社会保障制度的一种主要形式，其供给标准的总原则就是不低于当地一般农民的实际水平。

三是困难户。农村社区中因种种原因而导致的生活低于平均水平或无法靠自己的力量摆脱困境的家庭就是困难户，特别是在落后地区，这类困难户所占比例为数不少，他们也是传统社会救济的主要对象。

我们看到，传统的社会救济对象只是局限在一个非常有限的范围，遵循的是一种选择性原则，不能顾及整个农村社区成员，实际上是拒其他农村居民于救助帮扶的大门之外，这就不能体现社会救济之稳定社会的目的。同时，传统社会救济的标准也很低，基本不能达到农村人均生活费收入的标准，其保障作用也就十分有限。在农村社区发生巨大变迁的今天，再应用这种救济方法已远远不能适应社会发展的要求，有必要实行全新的

---

① 民政部：《2017 年社会服务发展统计公报》。

贫困治理措施。

2. 社区社会工作视角下的农村贫困治理对象确定

从理论上说，社区社会工作中农村社区的贫困治理对象应该是全体农村社区的居民，无论是从现代社会保障制度的普遍性原则还是从社区社会工作的助人自助的理念和协调社会关系、调动社区资源以稳定社区的目的来看，都应该是如此。而社区社会工作中社区贫困治理的方法，则应该相应地由传统的"访贫问苦"的救济式转到集中社区力量的互助式，主体由单一的政府转到由政府、社区、社会组织等构成的多元主体力量，贫困治理的具体实施者由单一的政府工作人员转到以社区工作者为主上面来。

在实践中，确定农村贫困帮扶的对象可以有两种思路。第一种思路是定量的方式，即以年为时间阈，以货币收入为基本参考单位，划定一条最低生活标准线或贫困线，低于该线的农村居民就是需要帮扶的对象。但是，正如上面已经论及，农村社区居民的生活收入来源是多元化的，即很多消费品特别是副食品大多可以通过自给自足的方式解决，加之其没有固定的工资性收入，因此，实际操作中定量方式有较大的困难。第二种思路是定性的方式，即根据某一时期，比如一年；根据某一地区，比如一个县或一个乡镇的实际生活水准，按人均日常生活品的最低消费量，划分出属于贫困的群体，再根据实际情况对其开展救助。实际上，上述定量和定性是相对的，或者说是互相联系、互相渗透的。定量方式的操作，也就是从量的角度确定了贫困者的性质——凡低于某一标准的人就是需要救助者；定性方式的操作，实际上也是依靠量来完成的——贫困者就是在衣食住行等方面少于一定的量，或者获得这些生活资料有一定的困难。鉴于此，我们认为，实际操作中可以两种方式中的一种方式为主，适当结合和考虑另一种方式。

救助标准确定以后，就可以较为清楚和客观地认定需要帮扶与救助的对象。从目前农村社区的具体情况来看，社区社会工作中的农村社区需要帮扶的重点对象大致包括如下四种。

一是无依无靠的孤寡老人和失依儿童。这类人口数量很少，比例很小，但因为农村社区的分散性以及居民缺乏固定性收入，因而其生活水准一般很低，需要社会的关照和帮扶。

二是缺乏劳动力的家庭。这类家庭的成员或老，或小，或病，或残，缺乏劳动力，生活来源不畅，生活水平低下，非他救而不能纾困。

三是病患者及其家庭。这里主要指患大病、较为严重的慢性病者及其家庭。虽然目前在农村已基本形成了一套医疗保障制度，但由于农村收入低、基本医疗保障水平不高，医疗问题仍是困扰农村社区居民的重大问题。农民一旦得了大病或严重的慢性病，对其个人和家庭来说不啻是遭受了灭顶之灾，极有可能倾家荡产。许多农民遇到这类问题只能是听天由命、放弃治疗，其家庭之精神压力和物质负担可想而知。从困难的程度来看，他们也应是农村贫困治理的对象。

四是残疾人。残疾人是特殊困难群体，需要额外的关注与关怀。相关报道显示，农业户口残疾人中，贫困人口所占比例接近一半。[①] 数据显示，2017 年我国农村持证贫困残疾人仍有 413.5 万人，占建档立卡贫困人口总数的 8% 左右。[②] 他们都是农村社区贫困治理中需要精准帮扶的重点对象。

与传统的农村社会救济对象相比较，社区社会工作中农村社区贫困治理对象涉及面较宽，基本坚持了普遍性原则，只要社区成员有困难，都可以得到帮助。另外贫困治理有一个量或质的标准，即对低于贫困线或当地最低生活保障标准的居民实行救助，使之达到或超过最低生活标准。这样，就把原来对少数人的救济变成对大多数人的保障，把原来的适量救济变成达到最低生活标准的帮扶。同时，具体实践的主体也从以前的以政府为主转移到以社会工作者为主上来。

（四）农村社区贫困治理中的专业社区社会工作介入

1. 专业社区社会工作介入农村社区贫困治理路径

专业社会工作由于其基本理念相通、工作方法相宜、可彰显评估监督等第三方优势、链接各方资源，以及聚焦长远发展的专业优势与功能（李迎生、徐向文，2016），可成为社区贫困治理的重要助力。

专业社区社会工作介入农村社区贫困治理的主要路径如下。

一是能力建设。"增能"是社区社会工作的基本理念。"增能"又称为"增权""赋能"，主要指协助弱势群体排除各类主观与客观障碍，强化其正视自身的经历、体验与责任意识，激发潜能，提升自我能力，努力改变

---

① 《调查显示，中国农业户口残疾人中贫困人口所占比例接近一半》，中国新闻网，2016 年 9 月 26 日，http://www. chinanews. com/sh/2016/09 – 26/8015547. shtml。

② 《中国残联解读〈贫困残疾人脱贫攻坚行动计划（2016 – 2020 年）〉》，中国残疾人联合会网站，2017 年 3 月 3 日，http://www. cdpf. org. cn/zcft/zcjd/201703/t20170303_583710. shtml。

自己的生活状态。社区社会工作在介入农村社区贫困治理时，专业社区工作者重视贫困者自身的能力培养与潜能发掘，一方面通过自助，摆脱"生活贫困"；另一方面，通过贫困治理的参与，提升自身的生存发展与实践能力，摆脱"能力贫困"。

二是参与发展。在社区社会工作的专业实践中，居民的广泛参与是重要的实践理念。社区社会工作在介入农村社区贫困治理中，应充分动员与积极鼓励村民自身的广泛参与。一方面，针对农村贫困者，社区工作者应充分调动贫困者自身的能动性与自主性，积极投入和参与到影响自身及其家人生存与发展的扶贫实践之中。另一方面，社区工作者应鼓励社区邻里帮扶，倡导社区互助与社区关怀，构筑农村社区居民广泛参与的良好氛围。

三是资源协同。社区社会工作在农村贫困治理实践中，往往并不直接为贫困者供给资源，更多的是充当了中介和桥梁的作用，精准探究帮扶对象需求，帮助其搜寻必要资源，并实现资源的精准匹配。另外，社区社会工作者也应理顺贫困治理中各主体的资源现状，促进信息沟通与资源共享，防止扶贫资源的重叠与浪费，提升贫困治理效率。

四是精神整合。社区社会工作者除了直接为帮扶对象提供物质帮助以外，还注重对扶贫对象的心理援助与精神整合。贫困者除了生活困窘以外，还可能面临较大的精神压力、自卑心态或者"等、靠、要"等消极心理。社区工作者应积极与贫困者及其家人进行沟通，从优势视角发掘其潜能，肯定其能力与尊严，尽力消除负面心理与情绪，塑造其积极乐观进取的精神面貌，防止贫困的漫延或者再生产。

2. 专业社区工作介入农村社区贫困治理的主要方法

第一，社区调查，精准识别。了解社情民意并解决社区问题是社区工作者的主要职责和责任，农村社区贫困治理的具体实施就需要社区工作者对社区的现状进行详细的调查研究，确认出社区内确实困难或需要予以社会救助的个人和家庭。调查过程中，还要对贫困者的致贫原因以及贫困程度进行分类和统计以能够有针对性地开展帮扶，并为社会有关方面的扶贫战略提供第一手参考资料。

第二，建立关系，良好互动。在初步摸清了社区内需要帮扶对象的大体情况之后，社区工作者就需要上门与贫困者建立帮扶与被帮扶的关系，详细了解帮扶对象的个人及家庭情况、贫困程度，建立档案材料。一般而言，在建立帮扶关系的过程中，社区社会工作者与帮扶对象要相对固定化，以有利于社区工作者和帮扶对象之间的良好互动与配合，提高救助的效果并有利于提高被帮扶者的自救能力。

除社区工作者主动与帮扶对象建立专业关系以外，需要救助者还可以主动到社区工作小组或社区有关部门提出申请。申请者一般以书面形式，以村为单位，到乡镇的社会救助管理办事点向社区工作者或社会救助有关部门进行书面申请。社区工作者在接到申请后，通过核实和调查，再和贫困家庭建立专业关系。

第三，促进参与，社区互助。在初步建立专业的帮扶关系之后，社区工作者要把拟帮扶对象的个人和家庭经济情况、生活水准等方面的材料向社区群众公布，特别是要向其居住的社区如行政村和自然村规模的社区群众公布，征求广大社区群众的意见，进一步核查和核实拟帮扶对象的具体情况，让社区群众参与到社区贫困治理过程中来，并进行协助和监督，以做到帮助对象的准确性、扶贫工作的公正性、扶贫效果的合理性，同时积极促进社区居民之间的互相扶持。

第四，多重形式，精准帮扶。当社区工作者所掌握的情况和社区群众反映的情况与拟帮扶对象的具体情况相一致，并由有关主管部门批准之后，就可以实施帮扶与救助。具体的形式是多样化的：首先，主要形式可以是货币补偿，即根据救助对象的实际生活状况，结合当地的最低生活保障线，给贫困者一定数量的货币援助，以解其燃眉之急；其次，物质援助，即施予一定的日常生活必需品如柴、米、油等，使之能够维持基本生存；再次，劳动力援助，对那些缺乏劳动力的家庭，在农忙时期或有特殊困难时，社区工作者可组织社区志愿人员为他们解决劳动力欠缺的问题；最后，"造血型"帮扶，即在给予金钱、物质、劳力等方面的"输血型"帮扶之外，为帮扶对象能够自救创造一定的条件，如培训其劳动技术和提供致富信息，使贫困家庭能够通过发展生产、经商务工等脱贫或摆脱困境，变"输血型"帮扶为"造血型"帮扶。

二　农村社区老年社会工作

老年人问题是现代社会中一个较为突出的社会问题。世界卫生组织把60岁作为老年人的起始年龄，国际上通用的衡量一个国家或地区是否进入老龄社会，通常是以60岁以上的老年人占总人口的10%，或65岁以上的人口占总人口的7%为其指标标准。

（一）老年人社会工作与农村老年人问题

1. 老年人问题与老年保障制度的建立

由于身体、精力等方面衰退的原因，人到了一定年龄就会降低或丧失劳动能力，因而就需要得到家人的赡养和社会的照顾。我国在几千年的农耕社会中，一直是以自给自足的自然经济为主，家庭担负着生产、生活的各种职能，离开了家庭，个人就无以为生。所谓"养儿防老"，就是千百年农耕社会家庭养老模式的真实历史写照。

真正意义上的把家庭养老功能逐渐社会化，应该说是近代工业化和社会化大生产后社会保障制度的确立。

1669 年，法国政府的法律规定，对不能从事工作的老年海员发放养老金，尽管这一制度仅仅适用于海员，但毕竟是开了社会养老的先河（胡汝泉，1991：262）。

1889 年，继《疾病社会保险法》（1883 年）、《工伤事故保险法》（1884年）之后，德国又颁布了《老年和残障社会保障法》，规定对工人和普通官员一律实行老年和残疾社会保险，保险的资金来源由国家、企业主和工人三方负担。20 世纪以后，绝大部分工业国家纷纷建立了老年人社会保险制度，对老年人的生活进行保障。

中华人民共和国成立以后，政府在 50 年代初就陆续颁发和推行了一系列的职工退休养老的文件和措施，到 20 世纪 90 年代，老年人的社会保障的范围、条件都得到很大程度的扩大和提高，对社会的稳定和发展起到了很大作用。

进入 21 世纪，我国政府尤为关注老年人的保障与福利问题，除了进一步完善城乡基本养老保险制度以外，我国出台了一系列政府文件，鼓励社会养老服务的发展，推进"医养结合"，发展民间养老服务力量，促进健康老龄化与积极老龄化。

2. 老年人社会工作

养老保险等社会保险制度在很大程度上解决了退休职工的养老社会化问题与退休人员的个人生活来源问题，但是这并不能完全解决人口老龄化带来的老年人的社会问题。

第二次世界大战后，世界人口发展的一个重要趋势，就是人口结构的老龄化。20 世纪之前，进入人口老龄化的国家只有法国、瑞典、挪威等少数国家。20 世纪 80 年代后，几乎所有的发达国家都进入了老龄化社会，实现了从"高出生率、低死亡率、高增长率"向"低出生率、低死亡率、低增长率"的人口再生产模式的转变，从而使人口增长的速度减缓。再加上其他方面的原因如生活条件的提高，医疗条件的改善，人口的平均预期寿命普遍延长，发达国家先后过渡到老年型社会，65 岁以上的老年人已经占总人口的 10% 以上，有的国家甚至高达 15% ~18%。20 世纪 90 年代以后，发展中国家也经历了人口老龄化的历史过程，人口老龄化已是当今世界一个突出的问题。

解决老年人问题，养老保险等实施固然十分重要和必要，但是仅仅局限于此还不能为老年人真正解除物质和精神的困难。老年人社会工作就起到了为老年人解困纾难的作用。社会工作从产生开始，就把社区中的老年人工作作为重要内容而放在重要的位置。西方国家在建立社会保障的同时，也纷纷把提高老年人生活质量和完善老年人服务作为社会工作的目标之一。

老年人社会工作是在第二次世界大战以后得到快速发展的。一方面，二战结束后，世界范围内特别是发达国家的人口老龄化程度迅速提高，政府和社会面对着老年人问题的巨大压力，如老年人口的生活条件、特殊需要、医疗照顾、社区支援等问题已经成为社会工作的重要课题；另一方面，二战结束后工业国家科技革命和社会发展带来了巨大的物质财富，为老年人社会工作的开展奠定了必要的物质基础，提高了老年人的社会福利水平。此外，社会工作本身也逐步规范化和成熟，成为一项职业化和专业化的工作，取得了社会的信任和认可，从而推动了老年社会工作的发展。经过多年的实践，老年社会工作有一套系统理论，有具体的工作内容，有完善的工作方法，有老年人照顾的多种类型，在发达国家和地区成为较为成熟的学科和社会职业。而我国的老年人社会工作起步较晚，尤其在大部分农村地区，老年人社会工作的发展仍明显滞后。

3. 农村老年人问题

我国早已进入了老龄化社会，由于人口基数大，我国老龄化的速度要比西方国家的老龄化速度快得多。老年人的增多，带来了老年人的赡养、医疗、护理、日常休闲等多方面的社会问题。由于我国长期的二元社会经济结构致使农村总体上处于落后状态，农民的养老仍然是事实上实行了千百年的"养儿防老"的家庭养老模式。至于康复与护理，在条件落后地区，对于贫困家庭来说，简直是一件不可想象的事情。生育政策的影响、农村核心家庭的增多，逐渐使农村家庭呈"四二一"结构，这在很大程度上使传统的"养儿防老"方式受到了挑战。家庭养老功能的逐渐衰减、医疗护理的不可求，使我国农村社会老年人问题更为突出。

在传统的自给自足的农业社会或计划经济时代半自然经济的农业社会，农村和农民的分散性使农民的养老、医疗等方面的问题并不为人们所过多重视。而在现代农村，由于老龄化社会的来临，家庭养老功能的衰减乃至丧失，以及农村居民社区化程度的逐渐提高等诸多因素，老年人问题已经是社会各界所不可忽视的问题，迫切需要得到切实有效的解决。况且，随着社会的发展进步与人民群众生活水平的提高，农村老年人工作已经不仅仅是一个赡养、护理的问题，而且必须上升到心理疏导、休闲娱乐等高层次层面上来，这是社会文明和发展的必然趋势。而要做到这一点，就必须开展农村老年人社会工作，发挥社区社会工作的积极作用。

（二）农村社区老年人社会工作的内容与类型

我们所设想的农村社区老年人社会工作有别于以往的农村社区的救济和救助活动，不同于对"五保户"的保障。所谓农村社区老年人社会工作，是以科学理论知识为基础，以利他主义为指导，由专业工作者所运作的帮助农村老年人走出困境、保障生活、愉悦身心、安度晚年的专业性工作。

1. 农村老年人社会工作的主要内容

上面已经提到，由于人口老龄化、家庭小型化以及农村发展过程中的社区化，农村社区的老年人问题已成为社会各界关注的重要问题，必须积极开展社区老年人社会工作来加以解决。从总体上说，农村社会工作的主要内容有如下几点。

（1）老年人赡养。传统的以家庭为单位和主体的养老模式在当前虽已不适应农村社区发展的要求，但由于居住的分散性和生产的社会化程度低，这一古老的模式在一定程度上还能发挥较为重要的作用，特别是在一些社会经济发展较为落后的地区，家庭养老模式还将在较长的时间里存在并发挥重要作用。但是，从社会发展的趋势看，老年人赡养的社会化无疑是一个方向。

在老年人赡养社会化的过程中，农村社区工作者结合农村社会保障制度，深入社区，调动和集中社区资源，与老年人建立互相信赖的工作关系。在条件具备的地区，社区工作者动员并鼓励老年人到社区的康复中心接受社区服务。老年人在康复中心能够得到较为专业化的照顾，社区工作者可以根据不同对象的不同特点，有针对性地对其进行心理疏导和帮助，让他们参加集体活动，以有利于老年人的身心健康，有助于颐养天年。在条件不具备的地区，社区工作者可以通过家访与老年人及其家人建立专业关系，帮助他们解决一些生活上的困难，并为其进行心理辅导，使家庭养老模式在现代社会具备新的内涵。

我们认为，农村社区社会工作者对老年人赡养的介入，不仅解决了传统养老模式在物质、精神、组织等方面的不足，更为重要的是，提升了农村老年人赡养的内涵，提高了农村社区的文明程度，推动了农村社区的现代化建设，因此，老年人社会工作在农村社区的开展本身就具有十分重要的理论意义和实际意义。当然，由于社会经济条件的限制，人们思想认识的滞后，以及专业化、职业化社区工作者的缺乏，农村社区社会工作以及老年人社会工作还处于起步阶段，因此在积极发展社会工作专业的教学和研究的同时，要积极培养专业的社区工作人才，同时提升基层社区工作者待遇，充实到农村社区基层，为包括老年人服务等多方面的社会工作做出贡献。

（2）老年人医疗护理与康复。老年人医疗护理与康复是社区老年人社会工作和医疗社会工作的重要组成部分。在发达国家和地区，老年人得到很好的健康医疗护理，体现了社会文明和进步的程度。在我国农村社区，虽然绝大部分农民暂时还无法享受到专业化的医疗护理，但是，随着农村社区社会工作和老年人社会工作被提上议事日程，发展老年人医疗护理有着良好的前景。在大部分条件还不具备的地区，当务之急是进一步完善农村医疗保险与医药卫生制度，为农村老年人提供基本的医疗设施和药物，在此基础上，通过社区工作者和政府有关部门以及医疗部门和医疗工作者的共同努力和协作，把老年人的医疗和护理结合起来，发展农村"医养结合"，达到农村社区老年人能够"老有所医""老有所养"，并逐步社会化和专业化。

（3）老年人心理疏导。随着生理上的逐渐衰老，老年人的心理也会发生相应的变化。农村社区中有些老年人，由于生活状况、生理状况的不如意以及赡养问题的不能落实，他们往往会在心理上和性格上发生很大的变化，与他人、与社会有一定的隔离感，从而带来一些消极因素。在传统农村的家庭养老模式下，老年人这种心理问题只能通过家庭内部来解决，但是由于老年人的心理问题又往往是家庭的外部因素所导致或加剧的，因而仅仅依靠家人无法有效地解决其心理问题。而社区居民的心理疏导是社区工作的一项重要的专业性内容，由社区工作者介入做耐心细致又具有专业性的疏导工作，这无疑会消除或解决老年人的心理问题。虽然目前这项工作在农村还基本处于起步阶段，但是其积极意义是不可低估的。

2. 农村老年人社会工作实务的类型

一般来说，老年人社会工作实务可以从心理调适、医疗保健、社区和家庭照顾、生活安排、经济保障等多方面进行。由于农村社区的分散性和经济社会的落后性，这些方面的实施很难单一地进行，而需要综合加以解决。从社会工作实务来看，可以有家庭、机构和社区三种类型。

（1）家庭照顾模式。这种模式主要是把家庭作为老年人社会工作的场所，由农村社区社会工作者会同老年人家属做老年人的心理调适、医疗保健、生活照顾等全方位的工作。这样，家庭照顾模式就不同于传统的家庭养老模式，因为有了社区工作者的介入，有了专业性的心理疏导，农村老年人能够尽可能地继续社会化，更好地安度晚年。当然，家庭照顾模式的最大缺陷是，农村居民居住的分散性增加了社区工作者工作的难度和工作量，事实上往往因为人手不够，很可能有不少老年人得不到社会工作的专业照顾。

（2）机构照顾模式。所谓机构照顾模式，是指集中为农村社区的老年人提供护理、食宿、照料的场所，如各种福利院、敬老院、康复院等。在这种机构里，不仅有专门的医疗护理和照顾人员，还有专业化的社区工作者参与其生活照顾和心理调适过程。就目前绝大多数农村社区而言，有专门医务护理人员和社区工作者参与的农村社区老年人照顾的机构还很少，一些原有的农村敬老院或养老院仅是鳏寡孤独、无依无靠的老年人的收养场所，还不能说是专业社会工作的具体开展。不过，从我国农村社区的人口结构、家庭结构、年龄结构等方面看，从社区工作的发展需求看，社会各界积极创造条件，为农村社区老人提供机构化的照顾模式，应该是农村社会发展和农村社区社会工作的一个方向和趋势。因为前面我们已经讨论过，随着农村家庭结构的调整，家庭养老的功能将不可避免地弱化，老年人的赡养、护理、照顾以及休闲等问题必须要通过社会化来加以解决。所以说，随着农村社区社会工作的开展，对老年人的机构化或社会化照顾必将逐步得到实现。

（3）社区照顾模式。机构化照顾是一种社会化照顾模式，但不是唯一的社会化模式，适应农村社区的老年人照顾模式还可以有社区照顾模式。所谓社区照顾模式，就是在农村社区，具体说是在村的范围内照顾老年人，而不让他们离开其熟悉的社区环境。社区照顾可以有两种类型：一种是分散性，需要照顾的老年人仍然是在家中，由社会工作者会同有关方面的人员如医务人员、护理人员、义工等定期或根据需要上门服务，视具体情况收费或免费；另一种是，在有条件的社区，把社区内的老年人集中起来照顾，或由集体出资，或由有关方面捐赠等，根据情况适当收费，主要以低偿的方式运营。社区照顾模式的最大优点是，一方面减轻甚至免除了家庭养老的负担，另一方面又使农村老年人"足不出村"，在生于斯、长于斯的本村本土安度晚年。同时，从社区社会工作的角度看，相对缩小了社区社会工作者的工作范围，使管理成本下降。

我们认为，社区照顾模式是目前农村老年人社会工作中有广阔发展空间的一种类型，它介于家庭照顾模式和机构照顾模式之间，既能解决家庭照顾模式家庭功能丧失之不足，又能避免机构照顾模式条件暂不具备之尴尬，还能防止农村社区老年人因环境的变化而产生的不适应感，因而社区照顾模式应该是当前农村老年人社会工作的主要形式。

三　农村社区青少年工作

青少年社会工作具有特别重要的社会功能，因为青少年是国家和社会的未来，他们的发展状况直接关系到国家和社会的发展。中国又是一个农村范围很大，农村居民占总人口比例很大的国家，农村青少年的成长状况如何，不仅对农村社会的发展，而且对整个国家和社会的发展也有着举足轻重的影响。为此，做好农村青少年社会工作，是农村以及整个国家人力资源最为重要的开发，也是强国富民强有力的措施。

（一）农村青少年及青少年社会工作的特点

随着农村生育政策的调整，当前农村社区家庭结构渐呈小型化，传统意义上的联合家庭已基本退出了历史舞台。此外，农村青壮年外出务工是常态，农村少年儿童很多成为留守群体，在很多农村家庭，家庭教育缺失。农村家庭的子女教育功能也在逐步社会化，农村社区中的青少年教育工作也成为一个较为重要的问题。

由于农村的分散性和物质文化生活条件的相对落后性，一般来说农村青少年的成长环境比之城市社区中的青少年存在不同程度的差距，他们很需要社会的关爱，但又往往难以得到满足。农村青少年的特点有如下几方面。

生活条件较差。从总体上说，由于社会、物质以及环境条件的限制，农村青少年的生活条件要比城市社区中的青少年差，有些落后地区甚至差距很大。他们从小就体会和领悟到生活的艰难，往往产生一定的心理压力。但是，生活的困苦又对他们健康成长，特别是意志品质的培养起到积极的作用。

文化教育落后。由于经济上的落后和困难，一些地区的农村青少年失学、辍学现象较为严重，加上教育设施及师资的落后，农村青少年的受教育程度普遍比城市青少年低，大部分青少年在接受了九年制义务教育后就会走向社会，自食其力，因此他们的综合素质不能得到很好的提高。

家庭教育缺失。在民工潮的影响下，农村社区呈现"空心化"趋势，父母外出打工，孩子在家与老人共同生活，成为很多农村家庭的常态，农村留守儿童的家庭教育基本处于缺失状态。

作风朴实，吃苦耐劳。农村生活艰苦的条件与过早的自食其力，练就了农村青少年纯朴的作风和吃苦耐劳的精神，这是他们不同于城市社区青少年的一个显著特点。

根据这些特点，农村社区青少年社会工作也就具有如下特点。

对象的分散性。这是由农村青少年的居住分散和学校相应稀散所决定的，因此，农村社区社会工作者除要做好农村社区中小学的学生工作之外，更要主动做好退学和辍学在家的青少年之助学、救助等工作。

多样性和艰巨性。农村青少年之家庭条件相差较大，各乡镇和村组的状况也相差很大，其所遇到的问题各不相同，就使农村社区社会工作所要解决和处理的问题呈多样化，必须具体问题具体分析。同时，农村物质条件的限制和居住的分散性，使农村社区青少年社会工作具有很大的艰巨性，农村社区工作者必须以高度认真负责的态度，做好广大青少年的工作。

反复性。由于青少年处于生长高峰期，生理和心理发生很大的变化，特别是农村青少年一般处于较为落后的成长环境，在他们身上往往会产生某些不安和冲突，夹杂着执着和自卑、奋发和气馁、温顺和反抗、虚荣和忧郁等因素。"跳农门"在相当长的时间里是农村青少年的最大"理想"，一旦遇到挫折，他们的心理承受力一般说来较为脆弱，很容易发生情绪波动和反复。因此，农村青少年社会工作的反复性是较为突出的。

（二）农村青少年社会工作的主要内容

鉴于农村及农村青少年的特点，农村青少年社会工作的主要内容包括如下几方面。

（1）农村幼儿生活服务和教育工作。家庭是抚养和教育儿童的重要主体，家庭教育是传统而又积极的教育模式。然而，由于农村的分散性和教育的相对落后性，不少农村儿童接受社会教育与学校教育的起步较晚。农村针对幼儿的单纯的家庭抚养和教育模式必然使农村儿童接受教育延迟，智力开发以及社会交往会受到不同程度的影响，从而不利于农村青少年的健康成长与综合素质的提高。目前，从整体上看，农村社区的幼儿园、小学大多分布稀疏、规模较小，幼儿入园比例相当低，学龄儿童推迟入学以及辍学的现象仍然存在。为此，农村社区工作必须从幼儿工作抓起，在硬件上，帮助农村社区建好幼儿园，尽快解决部分农村幼儿无园可入的问题；在软件上，帮助提高幼儿教师的业务水平和管理水平，使农村社区的幼儿尽可能到幼儿园接受教育和感悟社会交往的乐趣。同时，社区工作者也要"渗透"到幼儿园和学校，为幼儿和学生及其家长做好帮困解难工作并且做好心理疏导工作，让农村儿童有一个良好的成长环境。

（2）道德品格培养。良好的行为规范是青少年修养程度的反映，也是青少年适应社会的必要条件和前提。由于青少年生活、活动的范围就在社区，因此，尽管学校有对学生进行道德品格教育和培养的职责，但是，社区工作者也有责任对社区内青少年进行道德品格的培养和教育。由于生产方式和生活方式的相对落后以及社会交往不多，民工潮下留守儿童家庭教育严重缺失，农村青少年在具备纯朴诚实的品德之同时，也往往会受到一些落后和不良道德品德的影响。在农村青少年社会化的过程中，农村社区工作者必须通过多种形式，组织他们开展一些有益的活动，树立其正确的道德观；帮助农村青少年养成良好的道德习惯，通过对道德观念和行为的引导，帮助青少年克服不良道德倾向，提高自己的道德品德。

（3）农村青少年心理疏导。由于农村物质、精神生活条件的限制，以及一定程度的封闭性、交往的局限性，农村青少年的心理障碍往往得不到及时的排遣和消除，在很大程度上影响青少年的健康成长。在相当长的一段时间里，农村青少年的心理问题并没有专门化的机构和人员负责进行疏导，除了学校教育以外，基本上还是处于任其发展、放任自流的状况。随着社会流动的加快和社区化的扩大，农村社区社会工作的重要内容就是结合实际，对青少年进行专业性的心理疏导，为他们解决心理上的问题，使他们的精神需求能够得到最大的满足。

（4）农村青年的就业服务。现代农村社会已不是传统农耕社会的"农人之子恒为农"的时代，大部分农村青年并不直接务农，而是从事工商业和副业生产，即使参加农业生产，也不是过去那种凭经验种田的农夫，而是有一定农业技术的新型农民。在青年人走向社会之时，如何帮助他们就业，这不仅关系到农村青年的个人问题，而且关系到整个农村社区的稳定和发展。因此，农村青年的就业服务，应该是农村社区社会工作的重要内容之一。比如，社区工作者通过各种形式，组织农村青年树立正确的劳动观念，引导青年正确就业，培养他们的劳动技能，为他们解决在劳动就业过程中所遇到的问题，以使他们能在农村的不同行业中做出应有的贡献。

（三）农村青少年社会工作的主体形式及主要方法

1. 农村青少年社会工作的主体形式

结合农村社区的具体情况，我们认为，农村青少年社会工作的主体形式有个人和团体两种类型。

就个人形式而言，农村青少年社会工作的主体为职业化的专业社区工作者和非职业化的非专业社区工作者。前者为受过专门培训或教育的社会工作人员，当然，在目前甚至未来一段时间里，农村社区专业化和职业化的社会工作者还非常缺乏；后者主要指有关部门和单位的工作人员兼做农村社会工作，如农村基层的共青团组织、妇女组织、劳动部门等单位的个体，他们以个人或组织为单位，就农村社区中青少年的具体问题做具体的工作。这种办法的优点是可以把农村社区青少年工作细化到青少年个人身上，能直接发挥出社区工作的作用；其缺点是由于社区工作人员的限制与农村社区的分散和广阔，社区工作惠及每一个青少年。

就团体形式而言，农村青少年工作的主体是社区工作的多种实施形式。这里又可以从三个方面来进行分类：活动形式，如进行多种集体活动，提高农村青少年的团体意识和合作意识；机构形式，如以村为单位设置青少年活动室，使农村青少年能够在本村内得到各种服务，再如以村或乡镇为单位设立青少年福利组织，为他们提供必要的社会保障；组织形式，主要指农村社区中的基层组织如共青团等，担当起为农村青少年服务的重任并发挥领导、协调、管理的功能。

2. 农村青少年社会工作的主要方法

从社会工作的专业方法来看，个体层面的方法与团体层面的方法均可以在农村青少年社会工作中得到应用，并能发挥出其应有的作用。

个体层面的方法。相比较而言，农村青少年居住与生活相较于城市社区的青少年更为分散，因而特别适宜于个体层面的方法。无论是专业性的社会工作者还是非专业性的社区工作者，都可以根据实际情况，着重于以农村青少年个体为单位进行帮助，解决他们的困惑，培养他们进入社会之必要的心理素质和技能，提高他们走向社会的勇气和信心。当然，在目前专业化和职业化社会工作者较为缺乏的情况下，农村社区主要依靠学校、村委会、村民小组、共青团、妇联、社会保障机构等单位的工作人员以及农村社区的志愿人员进行农村青少年的个案辅导。

团体层面的方法。在农村社区，针对青少年的团体层面的工作方法可以从两方面加以理解：从工作对象上看，通过多种形式把需要帮助的个体组成一个团体或小组，其目的是通过团体或小组中个体与个体之间的互动，形成一种合力和良好的氛围，促进个人健康心理形成以更好地为社区和社会做出贡献；从工作主体上看，由社会工作者组成一个小组，在一段特定的时间里集中解决某一个问题或某些群体的问题，以增强社会工作的效能。

农村青少年社会工作之团体方法也可以从这两个方面加以实施。根据青少年的年龄层次和所遇到的问题特点以及在空间距离上的分布，把他们组成一个团体，就他们共同关心的问题进行多种有益的活动，如组织他们参与社区内的社会活动、帮助缺乏劳动力的家庭义务劳动、增强他们的集体意识等，同时，也针对他们自己的困难和问题有的放矢地采取措施加以解决。而社区工作者完全可以团体为单位，加大社区工作的力度，根据当前农村社区的实际情况，为农村青少年排忧解难，提升青少年工作的专业化水准。

第十章　城市社区社会工作

城市社区发展是社会现代化发展的重要基础，特别是在城市化进程加快的今天，城市社区经济社会发展对整个社会的发展与进步具有极大的推动作用。随着我国社会流动的加速以及社会转型时期各种矛盾的产生与冲突，城市社区的社会问题也越来越突出，而随着"单位人"向"社区人"的转化，社会问题又大多集中在社区范围之内，需要调动社区的资源，发挥社区的力量来加以解决。因此，做好城市社区社会工作，是当前社会现代化过程中重要的一环。

第一节　城市社区与城市社区社会工作

无论在国内还是在国外，城市的形成和发展已有 2000 多年的历史。在漫长的历史发展过程中，城市的功能主要表现在政治和军事上，只是到近代，随着人类进入工业社会，城市的经济和社会功能才逐渐得到体现和发挥，城市社区才为人们所重视。作为助人自助的社会工作，也是在工业社会后随着社会问题的凸显，才逐渐在城市社区缘起和发展，成为一项专业化和职业化的工作。

一　城市社区

城市社区与农村社区相比最大的特点就是产业结构的不同和人口密度的不同。无论在古代还是现代，无论是中国还是世界其他国度，城市社区一般是以工商业为主要产业，人口相对密度较高。19 世纪以后，随着发端于西方的工业革命的不断推进，机器大工业逐步取代传统的手工业，社会分工越来越细化，城市发展的速度急剧加快。恩格斯在《英国工人阶级状况》一书中形象地指出，工业革命"好像魔杖一挥，创造了居民达 70 万的利物浦和曼彻斯特这样的大城市及其附近的城市"（恩格斯，1957：288）。伴随工商业的发展，一大批有数十万人口的城市拔地而起，越来越多的农村居民迁徙到城市中来。20 世纪以后，在全世界范围内掀起了一股前所未有的城市化浪潮，城市人口在总人口中的比重越来越高，90 年代以后，一些发达国家和地区的城市化水平已在 80% 以上，少数发达国家的城市化水平可达到 90%。

作为发展中国家的中国，长期以来由于农业的比重大，工商业的发展相对滞后，因而城市化水平一直不高。20 世纪 90 年代以后，随着经济的市场化和整个社会现代化程度的不断提高，特别是小城镇的不断建设和发展，中国的城市化水平也有了很大的提高。截至 2016 年末，我国城市数量达到 657 个。其中，直辖市 4 个，副省级城市 15 个，地级市 278 个，县级市 360 个。[1] 2017 年末中国大陆总人口 139008 万人，比上年末增加 737 万人，其中城镇常住人口 81347 万人，占总人口比重（常住人口城镇化率）为 58.52%。[2]

从城市社会学的视角看，如果把整个社会分成城市和农村两类社区，城市社区是指具有不同于农村社区的特定的地域、人口、社群、组织以及文化特征和产业结构、生活方式的区域。随着工业化和城市化水平的不断提高，城市社区也在不断扩大，功能在不断提升。美国自东北面的缅因州到东南面的弗吉尼亚州共 550 公里的狭长地带，就坐落着波士顿、纽约、费城、巴尔的摩四个大城市和首都华盛顿，以及星罗棋布的 100 多个中小城市，构成了目前世界上人口稠密，经济、科学、教育极为发达的最大的城市群。我国的宁、沪、杭地区也形成了一个以特大城市上海为中心，有十多个大中城市与上百个中小城市和小城镇相连接的城市群，成为我国经济、科技与文化最为发达的地区之一。

从社会工作的视角看，城市社区不是指大范围的城市区域，而是指具体城市中的某种层次的地域空间或区域，如街道、小区、居委会等，换言之，城市社区就是城市中的社区。

随着改革的深入和社会的转型，计划经济时代的"单位人"已越来越

[1] 《去年末我国城市数量已达 657 个》，网易新闻，2017 年 7 月 12 日，http://news.163.com/17/0712/00/CP3SPPFT000187VI.html。
[2] 资料来源：《中华人民共和国 2017 年国民经济和社会发展统计公报》。

多地转变为"社区人"，社区作为城市中最为基本的功能区域，其重要的职能和作用正被人们越来越清楚地认识。城市社区已经不是简单的居民居住区域，而是集生产、生活、休闲、综合治理、社会保障等多方面功能于一体的社会实体，执行着社区建设和社区发展、社区保障与社区救助、社区治理和社区服务等多项重要职能。

从管理层次看，社会工作意义上的城市社区就是街道社区，这是具有中国特色的城市社区范畴。作为城市社区的一种类型，它"具有十分丰富的内涵和鲜明的个性特征，体现了政府行政职能和社区社会职能的有机统一"（徐永祥，2000：63）。之所以说城市社区主要表现为街道社区，可以从以下几个方面来加以论证。

第一，从空间区域看，街道社区较为适合基层工作的开展。一般来说，一座城市大多分设若干个行政区，但是行政区的范围在空间区域上还是太大，不利于许多具体工作的开展。而街道一般是行政区以下的再次区域划分，地域空间相对缩小，且下面还有居委会等更为基层的组织，因而便于管理和工作的开展。

第二，从行政职能看，街道的管理工作具有较强的综合性和复杂性。街道办事处行政职能和工作项目涉及社区内的方方面面，如民政福利、失业与就业、人民调解、青少年保护、妇女儿童权益保护、老年人工作、社会治安综合治理、外来人口管理、爱国卫生、市政管理、环境保护、绿化养护、社区科普与文娱活动、防空、防汛、防震以及发展街道经济、指导居委会工作、处理人民纠纷等。总之，街道办事处的行政职能涉及社区的经济、政治、社会、文化、教育、卫生、体育、环保等多方面，有着相当强的综合性和复杂性。

第三，从社会职能看，街道社区是我国基层社会的重要载体之一。近年来，街道社区作为城市居民居住与生活的共同体，正在初步形成和完善有别于政府行政职能、企业市场职能的社会职能，如社会福利、社会保障、社会服务、居民自治、自助与互助以及职业化的社区社会工作等。这些社会职能正在为越来越多的具有专门化功能的社区组织所承担，比如社区服务中心、社区帮教中心、青少年活动中心、法律咨询中心以及敬老院、托老所、职业培训与就业指导中心、各类志愿者组织等。可以认为，如果离开街道社区，整个城市社区的各种工作就无法开展。

第四，从社区建设看，提倡辖区内各类企事业法人单位参与社区共建，是我国街道社区的一个鲜明特色。在街道社区内，除了居民住户以外，还坐落着一些服务性、经营性的组织，如学校、医院、企业、商店以及其他一些政治性社会团体、专业性社会团体等，社区的环境如何，会不同程度影响到这些单位的工作环境或经营环境。因此，通过社区建设或社区共建这类组织形式的纽带，动员、组织这些企事业单位一起来建设社区，就是街道社区的主要任务和功能。[①]

二　城市社区社会工作

从历史上看，社会工作与社区社会工作都是起源和发端于城市社区。这是因为随着工业革命的兴起，城市社区中不断出现新的社会问题，传统的社会救济模式已经不能适应新的情况，因而社会工作包括社区工作就应运而生。从这个意义上说，社会工作与社区工作就是城市社会工作或城市社区社会工作。只不过随着社会的发展，城市问题显得更为突出以及社会工作的范围逐渐扩大到农村社区，为了有所区别，我们才强调城市社区社会工作。

从目前的社会工作教科书来看，给城市社区社会工作下定义的还不多见，这可能主要是大部分社区工作本身就是城市社区工作的缘故，或是人们很少从城市和农村社区的角度区分社会工作的缘故。我们认为，从社区社会工作的角度看，必须明确城市社区社会工作的定义。结合社区社会工作的概念，我们试对城市社区社会工作定义如下。

所谓城市社区社会工作，就是以街道或其他类似的组织为基本区域单位，以社区工作者为主，采用专业化的手段和方法，调动街道社区内的各种资源，有计划、有步骤地为居民解决社会问题，改善社会关系，减少社会冲突，提高街道居民的社会福利水平，促进社区的进步与发展。

上述定义与一般社区工作的定义并没有本质的区别，所不同的只是在地域范围上，一般社区工作强调的地域只是社区，而城市社区社会工作强调的地域则是街道或类似组织管辖范围的区域。至于社会工作的具体内容和目标、目的，从整体上看应该是一致的。

我们把城市社区社会工作的范围界定在街道区域，是以前面对城市社区的界定为基准的。因为在城市社区，只有街道才能起到连接整个城市和

---

① 以上观点部分参考徐永祥（2000：63～65）。

基层居委会的中介作用。如果以整个城市或一个行政区为单位开展社区工作，无疑使工作对象的人数和复杂性增加，不仅不易管理，更为重要的是还会降低社区社会工作的效率。如果以居委会或某一个小区为单位开展社区工作，区域就会显得过于狭窄，不利于资源的调动和集中配置，而且会造成社区工作者和管理人员的增加以及管理成本的提高，形成一种浪费。因而，以街道社区为基本单位开展城市社区社会工作，是一种较为理想的模式。街道区域内的社区工作做好了，整个城市的社区社会工作也就自然会做好。

三 城市社区社会工作的目标与任务

根据我国城市社区的实际情况，城市社区社会工作必须以解决街道居民的实际生活困难，应对社区问题，提升其社会福利，缓解社区矛盾，促进社区发展为目标。当前，城市社区社会工作的主要任务有：

（1）应对与解决城市社区的贫困问题，协助政府做好社会救助工作；

（2）协助相关部门与组织开展社区内部各类人群的服务工作，比如社区老年人服务、社区青少年服务、社区残疾人服务，满足社区各类人群的特殊需求；

（3）协助相关部门做好社区环境、社区卫生、社区治安等工作，为社区居民创造良好的生活环境；

（4）采取多种活动和措施，培养社区居民互相关怀、互助互济的意识；

（5）孕育社区志愿者组织，发动社区成员参与到"社区是我家，大家关心爱护她""我为人人，人人为我"的活动中来，使城市社区成为居民的乐园。

第二节 城市社区社会工作的主要内容

改革开放之后，我国的二元社会经济结构被逐渐打破，计划经济时代下由政府和单位包揽的城市居民的各种福利待遇也随之逐渐取消，市场成为调节、配置资源的主要力量。社会的转型、外来劳动力的大举进入、"银发浪潮"的冲击，使城市社区面临许多前所未遇的问题。事实表明，仅仅靠政府力量或行政手段来应对社会问题并不是最优方式。同时，随着社会的多元化，社区居民的需求也向个性化发展，因此，单一的政府治理不能充分解决社会问题，满足社区需求，必须依靠社会的力量，依靠城市社区社会工作者的努力来舒缓矛盾、开展服务，以提升社区福利水平。

一　城市社区社会救助

1. 城市社区社会救助及对象

社会救助是国家通过国民收入再分配，对因各种原因而无法维持最低生活水平的社会成员给予物质上的救助，以保障其最低生活水平的一种社会保障制度。社会救助虽然不是社会保障制度中最为核心的部分，却是保障社会安全的"最后一道防线"，是兜底型的保障制度。在城市社区，绝对贫困者的数量逐渐减少，相对贫困人口增长迅速，此类群体是我国社区社会救助的主要对象，具体来看，目前我国城市社区中的主要救助对象包括如下几类。

（1）双失业家庭。家庭中夫妻双双失业，收入极低，生活困难很大，这种情况在贫困阶层中涉及面很广。他们往往很难通过自己的力量改变现状，还有些家庭尚有无收入或低收入的老人要赡养，更是显得力不从心。

（2）重病患者家庭。处于贫困线上下的职工，一旦家中有人生大病或重病，对收入本来就不高的他们来说，无疑是雪上加霜，在医疗保险不能保证的情况下，几乎会处于绝望之中。这是城市社区贫困阶层中最为困难的一类。

（3）残疾人家庭。由于社会的和自身条件的原因，这类家庭多为夫妻双方都是残疾人，由于生理和心理的原因，残疾人在就学、就业、生活等方面所遇到的困难远高于健全人，他们是社会弱势群体中最为脆弱的一部分，对社会救助的需求就更为强烈。尽管在城市社区中有一些以残疾人为主体的福利企业，但是，在市场经济的大潮中这类企业的生存和发展普遍都遇到了困难，残疾人基本无法从其企业和单位中得到生活保障，社会和社区必须担当起对他们进行救助的重任，主要包括物质帮扶、康复保健、就业就学帮助等方面。

（4）半家户。半家户有两层含义。一是历史造成的下放回城户。在20世纪60~70年代，南京市有较多人下放到苏北等地务农，其中有的年轻人在当地农村结婚生子。到了80年代以后这些人陆续回城，由于多方面的原因，原来农村户口的女方及其子女进城后不能落城市户口，以致他们长期不能被安置，成为无业人员，政府以及社会的有关福利也与他们无缘。尽管现时他们的户口已绝大部分解决，但文化水平的低下也加大了他们找工作的难度，成为贫困者阶层。二是核心家庭中的丧偶贫困家庭，即夫妻一方去世，另一方失业并且带着未成年的孩子生活，在社区中，这样的家庭大多长期处于贫困状态。

2. 社区社会工作在城市社区救助中的地位和作用

城市社区的社会救助工作若仅靠政府的力量，则很难深入而精准。从社会救助具体实施过程来看，如果仅仅是由民政工作者或居委会干部发放最低生活保障费，救助的效果则是很难保证的。为此，我们应该从社区社会工作的角度，发挥社区社会工作助人自助的作用，综合实施城市社区的社会救助。

城市社区社会工作对城市贫困以及社会救助的介入可以从四个方面展开。

一是协调各方面关系，调动可利用资源为贫困者解决实际生活中的问题，如协助其进行病人照顾、职业介绍、子女教育、家政服务等，实行"多元式救助"。

二是对贫困者进行生活就业技能的训练。根据劳务市场的需要，社区工作者主动为失业者提供技术培训的机会以帮助其返回就业市场，实行"就业救助"。

三是进行心理疏导。社会工作者主动与社区内的弱势群体进行沟通，通过访谈与他们建立良好的信任关系，树立其战胜困难的信心和决心，消除他们的失落感和不满情绪，调整好心态，实行"心理救助"。

四是协助政府做好最低生活保障线以下居民救济金的发放，负责某一个区域内社会救助的具体事务工作。如对救助金申请者的情况调查和确认，帮助其完成各种必要的手续，协助有关部门对救助申请者进行审批并及时通知本人，发放救济金，等等，实行"项目救助"。

在社区救助中，社区社会工作可采用个案咨询、团体辅导、社区资源调动、咨询、培训等多种介入方式。

近年来，我国由政府主导、社区运作的社会救助工作已经进入正常化的运行轨道。社区工作者和城市社区街道、居委会等组织和其他机构相配合，发动居民成立互助小组，为贫困家庭排忧解难；帮助社区发展第三产业，为失业者提供就业信息和机会；培训失业人员以有利于重新就业；等等。实践表明，通过挖掘社区资源来满足居民的福利服务需求，是社会救助的一种行之有效的好方法。由于社区工作的介入，一方面，可以将政府与企事业单位的力量和家庭与个人的利益较好地或者直接地结合起来，使救助工作能够找准救助对象，切实帮助救助对象；另一方面，也可以发挥社区组织的功能与社区工作者的作用，联结家庭、邻里、亲友等与社区的救助网络，从物质和心理两层面帮助社区救助对象。这些都充分说明，社区社会工作的介入对于社会救助具有很积极的现实意义。

二 城市社区老年工作

我国早已进入老龄化社会，滚滚而来的"银发浪潮"叠加家庭结构的变迁，传统的家庭养老方式已不合时宜，养老服务社会化成为城市社区老年人的普遍诉求。而以机构为依托的入住养老院等方式存在"非正常化"的弊病，并不能成为老年人健康养老的主流方式。因此，以社区为依托，促进社区社会工作积极介入城市老年人服务，是满足老年人个性化需求，提升老年人福利的重要路径。

1. 专业社区社会工作介入社区老年人服务的具体内容

（1）以社区化的老年综合服务机构为依托的老年服务。社区化的老年综合服务机构指地理位置上处于社区内部而非传统养老机构的远离市区，设施上配备老年人生活、基础医疗、护理、康复等硬件设施，服务上主要为社区老年人提供综合性医养结合的服务。老年人可选择长期或者短期入住，或者以日托的方式接受服务。专业社区工作者充当了老年人需求评估与链接者等角色，为老年人提供专业化的服务。

（2）居家上门照顾。社区工作者应充分挖掘当地社区资源，包括社区工作者、社区老年服务非营利组织、老年服务企业、社区志愿者等。在老年人家中，社区工作者为社区老年人提供主要包括生活料理、家务劳动、送饭送餐、精神慰藉等在内的照顾与服务。比如苏州市的"虚拟养老院"模式，建立养老信息服务平台，当老年人有需求时，拨打电话给信息平台，该平台会依照老年人的需求，委派相关服务组织或者服务企业提供以上门为主要形式的老年服务。

（3）老年人健康医疗以及康复护理服务。在"医养结合"背景下，老年人的养老需求与医护需求均应在社区内部得以基本的满足。社区工作者应与社区基层医疗卫生机构、康复机构等相配合，根据本社区老年人的年龄构成、性别构成以及人数，建立老年人健康检查制度，定期组织老年人开展身体检查与治疗。对于高龄和有疾病的老人，开展社区康复护理服务，使"医养结合"的老年人服务在社区得以具体落实。

（4）特殊老年人的照顾。目前城市社区内部还有不少面临特殊困难的老年人群体，比如贫困老人、失能老人、残疾老人、独居老人、失独老人等。对于这些老年人群体，社区工作者更是需要给予特别的关注、救助与照顾，帮助他们应对与解决生活上的各种实际难题，除了物质上的帮扶以外，还要格外关注他们的心理健康，使其安度晚年。

（5）老年人精神文化服务。作为社会人，人的需求是多元化、多层次的，除了物质需求以外，还有精神方面的需求。在老年人服务上，我们不仅要对老年人的物质需求进行保障和服务，而且对老年人的精神需求也不可忽视。在福利社区化背景下，社区亦是老年人精神文化服务的重要主体。如社区老年人活动站、老年中心等，为老年人提供文化、娱乐、体育活动等设施，解决了老年人精神活动的需要。另外，许多社区中还有老年人婚姻介绍所、老年大学或老年学校等，在精神文化方面为社区老年人提供实质性的服务。在老年人精神文化服务过程中，社区工作者可以发挥其在心理调适、个案分析、健康指导、文化娱乐等方面的专业知识，避免老年人服务中单纯的休闲和玩乐，提升老年人活动的社会价值，提升老年人工作的专业化水平。

2. 城市社区老年人服务的主要模式

从社区社会工作的角度看，相比较而言，城市社区的社会救助和老年人服务更为显得专业化和专业性，其主要方法模式有如下四种。

（1）个案工作模式。老年人是城市社区中无法依靠自身的力量来解决养老、医疗、照料等问题的特殊群体，由于个体及其家庭之间的差异，老年人的需求和要求也各不一样。为此，社区工作者首先要采用个案工作方法，即把老年人及其家庭作为接受援助的服务对象，与之结成彼此信任和谐的关系，运用专业技术和技巧，为老年人及其家庭提供物质和情感方面的支持与服务。我们提到，要避免老年人服务中单纯的休闲和玩乐，这就需要社区工作者以专业的知识和方法以及技巧，如接案、调查、心理疏导、资源运用、组织和协调等。

（2）"双治疗"模式。社会工作解决问题的过程就是对服务对象治疗的过程，在老年人服务中，最为突出的就是"双治疗"模式，就是既进行生理的治疗，又进行心理的治疗，双管齐下，为老年人及其家庭解决实际问题。老年人一般身体状况较差，对他们的照料和服务在很大程度上就是对其身体的照顾和照料，社区工作者要与医务工作者以及志愿者一起，对需要照料的老年人做专门的服务工作。同时，老年人的心理状态又往往容易偏离正常人的特征，常常会产生孤僻怪异的心理和行为，在这种情况下，更要求社区工作者与心理医生等专业人士做好老年人的心理疏导与调适工作。只有采取这种"双治疗"模式，才能在较高层次和较专业的水准上做好老年人的社区服务工作。

（3）集中与分散相结合模式。传统的老年人养老方式是家庭赡养模式，从整个社区的角度看，老年人服务处于一种分散的状态。随着老龄社会的到来，老年人的增加以及家庭结构的小型化趋势，依靠家庭作为养老之唯一的模式已经不能适应时代的要求和社会的需要。在继续发挥家庭赡养功能的同时，城市社区老年人服务还要走集中模式。所谓集中模式，就是在具备条件的社区，建立福利院和康复院以及社区老年人康复活动中心，把那些具备一定经济条件的老年人集中起来，让他们生活在集体之中。随着经济社会的发展和社会福利水平的提高，就是一些经济条件不够的老年人也会越来越多地走进这个康复小社会。

（4）专业化和专业性服务模式。所谓老年人专业化和专业性服务，是指老年人服务工作者经过严格的专业训练，掌握较为熟练的专业技术，用专业的方法和技巧为老年人进行服务的过程。从社会工作对老年人服务的角度看，专业化和专业性主要表现在两个方面：一方面，社区工作者以及志愿人员要具备一定的心理学和生理学知识，以能够很好地把握老年人的心理状况、精神需求以及身体状况，使工作能够对症下药；另一方面，根据老年人的身体特征，老年人服务机构或服务组织中要有专业的医疗护理人员，除集中服务模式的福利院和康复院以外，分散型老年人服务模式也同样需要专业性的医务护理人员，在社区工作者的协调下，医务护理工作者定期或预约上门为老年人服务，以确保老年人服务的实际质量。

三　城市社区流动人口工作

以农民工为主体的外来流动人口为城市社区的建设和发展，为城市社区居民的生活，起到了非常重要的作用。外来流动人口的增加适应了人口城市化进程的需要，提高了人的自由流动度，调动了人的积极性，促进了城市社区建筑业等基础建设，缓解了城市劳动力结构不合理带来的矛盾，活跃了城市的商品流通，丰富了城市社区居民的生活，扩大了城市社区的就业范围，推动了城市社区的建设和发展，从而在很大程度上改变了城市社区的面貌。

然而，大量的外来流动人口涌入大中城市，也给城市社区带来了某些消极因素，如人们一直在关注的社会秩序、违章建筑、越轨犯罪、交通拥挤等问题；而且，大量进城农民工本身也一直存在"城市不适"，面临许多仅靠自身还难以解决的问题。由于长期以来的城乡二元分割的户籍制度，农民工进城后在许多方面不仅不能享有与城市社区居民一样的福利待遇，而且往往受到多方面的限制，遇到不少的困难。比如，外来农民工子女就学接受教育问题、农民工的基本生活保障问题、基本权益保障问题、外来人口的集中管理与教育问题等，这些问题如果处理不当，不仅会影响外来人员在城市社区的就业和生活，而且会直接影响到城市社区的发展和建设，是不容忽视的社会问题。

以农民工为主体的流动人口在城市活动区域往往呈现集中化的特征，其所属社区成了他们的主要依附，由此联结起来形成了主要以业缘关系为基础的社区结构。因此以社区为平台，开展专业社区工作服务，是满足农民工发展性需求，促进其融入城市的重要保证。

1. 专业社区工作者在流动人口社区服务中的角色

（1）社区工作者作为调查者：调查了解社区流动人口状况。社区工作应定期进行社区调查，及时了解与掌握社区包括农民工在内的流动人口的基本信息，建立农民工居民信息档案。通过问卷、访谈等方法定期探访了解辖区内农民工的生活状况与福利需求，搜集其对社区服务的形式、内容、质量等方面的意见、建议与期待，这是农民工社区服务实施的基本出发点。

（2）社区工作者作为中介者：整合福利资源。政府在保障农民工权益的实现过程中扮演重要的角色，是其他任何机构和个人都无法替代的。政府主导、企业支持、社区实施、民间参与是优化农民工服务的基本路径，所以，在社区层面争取社会支持，整合福利资源，优化资源配置，搭建起政府、民间组织、企业、志愿者等服务供给方与需求方即社区内的农民工的沟通桥梁是专业社区工作者的重要工作任务之一，也是农民工社区服务实现的重要保证。

（3）社区工作者作为服务者：策划与运作社区服务与社区活动。社区工作者应在掌握社区流动人口的现状与需求、理顺社区福利资源、评估社区服务方案可行性等的基础上，结合社区农民工的职业、家乡、兴趣等特点，制订具有针对性的、多元化的、满足其需求的，并且能引起他们参与兴趣的社区农民工服务计划。社区工作计划往往通过项目化的方式进行运作，最后还有一个监控和评估计划的执行情况即社区评估的过程。

（4）社区工作者作为宣传者：指导农民工如何获取福利资源。社区工作者应积极向辖区内的流动人口宣传政府的福利政策、社区的福利性服务措施与社区举办的福利性活动。通过宣传，让农民工懂得社区的福利资源与福利服务有哪些，可以通过什么方式获取，具体的条件有哪些，等等。社区工作者应主动出击，通过家访、宣传海报、宣传单、电话联系等方式积极邀请辖区的农民工参与社区活动和社区事务。

（5）社区工作者作为协调者：构建社区支持网络。社区工作者应通过广泛的社区宣传、丰富多彩的社区活动等措施，尽力消除本地居民对外来流动人口的歧视性心理，通过共同参与社区事务、开展社区互助活动等方式，协调社区内本地居民与流动人口之间的关系，培育社区关怀意识，消除社区人际冷漠，培养农民工对于社区的归属感，促进其融入城市，共建互帮互助的温暖社区，构建农民工的社区支持网络。

2. 专业社区工作的工作模式与介入重点

就我国农民工服务而言，社区工作比较适合采取强调社区居民共同参与的发展模式以及强调社区实质性问题计划解决的策划模式。换言之，社区工作者一方面应动员辖区内农民工参与社区活动和事务，共同商讨问题的解决方法；另一方面应针对农民工的具体需求与社区资源，设计具体方案为他们提供服务。社区工作介入农民工服务的具体工作领域可包括如下四点。

（1）情绪支持。农民工往往面临比较繁重的工作压力与生活负担，如果压力不能排解，他们很可能陷入巨大的失落感和无助感之中，无法以积极的态度面对问题，甚至可能会导致悲剧性事件的发生。在社区层面，一方面可以建设心理咨询室、心理发泄室、沙盘治疗室等专业的心理设施，为包括农民工在内的社区居民的情绪支持提供物质基础；另一方面，社区工作者可以联系相关专业资源，比如心理咨询师、个案工作者等，教给农民工一些释放压力的方法，积极倾听他们的困扰，排解他们的焦虑情绪，并适时进行同理心的表达，指引他们更多从积极的角度去看待问题，化解心理压力，积极地面对生活。

（2）家庭辅导。家庭是个人不可缺少的支持力量，家庭辅导与服务是农民工社区服务的重点，具体工作内容可包括婚姻辅导与子女照料。对于单身农民工而言，可以恋爱辅导、社区相亲会等方式帮助他们追求美好爱情与家庭生活。对于有子女的农民工而言，为他们提供子女照料与托管服务，解决他们的后顾之忧，是社区福利服务的重点之一。比如，可以社区小食堂、儿童生活自理能力培训班等形式，为农民工子女提供生活照料服务。针对学生放学早、家长监管难的现状，社区工作者可结合志愿者等资源，承担起子女学校外的托管工作，托管的同时，可提供兴趣培训班、学业辅导班等附加服务。或者举行社区"家庭亲子乐"活动，邀请身边有子女的农民工家庭参与，以家庭为本加强家庭功能，发展和谐的家庭关系。

（3）文体活动。随着物质生活的提升，农民工群体不再仅满足于物质上的所得，也有旺盛的精神文化需求。社区工作者应积极组织辖区内农民工参与社区文体活动，挖掘与培养他们的文体活动能力，满足休闲娱乐需求，促进其参与社会文化生活。一方面，应完善社区文化服务设施，例如社区运动健身中心、社区网吧、社区阅览等，或者采用流动服务的形式，为文化资源获取不便的农民工尽可能提供较多的享有文化生活的渠道。开展农民工读书节活动，举办各类文化艺术学习班（讲座），辅导并培训农民工文艺骨干。另一方面，可以在社区层面举办"艺术体验小组""社区劳动竞技大赛""电影进社区""社区同乡会""社区运动会""社区读书节""文化艺术培训班"等各类活动来满足青年农民工在文化体育方面的需求。

（4）能力建设。社会工作的核心理念即"助人自助"，所以社区工作对于农民工的服务重点也在于加强其自身的能力建设，即强化其自助能力。首先，强化适应能力。社区工作者一方面通过社区就业培训等方式为农民工提供以能力发展为导向的继续教育服务，以适应城市生存与工作的环境；另一方面则是通过社区宣传、社区关怀、社区活动等方式潜移默化地影响农民工的思想观念与行为模式，促进他们融入社区、融入城市。其次，增进就业能力。社区工作者一方面可联系相关机构为包括农民工在内的有培训需求的居民提供免费或者低偿的就业或创业技能培训；另一方面，可以社区求职信息库为平台，与农民工共享就业资源，实现农民工有序流动。最后，培养参与能力。社区工作者可在社区层面上推进提高农民工参与动力和能力的社区发展模式，推动农民工的人际聚合力，增强他们对城市社区生活的参与愿望。社区工作者可通过邀请、鼓励等方式，推进农民工参与到社区事务和社会公共事务中，增进其群体互动性和公益精神，提高自身的认同感和归属感，促进参与能力提升。

四　城市社区残疾人工作

1. 残疾人事业的发展与残疾人社区工作

残疾人是特殊的弱势群体，针对残疾人的救助、服务和照顾往往被视为是人道主义和尊重人权的表现，是社会进步和文明的某种标志。早在1780 年，瑞士就创立了第一家为残疾人服务的机构；1820 年，德国慕尼黑成立了第一个"残疾人之家"；1922 年，第一个为残疾人服务的国际组织"国际康复会"成立，对推动各国政府开展残疾人康复工作发挥了重要作用。1948 年的《世界人权宣言》规定残疾人有接受社会保障的权利。1975年，联合国公布了《残疾人权利宣言》，规定残疾人有基本生活权利、政治权利、康复权利、劳动权利、受教育权利以及人格尊严、平等待遇等多方面的权利，这被认为是继种族解放、妇女解放、民族解放之后的又一次解放运动。20 世纪 80 年代以后，"平等、参与、共享"成为残疾人工作的新的理念，残疾人工作进入了新的发展时期，又被称为和平发展时期。我国在各种残疾人分组织的基础上，于 1988 年成立了统一的残疾人组织——中国残疾人联合会，各省区市地县也成立了地方分会和基层组织，1990年，《中华人民共和国残疾人保障法》颁布，使中国的残疾人社会工作发展到一个新的水平（王思斌，1999：250～251）。自此以后，我国残疾人事业取得长足进步，进入一个迅速发展时期，迈入了制度化、法制化、规范化、系统化的发展阶段。2008 年 4 月 24 日第十一届全国人民代表大会常务委员会第二次会议修订了《中华人民共和国残疾人保障法》，自当年 7月 1 日起施行。这一次修订进一步为我国残疾人事业发展指明了方向，树立了目标任务，明确了方针原则（周沛等，2012：84）。2015 年，国务院出台《关于加快推进残疾人小康进程的意见》，明确指出"没有残疾人的小康，就不是真正意义上的全面小康"，确立了"到 2020 年，残疾人权益保障制度基本健全、基本公共服务体系更加完善，残疾人事业与经济社会协调发展；残疾人社会保障和基本公共服务水平明显提高，帮助残疾人共享我国经济社会发展成果"的残疾人事业发展目标。

由于自身残疾状况和经济条件的限制，残疾人对社区的依赖程度远远超过社会其他人群。残疾人的康复、教育、培训活动绝大部分在社区中进行；残疾人的扶贫救助、就业指导，离不开社区扶持和帮助；建立残疾人的社会保障体系，需要社区发挥作用；残疾人之间、残疾人与社会的信息沟通和交流，要求社区提供必要条件；残疾人的文化体育娱乐大多由社区安排。由此可见，社区是残疾人工作的落脚点，残疾人社区工作的开展，能够积极推动残疾人事业的发展，有利于残疾人社区生活的改善。残疾人社区工作是指依托社区、充分利用社区资源为残疾人服务，不断满足残疾人日益增长的物质与精神需求，促进残疾人平等参与社会生活的一项工作。随着残疾人社区服务的开展，残疾人不仅得到了更多、更好的服务和照顾，也给他们创造了更多参与社会生活和实现自我价值的机会。

2. 城市残疾人社区工作的基本原则

中国残联、民政部等 14 个部门下发的《关于加强社区残疾人工作的意见》明确了社区残疾人工作的基本原则。

（1）坚持以政府为主导，以社区为依托，有关部门密切配合，社会各界共同参与的社会化工作方式。社区残疾人工作要在党和政府的领导下，充分发挥有关部门的职能作用，调动社区内企事业单位、机关团体、部队、中介组织和居民群众等各种力量共同参与，形成推进社区残疾人工作的合力。

（2）将社区残疾人工作纳入社区建设总体规划，融为一体、同步发展、共建共享。要从本地区社区建设的实际出发，将社区残疾人工作融于社区建设之中，统筹规划，整合资源，发掘潜力，拓展服务能力，做到社区残疾人工作与社区建设协调发展，使残疾人与健全人一样共享经济、社会发展成果。

（3）建立以社区居民委员会为核心、社区残疾人组织为纽带、社区服务机构为基础的工作机制，促进残疾人平等参与社会生活。发挥社区居委会的自治组织作用，充分利用社区残疾人协会联系残疾人的优势，以人为本，落实社区为残疾人的各项服务工作，夯实基础，逐步建立符合市场经济条件下的社区残疾人工作机制，推进残疾人事业持续健康发展，调动残疾人的积极性，提高残疾人参与社会生活的能力。

3. 社区残疾人工作的主要内容

当前我国社区残疾人工作的主要内容包括以下几方面（周沛等，2012：263～264）。

（1）建立社区残疾人协会，并发挥密切联系残疾人、反映残疾人意愿、带领残疾人积极参与社区建设和社会生活的作用。"哪里有社区，哪里就有残协"，社区残疾人协会主席由社区居民委员会成员担任，副主席由优秀残疾人或残疾人亲友担任，聘用有能力的残疾人从事联络员、协管员等工作，发挥社区居委会的自治组织作用，充分利用社区残疾人协会联系残疾人的优势，调动残疾人的积极性，鼓励残疾人自治互助，提高残疾人参与社会生活的能力。积极开展社区康复工作，不仅要依靠社区卫生服务机构，也要充分发挥社区内各有关组织即残疾人协会，工、青、妇组织等，以及志愿人员、残疾人自身及其亲友的作用，形成社区参与的良好工作机制。

（2）保障残疾人的基本生活，为残疾人提供帮扶服务。残疾人服务社区化就是要以社区为依托，以社区福利机构为补充，调动社区各方力量，充分利用社区内各种社会资源，在社区当中为残疾人提供生活、就业、医疗、教育、文化等多元化多层次的服务，以满足残疾人物质及精神层面不同的需求，改善残疾人的生活质量。社区是残疾人生活的根本落脚点，也是政府及相关部门提供社会服务的基层组织和根本载体。实现残疾人服务的社区化，不仅能够为残疾人提供便捷、经济、有效的服务，而且立足社区、依托社区能够使服务提供方更清楚地了解和掌握残疾人的真正需求，根据残疾人需求提供精准化的服务。

（3）以家庭为基础，开展残疾人社区康复。残疾人社区康复能够充分利用社区资源，动员社会力量，是残疾人在家庭和基层康复机构得到康复训练和服务的一种康复形式。社区康复的形式具有就近就地、经济适用、简便易行等特点，已成了残疾人的一种新型、经济、有效的康复服务形式。社区中应当建立专门的康复机构，同时为社区医疗机构和社区活动场所配备康复、训练一体的辅助器具，为残疾人就近提供康复服务。

（4）培养残疾人积极向上的生活情趣，活跃残疾人的文化生活。一方面，残疾人社区参与能够使残疾人在参与社区公共事务和社区各项活动中表达自己的意见，从而影响社区权力的运作，使残疾人自身与社区之间建立协调发展、和谐有序的平衡关系；另一方面，进行社区事务以及社区各项活动的参与能够促进残疾人自身社会化的实现，从而增强他们生活、沟通、协作等方面的能力，使他们更加容易适应社会生活，提高生活质量。

（5）促进残疾人就业。就业是民生之本，亦是残疾人工作的重点之一。通过就业，残疾人可增加收入，摆脱贫困，另外亦可增进其自我效能感，是其自尊自强自立的重要保障。社区社会工作除了积极开展残疾人就业培训、职业介绍等常规性的就业服务以外，亦可通过辅助性就业等服务形式，主要为重度残疾人提供社区内就近就业的机会，帮助残疾人就业增收的同时，亦可促进其积极走出封闭的家庭环境，实现社区融入和社会参与。

第三节　城市社区社会工作的原则和方法

相对来说，城市资源、人力、机构等方面聚集性高的特点决定了城市社区建设的复杂性和重要性，同时也决定了城市社区社会工作的复杂性、艰巨性和重要性。从严格意义上看，我国城乡社区社会工作的发展仍处于起步阶段，甚至大部分社区的社会工作还是被分割成几块由政府的职能部门替代，缺乏统一的规划实施，专业化水平低。为此，必须大力宣传和实践社区社会工作，发挥其在社区建设与社区发展中的积极作用。

一　城市社区社会工作的原则

1. 以人为本原则

乐善好施是中华民族的优良传统，而乐善好施的对象就是他人，而且是需要帮助的他人。与其他任何形式的社会工作一样，城市社区社会工作的基本原则应该是以人为本，将人，具体说就是社区内的居民和社区成员作为专业性工作的对象，一切为社区成员着想，为他们考虑，为满足他们的需求，为他们的利益，为解决他们的困难而忘我工作。

在一些专业和学科中，往往只是注重人或人类的某一个方面，而对人的综合需求和发展则可能有所忽视。比如，医学中医生只是对人的身体健康感兴趣，而且很多时候往往是从生理学、生物学的角度来看待就诊病人；再如，心理学和心理学家所关心的是人们的情感和认识过程，而对其他方面如健康和社会互动则不作为重要的或主要的方面。而社会工作包括城市社区社会工作则与此不同，它关心的是整体的人和社会的人——生物的、心理的、社会的、精神的人。社会工作所做的一切都是围绕社区人而展开，社区工作的宗旨就是为社区成员解决困难，其基本原则就是以人为本。

2. 实事求是与层次原则

由于地区和区域之间的不平衡性，城市社区之间的经济社会发展水平不尽一致，基础也各不相同。有的社区实力较强，有的则较为落后。因此，城市社区社会工作不可能制定统一的标准，即使在同一座城市的不同社区，在社会救助、老年人工作等方面也不可能强求绝对统一的标准。因此，城市社区社会工作的内容也应遵循实事求是的原则而有所侧重。

在实事求是的基础上，要坚持社区工作的层次性原则，这就是，社区工作要做的内容方方面面，但是又具有一定的层次结构。比如，从社区居民的需要角度看，首先要解决的就是基本物质生活问题，然后才是诸如教育、文化、精神生活以及娱乐等问题。因此，我们认为，在当前，城市社区工作的首要任务应该是做好社区救助工作，解决与应对特殊困难群体的问题。从需要层次理论看，这是最为基础的需要，只有在这类需要满足了以后，才能满足其他方面的需要。当然，社区居民文化精神方面需要的满足与基本物质需要的满足并不矛盾，但在具体的社区工作中，这种层次性是存在的。只有坚持层次性原则，才能抓住主要矛盾，使社区工作能够有条不紊地进行。

3. 社区参与原则

社区社会工作的发展离不开社区工作者的不懈努力，同时，也有赖于政府和非政府的介入，更有赖于居民的社区参与。从社会学角度看，社区参与，特别是主动性的参与，是社区发展的内在动力源；从社会工作的角度看，政府和非政府机构与组织对社区的介入，最为根本的还在于实现"助人自助"，即动员居民积极参与社区发展，帮助居民提高参与意识和社区自治的能力与水平。因此说，城市社区社会工作必须坚持社区参与原则。

所谓社区参与，主要指社区居民主动参加社区发展、社区治理以及各种公共事务和公益活动，积极帮助他人解决困难的过程。社区参与可以从四个方面来加以理解。

其一，社区参与的主体是社区居民，他们对社区工作的态度与行为直接影响到社区社会工作和社区建设以及社区发展的成果。

其二，社区参与的客体是社区内的各种事务和社区建设中的各种需要。换言之，社区发展中以及社区工作过程中的对象和任务，完全是由社区的各种需要所决定的。

其三，社区参与心理动机是公共参与精神。心理动机是参与活动的起点，是激励并维持参与行为达到一定参与目标的内在动力。公共参与精神的兴起体现了居民自我价值和自身潜能，表明社区主体心态的发育成熟和对公共利益、公共领域的自觉认同感，是实现社区发展和培育市民社会的精神支撑。

其四，社区参与的目标取向是社区发展和人的发展。社区居民通过广泛参与，促进社区的全面发展和社会的全面进步，同时也推动了人的发展，满足了社区居民在物质、精神、文化、自我价值等方面的需求。①

社区参与是城市社区社会工作的重要动力因素，是社区发展的前提条件，在实践中必须加以提倡和坚持。就社区参与的形式看，现阶段城市社区参与的主要依托有以下三类。

社区居民委员会组织。这是城市社区的基层群众自治组织，它们直接面对着社区普通居民，对社区成员的各种需求、困难、心态等有非常具体的了解，因此在社区社会工作中也最能有的放矢地解决居民的各种问题。

社区居民自组织。这是社区内部由居民交往沟通而自发形成的组织形式。组织的参与者往往具有共同的目标或者志趣，并定期开展相应的活动，比如社区老年人合唱队、社区书法协会等。在社区社会工作中，居民自组织是凝聚社区居民的重要力量，亦是社区社会工作的重要动员对象。

社区志愿者组织。这是活跃在社区内以志愿精神为动力的群众性组织，其主要活动和任务就是以志愿的形式，为社区内需要帮助的居民提供定期的无偿公益活动和利他活动。在社区工作过程当中，发挥社区志愿者及其组织的作用是非常重要的。

二 城市社区社会工作的主要方法

与一般社会工作的方法相似，城市社区社会工作的方法在社区工作方法的基础上，同样可以采取个案工作方法、团体工作方法等专业性的方法，无非是结合城市社区，紧扣城市社区的问题而开展罢了。针对城市社

---

① 该四点得益于朱孔芳的观点（参见徐永祥，2000：227~228）。

区的特点，从具体工作的开展过程看，我们认为可以从以下几个方面解析城市社区社会工作的方法。

（1）社区调查。社区工作的前提是进行社区情况的调查研究。不同的时期、不同的城市甚至不同的社区，其社区内需要解决的问题也就不一样。社区工作的目标是解决社区内存在的问题，解决问题的方法是高度理性化的，包括系统地收集有关社区问题的资料，制订解决问题的方案。因此，社区工作者必须善于做社区调查，对社区的各种问题了如指掌，这样才能做好社区工作。

（2）问题分析。社区调查之后，就要对调查中收集的资料做详尽的分析，找准社区内需要解决的问题。分析问题的过程就是矛盾分析的过程，其中主要是找出主要矛盾和矛盾的主要方面。社区中充满着矛盾，需要解决的问题非常多也非常复杂，但是，问题的解决是一个渐进的过程，不可能一蹴而就，因此，需要社区工作者对相关问题加以综合分析，找准影响面广、负面影响大的问题，集中精力首先加以解决，克服面面俱到、全面铺开的毛病。这就是"捉住了这个主要矛盾，一切问题就迎刃而解"（毛泽东，1991b：322）的道理。

（3）计划制订。找准主要矛盾以后，社区工作者就要制订出较为切实可行的行动计划，确定工作方案，包括社区资源的调动和利用、与社区有关组织和单位的协调、经费的筹集和使用、工作的具体目标和步骤、社会工作任务达成的标准等，以做到心中有数、有章可循。

（4）依靠群众。社区工作的"助人自助"宗旨实际上就是"一切为了群众，一切服务群众"，为了达到这个目的，又必须"一切依靠群众"，这就是上面提到的社区群众的社区参与。在群众参与或社区参与的过程中，社区成员既是社区工作的主体，又是社区工作的客体，他们既主动帮助他人，又能够接受他人的帮助与援助，可谓"我为他人，他人为我"，形成社区内良好的人际互动关系，达到社区健康稳定发展的目的，这也是城市社区社会工作根本目的之所在。

主要参考文献

〔美〕艾尔·巴比，2009，《社会研究方法》，邱泽奇译，华夏出版社。

白秀雄，1970，《美国社会福利制度发展之研究》，中国学术著作奖委员会（台北）。

蔡汉贤，2000，《社会工作词典》（第四版），台北：台湾社区发展杂志社。

恩格斯，1957，《英国工人阶级状况》，载《马克思恩格斯全集》第1卷，人民出版社。

费孝通，1948，《二十年来之中国社区研究》，《社会研究》第77期。

费孝通，1985，《乡土中国》，生活·读书·新知三联书店。

费孝通，1986，《江村经济》，江苏人民出版社。

风笑天，2013，《社会研究方法》，中国人民大学出版社。

冯国坚、朱昌熙，1998，《社区组织》，载甘炳光、梁祖彬等《社区工作理论与实践》，香港中文大学出版社。

甘炳光等，1997，《社区工作技巧》，香港：香港中文大学出版社。

甘炳光等，1998，《社区工作理论与实践》，香港：香港中文大学出版社。

甘炳光、胡文龙等，1997，《社区工作技巧》，香港：香港中文大学出版社。

甘炳光、梁祖彬等编，1998，《社区工作理论与实践》，香港：香港中文大学出版社。

龚优燕，2018，《挖掘社区人力资源参与社区治理》，《中国社会工作》第21期。

郭彩琴、吕静宜，2018，《完善社区参与式互动治理结构的对策研究》，《行政论坛》第4期。

国务院新闻办公室，2011，《中国农村扶贫开发的新进展》，人民出版社。

胡汝泉，1991，《国外老龄对策辑要》，天津教育出版社。

黄威廉、颜文雄等，1985，《香港社会工作的挑战》，香港：集贤社。

金昱彤、焦若水，2018，《如何将文艺团队转变成社区志愿者》，《中国社会工作》第 24 期。

〔丹麦〕考斯塔·艾斯平－安德森，2003，《福利资本主义的三个世界》，郑秉文译，法律出版社。

〔美〕莱斯特·M. 萨拉蒙，2008，《公共服务中的伙伴——现代福利国家中政府与非营利组织的关系》，田凯译，商务印书馆。

李迎生、徐向文，2016，《社会工作助力精准扶贫：功能定位与实践探索》，《学海》第 4 期。

梁祖彬，1998，《社区工作的工作概念》，载甘炳光、梁祖彬等《社区工作理论与实践》，香港中文大学出版社。

林万亿，1994，《福利国家：历史比较的分析》，台北：巨流图书公司。

林香生、黄于唱编，2002，《社会工作实践：社区工作》，刘继同译，香港理工大学应用社会科学系。

刘燕生，2001，《社会保障的起源、发展和道路选择》，法律出版社。

罗萍主编，1995，《社区导论》，武汉大学出版社。

〔英〕马尔萨斯，1996，《人口原理》，朱泱、胡企林、朱和中译，商务印书馆。

马克思、恩格斯，1960，《马克思恩格斯全集》（第 3 卷），人民出版社。

马克思、恩格斯，1972，《马克思恩格斯选集》（第 4 卷），人民出版社。

〔英〕迈克尔·希尔，2005，《理解社会政策》，刘升华译，商务印书馆。

毛泽东，1982，《毛泽东农村调查文集》，人民出版社。

毛泽东，1991a，《关心群众生活，注意工作方法》，《毛泽东选集》（第 1 卷），人民出版社。

毛泽东，1991b，《矛盾论》，《毛泽东选集》（第 1 卷），人民出版社。

莫泰基，1993，《香港贫困与社会保障》，香港：中华书局。

〔美〕O. 威廉姆·法利、〔美〕拉里·L. 史密斯、〔美〕斯科特·W. 博伊尔，2005，《社会工作概论》（第九版），隋玉杰等译，中国人民大学出版社。

〔美〕欧文·E. 休斯，2015，《公共管理导论》，张成福、马子博译，中国人民大学出版社。

祁峰，2010，《英国的社区照顾及启示》，《西北人口》第 6 期。

宋林飞，1991a，《社会工作概论》，南京大学出版社。

宋林飞，1991b，《社会调查研究方法》，上海人民出版社。

苏景辉，1997，《社区工作：理论与实践》，台北：巨流图书公司。

孙光德、董克用，2000，《社会保障概论》，中国人民大学出版社。

唐钧，1998，《中国城市居民贫困线研究》，上海社会科学院出版社。

童星、林闽钢，1993，《我国农村贫困标准线研究》，《中国社会科学》第
　　3 期。

王东进，2001，《中国社会保障制度的改革与发展》，法律出版社。

王刚义，1990，《社会工作学》，吉林大学出版社。

王刚义等，1990，《中国社区服务研究》，吉林大学出版社。

王乐夫、蔡立辉，2008，《公共管理学》，中国人民大学出版社。

王培勋，1985，《社区工作》，台北：台湾金鼎图书文物出版社。

王思斌，1998，《社会工作导论》，北京大学出版社。

王思斌，1999，《社会工作概论》，高等教育出版社。

吴德隆、谷迎春，1996，《中国城市社区建设》，知识出版社。

夏建中，2015，《社区工作》（第三版），中国人民大学出版社。

夏学鉴，1996，《社区照顾的理论政策与实践》，北京大学出版社。

徐永祥，2000，《社区发展论》，华东理工大学出版社。

徐永祥，2004，《社区工作》，高等教育出版社。

徐震、林万亿，1999，《当代社会工作》，台北：五南图书出版有限公司。

叶南客、陈金城，2010，《我国"三社联动"的模式选择与策略研究》，《南
　　京社会科学》第 12 期。

俞可平，2000，《治理与善治》，社会科学文献出版社。

袁华音、王青山，1990，《社会工作概论》，黄河出版社。

〔美〕詹姆斯·N. 罗西瑙，2001，《没有政府的治理》，张胜军、刘小林等
　　译，江西人民出版社。

张平、隋永强，2015，《一核多元：元治理视域下的中国城市社区治理主
　　体结构》，《江苏行政学院学报》第 5 期。

张荣艳，2006，《社区冲突与社会行动模式——以 X 社区教师与学校的冲
　　突为例》，《长春理工大学学报》（社会科学版）第 3 期。

郑秉文、和春雷，2001，《社会保障分析导论》，法律出版社。

周沛，1999，《失业、失业保险、社会救济与经济增长》，《南京大学学报》
　　第 1 期。

周沛，2000，《一个不容忽视的事实：城市绝对贫困现象研究》，《南京大学学报》第 6 期。

周沛，2002，《社区照顾：社会转型过程中不可忽视的社区工作模式》，《南京大学学报》（哲学·人文科学·社会科学版）第 5 期。

周沛，2007，《社会福利体系研究》，中国劳动社会保障出版社。

周沛等，2012，《残疾人社会工作》，社会科学文献出版社。

周永新，1995，《社会福利的观念和制度》，香港：中华书局。

周永新，1998，《香港社会福利发展得失》，香港：天地图书有限公司。

后　记

　　作为内地最早一批从专业社会工作视角介绍社区工作的著作，本书第一版的出版至今已有十六年。鉴于我国社区社会工作理论与实践较十多年前发生了很大的发展变化，我们对第一版做了大量的修订。为增加本书对实务工作的指导价值，第二版增加了"社区社会工作的介入模式"与"社区社会工作的主要技巧"两章；结合我国社区与社区工作的新进展，增加了关于"社区工作者"与"社区治理"的介绍。此外，结合我国社会工作与社会保障的改革发展，对相关内容及表述进行了修改或删减，并对一些数据与政策尽可能进行了更新。

　　易艳阳参与了本书的修订工作，并付出了辛勤劳动，做出了很大贡献。

　　在写作与修订过程中，我们参考了国外港台学者的观点，对此谨致以诚挚的谢意，同时对社会科学文献出版社杨桂凤与马甜甜老师的辛勤劳动表示谢意。

周　沛

2018 年 10 月

图书在版编目（CIP）数据

社区社会工作／周沛，易艳阳著. -- 2 版. -- 北京：
社会科学文献出版社，2019.4（2023.9 重印）
（社会工作丛书. 第二辑）
ISBN 978 - 7 - 5201 - 4155 - 0

Ⅰ. ①社… Ⅱ. ①周… ②易… Ⅲ. ①社区 - 社会工
作 - 中国 - 高等学校 - 教材 Ⅳ. ①D669.3

中国版本图书馆 CIP 数据核字（2019）第 017085 号

社会工作丛书 第二辑

社区社会工作（第二版）

著 者／周 沛 易艳阳

出 版 人／冀祥德
责任编辑／杨桂凤
文稿编辑／马甜甜
责任印制／王京美

出 版／社会科学文献出版社·群学出版分社（010）59367002
　　　　　地址：北京市北三环中路甲 29 号院华龙大厦 邮编：100029
　　　　　网址：www. ssap. com. cn
发 行／社会科学文献出版社（010）59367028
印 装／三河市尚艺印装有限公司

规 格／开 本：787mm × 1092mm 1/16
　　　　　印 张：17.75 字 数：297 千字
版 次／2019 年 4 月第 2 版 2023 年 9 月第 7 次印刷
书 号／ISBN 978 - 7 - 5201 - 4155 - 0
定 价／49.00 元

读者服务电话：4008918866